律师业发展路径与制度保障研究：
以律师法律服务产品化为视角

孙文俊 著

right

南京大学出版社

目 录

引 言 ……………………………………………………………………… 1
 一、选题背景和研究意义 ………………………………………………… 1
 二、国内外研究现状 ……………………………………………………… 3
 三、研究的方法与思路 …………………………………………………… 5
 四、研究框架 ……………………………………………………………… 6

第1章 律师业发展理论的多维考察 …………………………………… 8
1.1 律师业的历史学考察 ………………………………………………… 8
  1.1.1 律师的起源及其基础 ………………………………………… 8
  1.1.2 律师职业在西方的发展 ……………………………………… 12
  1.1.3 中国律师制度的引进 ………………………………………… 13
  1.1.4 中西方律师业发展的启示 …………………………………… 17
1.2 律师业的律师学考察 ………………………………………………… 18
  1.2.1 律师的概念 …………………………………………………… 18
  1.2.2 律师的特征 …………………………………………………… 20
  1.2.3 律师的分类 …………………………………………………… 21
1.3 律师业的政治学考察 ………………………………………………… 22
  1.3.1 法治的一般原理 ……………………………………………… 23
  1.3.2 律师制度是法治的重要组成部分 …………………………… 28
  1.3.3 律师职业与法治社会 ………………………………………… 29
小 结 ……………………………………………………………………… 30

第2章 律师业发展路径的比较考察 …………………………………… 32
2.1 英美法系主要国家和地区律师业发展路径 ………………………… 32
  2.1.1 英国律师业的发展 …………………………………………… 33
  2.1.2 美国律师业的发展 …………………………………………… 36
2.2 大陆法系主要国家和地区律师业发展路径 ………………………… 38
  2.2.1 法国律师业的发展 …………………………………………… 38

      2.2.2 德国律师业的发展……39
   2.3 法治发达国家和地区律师业发展经验……40
      2.3.1 发展模式各有优劣……41
      2.3.2 律师在法治现代化进程中作用巨大……41
      2.3.3 西方法治国家律师业发展的经验借鉴……43
      2.3.4 法律职业共同体兴起……48
      2.3.5 法律服务产品化……51
   小　结……52
第3章 我国律师业发展状况的现实考察……53
   3.1 我国律师业发展成就……53
      3.1.1 我国律师业成绩斐然……53
      3.1.2 我国律师业发展特征……57
      3.1.3 我国律师业总体竞争格局……58
   3.2 我国律师业面临的困境……58
      3.2.1 律师行业面临发展瓶颈……58
      3.2.2 律师发展面临职业困境……60
      3.2.3 律师事务所管理难题……64
   3.3 我国律师业困境的根源……64
      3.3.1 观念原因……65
      3.3.2 制度原因……66
      3.3.3 律师自身原因……67
   小　结……67
第4章 法律服务产品化的必要性与可行性……69
   4.1 法律服务产品化的概念……69
      4.1.1 服务产品化的提出……69
      4.1.2 法律服务产品化的内涵……70
      4.1.3 法律服务产品化相关概念……71
   4.2 法律服务产品化的理论基础……72
      4.2.1 法律服务产品化经济分析工具……72
      4.2.2 法律服务的供给——需求分析……76
      4.2.3 法律服务的成本——收益分析……81
      4.2.4 法律服务产品化基础……82

4.3 法律服务产品化的必要性 ……84
4.3.1 服务产品化是律师事务所转型成功与否的关键因素 ……84
4.3.2 法律服务产品化是律师业可持续发展的必由之路 ……85
4.3.3 法律服务产品化是改变律师思维模式的重要方法 ……86

4.4 我国法律服务产品理念的引入 ……87
4.4.1 现代服务理念对法律服务的启示 ……87
4.4.2 法律服务引入"产品"理念 ……89
4.4.3 法律服务产品化的限度 ……90

小 结 ……90

第5章 法律服务产品化的方法及实践 ……92
5.1 法律服务产品化调查分析 ……92
5.1.1 电商法律服务跟踪 ……92
5.1.2 我国法律服务市场分析 ……93

5.2 法律服务市场细分 ……94
5.2.1 法律服务市场细分的概念 ……95
5.2.2 法律服务市场细分的必要性 ……96
5.2.3 法律服务市场细分的有效性 ……97
5.2.4 法律服务市场细分模型 ……98

5.3 法律服务产品化基本方法 ……101
5.3.1 法律服务产品开发 RMTP 理论框架 ……101
5.3.2 律师事务所目标市场的选择 ……102
5.3.3 法律服务产品研发与营销 ……102

5.4 法律服务产品生命周期管理 ……103
5.4.1 法律服务产品生命周期 ……103
5.4.2 律师事务所产品创新路径 ……104

小 结 ……107

第6章 法律服务产品化与律师 ……108
6.1 律师本质再思考 ……108
6.1.1 何谓律师的本质 ……108
6.1.2 律师是法律的信仰者 ……112
6.1.3 律师是法治的实践者 ……115
6.1.4 律师是正义的守望者 ……118

- 6.2 律师职业再定位 …… 121
  - 6.2.1 关于律师职业属性的理论认识 …… 121
  - 6.2.2 国外律师职业属性 …… 122
  - 6.2.3 我国律师定位的发展 …… 124
  - 6.2.4 律师的职业属性 …… 125
- 6.3 律师功能再认识 …… 129
  - 6.3.1 律师与社会转型 …… 129
  - 6.3.2 律师与法治中国建设 …… 132
  - 6.3.3 律师与社会管理创新 …… 133
  - 6.3.4 律师在建设和谐社会中的作用 …… 141
- 6.4 律师素质再提升 …… 142
  - 6.4.1 树立法律信仰 …… 142
  - 6.4.2 提高法律解读能力 …… 143
  - 6.4.3 增强律师创新法律服务产品能力 …… 144
- 小 结 …… 145

第7章 法律服务产品化与律师事务所 …… 147
- 7.1 我国律师事务所转型难题 …… 147
  - 7.1.1 国内外律师事务所的发展趋势 …… 147
  - 7.1.2 我国律师事务所成长的烦恼 …… 150
  - 7.1.3 我国律师事务所转型的方向 …… 151
  - 7.1.4 我国律师事务所转型遇到的难题 …… 152
  - 7.1.5 我国律师事务所转型突破的路径 …… 153
- 7.2 律师事务所发展战略选择 …… 155
  - 7.2.1 战略管理过程理论 …… 155
  - 7.2.2 战略分析工具 …… 156
  - 7.2.3 律师事务所战略制定 …… 158
- 7.3 律师事务所经营模式确立 …… 161
  - 7.3.1 精品律师事务所模式分析 …… 161
  - 7.3.2 律师事务所集团化发展模式 …… 162
  - 7.3.3 法律服务电商模式 …… 163
  - 7.3.4 个人律师事务所 …… 163
  - 7.3.5 律师事务所商业模式创新 …… 164

7.4 律师事务所营销策略转变 165
7.4.1 法律服务营销的特点 165
7.4.2 当前律师营销的现状 166
7.4.3 我国律师事务所营销定位 168
7.4.4 律师事务所市场营销注意事项 169
小　结 171

第8章 法律服务产品化与律师协会 173
8.1 律师业管理体制 173
8.1.1 国外律师行业管理制度比较 173
8.1.2 国外律师协会目的与职能比较 175
8.1.3 我国律师管理模式 176
8.2 律师行业自治 178
8.2.1 律师行业自治的概念、特征与价值 178
8.2.2 律师行业自治的理论基础 181
8.2.3 我国律师行业自治障碍 183
8.2.4 我国律师行业自治的实现 184
8.3 法律职业共同体 185
8.3.1 法律职业共同体的概念 185
8.3.2 法律职业共同体的特征 186
8.3.3 法律职业共同体的作用 188
8.3.4 我国法律职业共同体的培育 189
8.4 律师行业适度产业化 190
8.4.1 律师行业产业化的概念 190
8.4.2 中国律师业产业化发展的必要性及其限度 191
8.4.3 中国律师行业产业化发展路径 192
小　结 193

第9章 律师业发展的制度保障 195
9.1 我国律师业发展路径展望与困境突破 195
9.1.1 我国律师业展望 195
9.1.2 国家层面：大力改善律师执业环境 196
9.1.3 律师协会层面：提供律师业发展保障 197
9.1.4 律师事务所层面：走品牌化战略发展道路 198

9.1.5 律师层面——增强法律服务产品化能力 ... 199
9.2 提高律师地位 ... 200
9.2.1 我国律师地位不高 ... 200
9.2.2 提高中国律师地位的思路 ... 201
9.2.3 律师参政议政路径 ... 201
9.3 促进法律职业共同体职业转换 ... 202
9.3.1 法律职业共同体职业转换的国内外考察 ... 203
9.3.2 我国法律职业共同体职业转换不畅的原因 ... 204
9.3.3 促进我国法律职业共同体职业转换的制度构想 ... 205
9.4 进一步完善落实律师权 ... 205
9.4.1 我国律师权利实现中的困境 ... 206
9.4.2 进一步优化律师权利保障环境 ... 207
9.4.3 进一步完善我国律师权利制度设想 ... 209
9.5 法律服务市场调控与监管 ... 211
9.5.1 我国法律服务市场现状 ... 211
9.5.2 中国律师业产业化管理政策 ... 211
9.5.3 我国实行法律服务分流制的构想 ... 212
小　结 ... 213
结　论 ... 215
主要参考文献 ... 218
致　谢 ... 230

引 言

2014年10月20日至23日召开的党的十八届四中全会首次专题讨论了依法治国问题,会议通过了《中共中央关于全面推进依法治国若干重大问题的决定》(以下简称《决定》)。这是中国共产党于1997年党的十五大明确提出"依法治国"基本方略、2012年党的十八大提出"把法治作为治国理政的基本方式"、2013年党的十八届三中全会通过《中共中央关于全面深化改革若干重大问题的决定》之后,研究部署全面推进依法治国的最新成果,反映出中国共产党在全面深化改革关键时期的重大政策考量。

《决定》提出要建设完备的法律服务体系。"推进覆盖城乡居民的公共法律服务体系建设,加强民生领域法律服务。""发展律师、公证等法律服务业,统筹城乡、区域法律服务资源,发展涉外法律服务业。"《决定》要求加强法律服务队伍建设。加强律师队伍思想政治建设;构建社会律师、公职律师、公司律师等优势互补、结构合理的律师队伍;提高律师队伍业务素质,完善执业保障机制;加强律师事务所管理,发挥律师协会自律作用,规范律师执业行为,监督律师严格遵守职业道德和职业操守,强化准入、退出管理,严格执行违法违规执业惩戒制度;加强律师行业党的建设。

党的十九大、十八大、十八届三中全会、十八届四中全会以及习近平同志在中央政法工作会议上的讲话,对律师制度改革提出了新的更高要求,也指明了改革的前进方向,必将对我国法律业产生重大而深远的影响。

一、选题背景和研究意义

改革开放四十三年来,我国大力拓展律师法律服务领域,不断增强服务能力,加强律师队伍建设,不断提高行业管理精细化水平,各项工作都取得了显著成绩。截至2019年底,全国律师共办理各类法律事务1119万件,其中,刑事诉讼辩护及代理案件109.4万件,民事诉讼代理479.2万件,办理非诉讼法律事务133.6万件,担任近73万家党政机关、人民团体和企事业单位法律顾问,承办法律援助案件90.4万件。[①]

[①] 数据来自司法部《2019年度律师、基层法律服务工作统计分析》,网址:http://www.moj.gov.cn/organization/content/2020-06/24/574_3251377.html,访问日期2021年4月13日。

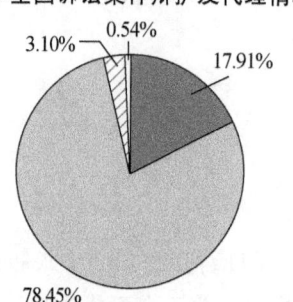

2019年全国诉讼案件辩护及代理情况

- 刑事诉讼辩护及代理：17.91%
- 民事诉讼代理：78.45%
- 行政诉讼代理：3.10%
- 代理申诉：0.54%

然而,在我国律师队伍持续壮大、律师事业蓬勃发展、律师行业影响力不断提升的同时,我国律师业仍面临着一系列突出的问题和挑战,包括律师业分布不均衡、结构不合理,服务质量和服务水平还不能完全适应经济社会发展对法律服务的需求,律师的政治功能、社会功能还有待进一步发挥等。在建设依法治国的新的历史时期,如何进一步提高律师服务水平,以满足人民群众对律师法律服务的新要求、新期待,努力破解律师业发展面临的各种难题,值得思考和研究。

律师制度作为上层建筑的一部分,决定于社会经济状况和政治文化条件。反过来,律师职业的兴起对经济发展也做出了重要贡献。就我国而言,律师职业在我国大力建设小康社会、构建和谐社会、实现中国梦的过程中担负着重要历史使命。从法治的角度看,律师是法治的产儿,法治社会的实现需要发挥律师职业的作用,律师职业的健康发展与否也是法治社会的重要标志,律师队伍强大与否、律师职业的健康与否是衡量法治社会的重要标尺。1996年《律师法》的出台真正代表着我国律师业的产生,2017年《律师法(修正案)》的出台则标志着我国律师业的成熟。然而,新《律师法》的出台,并不意味着律师业问题争议的终结,更不意味着律师业议题探索的终结。相反,在建设法治中国的时代背景下,重新审视我国律师业发展现状,反思我国律师业面临的种种难题,梳理既有的理论学说,评析立法现状,设计制定更为具体完善的法律规则,有利于厘清律师业发展理论上的认识误区,为制定发展律师业相关政策和法律提供理论支撑。

从实践层面上看,西方法治发展史就是一部律师发展史。律师职业在西方国家法制现代化过程中发挥了举足轻重的作用:通过为当事人提供法律服务,保护公民私权;通过监督政府行为,限制了公权力滥用;通过诉讼活动增进司法公正,维护了法律的尊严;通过参与立法,增进立法民主化和科学化。在现代社会,由于利益多元化趋势更加明显,利益冲突、社会纠纷日益增加,法律体系日益庞杂,律师职业承载着越来越多的社会责任,对于和谐社会的构建意义重大,具有"社会平衡器"的作用。就我国而言,律师在法治建设中发挥的作用与西方国家相比较,还存在较大差距,律师功能尚有待进一步发挥。因而,从法律服务产品化的角度研究发展律师业问题,对于进一步调整理顺司法体制关系、促进我国律师业发展、激发律师的积极性,具有重要的实践意义。

二、国内外研究现状

由于政治体制和法治水平不同,西方学界关于律师业的研究相对深入和系统。美国学者鲁本从伦理学的角度论证了律师与正义的关系;罗德则从法律职业改革角度论证了律师在维护司法正义中的价值;罗伯特·N.威尔金则系统地探讨了法律职业的精神;罗伯特·W.希尔曼从合伙人的退伙和律师事务所解散的法律及道德问题探讨了律师的流动管理;马丁·梅耶则系统地阐述了美国律师业的历史、现状和未来。威廉·伦奎斯特则从美国历史上的律师政治家角度分析了律师业对政治的作用;日本学者河合弘之从职业属性、职业特点、职业功能、职业发展等角度详细论证了律师职业;英国学者赫恩结合英国律师制度和律师法的实际探讨了律师业相关问题;威尔弗雷德·波雷斯特则在《欧美早期的律师界》一书中研究了欧美早期律师业的产生机理和功能影响。

在我国,改革开放以来,随着国家法治建设的发展,学界围绕律师、律师业、律师协会等问题展开了广泛而深入的研究,取得了丰硕成果。其中,关于律师业的成果不是特别多。据笔者于2021年4月15日,在中国知网,以"篇名"为检索项,以"律师业"为检索词,共检索到国内外相关文献1932项。具体如下表(表0-1、表0-2和表0-3)。

表0-1 学界关于律师业研究成果统计

来源	期刊	博硕士论文	会议	报纸	其他
数量	1779	16	54	7	48

表0-2 学界关于律师业研究成果年次分布表

表0-3 国内刊登律师业研究成果前十名的读物

期刊名	中国律师	中国司法	法制日报	中国律师产业化发展理论研讨会论文集	律师世界	江苏法制报	人民法院报	人民日报	黑龙江省政法管理干部学院学报	法人杂志
文章数	127	44	36	25	10	7	5	5	5	5
排名	1	2	3	4	5	6	7	7	7	7

粗略统计即可发现,目前学界关于"律师业"的研究存在以下问题。一是成果较少。学界关于律师、律师自治管理、律师法等方面的成果丰硕,但是关于律师业的研究成果则相对较少,或者说极少。这既与我国法律对律师的定位有关,又与理论界的研究偏差有关。二是研究成果层次较低。目前已有的有关律师业的研究成果,所刊登刊物的层次非常低,一些核心期刊或权威期刊几乎看不到有律师业相关研究成果。三是律师业相关问题尚未引起学界的重视。统计数据表明,2000—2003年、2009—2011年发表的律师业问题研究成果相对较多,其他时间段研究的成果较少甚至极少。哪怕是近年来,律师业问题相关研究成果也呈萎缩趋势。

仔细分析目前已有律师业问题研究成果,可以发现以下三点。

其一,学界研究的重点问题。(1)从法律史、法制史的角度,探讨律师业相关问题(曾尔恕、何勤华、徐家力、程汉大、程昱晖)。(2)从律师学的角度,探讨律师业相关问题,包括律师的职业属性(陈卫东、李文华、司莉)、公证与律师制度等(谢佑平、徐静村)。(3)从实证角度,分析我国律师面临的种种问题(杜钢建、李轩),探讨律师在宪政制度中的价值(吕良彪)、和谐社会的律师职责(缪晓宝)、完善立法(张正乾)、法律秩序构建中的功用(谢佑平、陈奋),在维护社会公平和正义中的社会责任(顾永忠),研究当代中国律师业的发展走向(张志铭)、中国律师业的困境突破等(陈兴良)、中国律师的形象问题(江平)。这些实证分析包括中国律师制度理论检视和实证分析(顾培东)。(4)从比较的视角,对中国与美国、英国、法国、德国、日本、中国香港等国家和地区之间的律师制度进行探讨(石毅、宋冰、陶髦、宋英辉、肖胜喜、陈伟炜等)。(5)从律师管理角度,探讨律师职业行为规则(王进喜、陈宜),论证律师责任体系(王丽)、律师角色的社会定位(谢佑平)。(6)从律师事务所管理角度,探讨律师业的发展(司莉)。

其二,学界关注的前沿问题。(1)从法律职业主义探讨律师的职业属性、法律职业群体的作用机制和形成机理等问题,譬如李学尧、强世功、孙笑侠等,张文显、信春鹰、孙谦等则从司法改革角度,研究法律职业共同体问题,黄文艺则详细解析了法律职业特征,季卫东以日本改造权力结构的实践为视角分析了法律职业的定位。(2)从律师执业权利角度,反思我国律师法关于律师权利规定的不足(李春生)以及现实生活中落实的困境(刘文英),并提出律师权利的修改与完善建议(李小华)。(3)世界律师制度发展的方向问题,比如英国二元化律师制度的近期发展与融合之争(车雷、薛波)。(4)从文化的角度,研究律师文化的内涵(宋占文)、律师文化对律师业发展的作用(黄景钧),反思律师文化建设的道德误区(黄长江)、培育我国律师文化的对策(孙百红)。(5)从制度创新的视角,探讨律师法的修改完善等(谭世贵、张耕)。(6)法律职业者阶层的形成与中国法治现代化问题(谷本华)以及中国转型期法律职业者阶层的兴起与司法权的重塑问题(张洪林、官欣荣)。

其三,需要进一步研究的问题。(1)从建设法治中国的角度,探讨中国律师的角色定位(蔡丽、石羡)和职业使命(李瑜青、刘武俊)。(2)经济学视角下的法律服务需求和法律服务供给问题(曾鹏、蒋团标)。(3)转型社会中律师业的结构变迁问题(郭国坚)。(4)法律职业共同体问题,包括法律职业共同体的概念与特征(兰薇、雷振扬、法律共同体的价值与形成(卢学英)、法律人的职业转换(袁达松)、我国法律职业共同体的构建(申敏、张一鸣)。(5)中国律师业产业化发展理论和实践问题(李玉福)。

三、研究的方法与思路

本课题以"历史唯物主义"为指导,以"中国律师业发展路径"为核心,以"法律服务产品化"为视角,以"比较分析"和"实证研究"为方法,对发展律师业问题进行分析,归纳梳理国内外最新相关理论研究成果,在此基础上探讨我国发展律师业的路径选择与制度保障。

本课题的研究方法主要有以下几点。

(1)系统研究法。律师业发展问题涵盖了我国司法改革的全部过程,涉及社会诸多领域,系统论方法贯穿本课题研究的全过程。系统研究法就是在研究律师业发展路径方面要以系统的角度去探讨问题,将发展律师业的环节、因素、条件、主体置于一个不断发展变化的动态复杂系统,从宏观的、整体的角度思考中国律师业发展问题。

(2)比较研究法。在混合所有制经济法律制度体系中,需要对比分析古今中外关于律师业发展的理论、制度、政策、成效、根源,分析其异同,为我国律师业发展的未来路径提供数据支撑。

(3)实证研究法。要结合我国律师业的产生、发展历程,总结其取得的成就,面临的困难和问题,重点分析我国律师法律服务产品化问题,结合法律服务产品化过程中律师、律师事务所、律师协会、司法行政部门等各主体的利益博弈和选择,研究发展我国律师业各类问题的解决之道。

本课题的研究思路是：

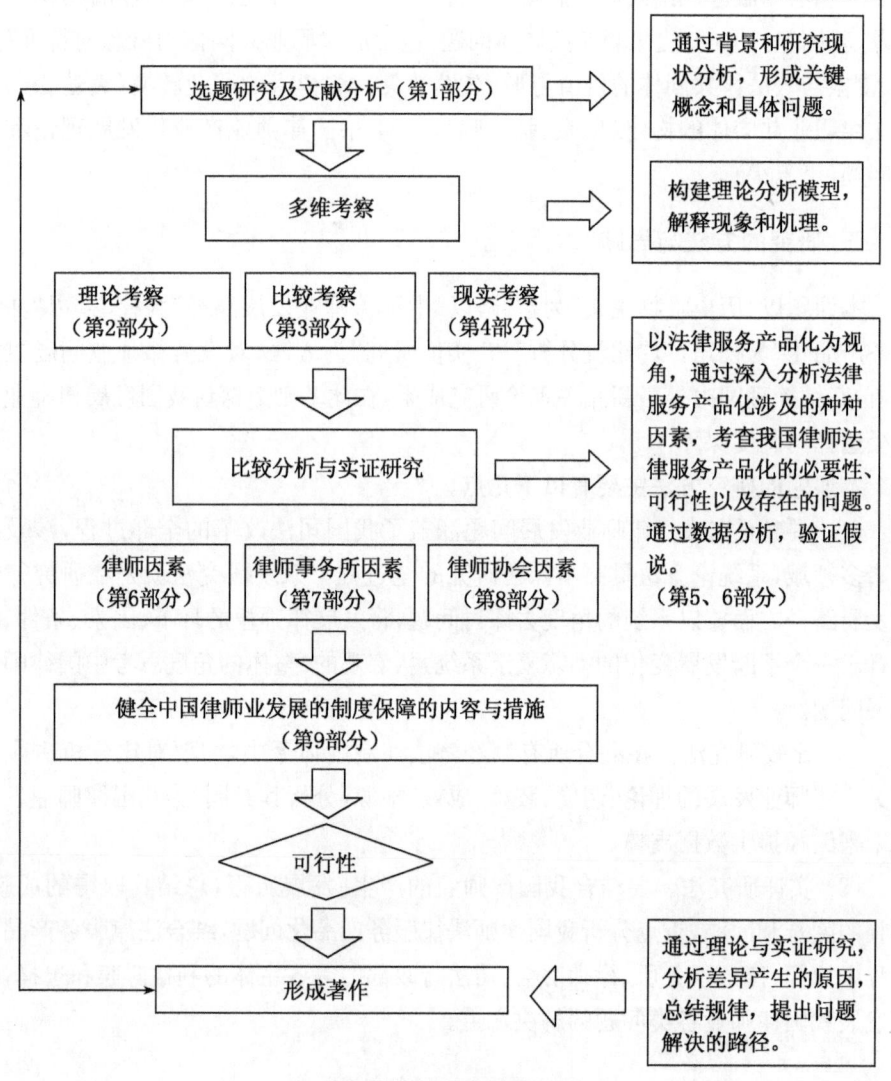

```
┌─────────────────────────┐      ┌──────────────────┐
│ 选题研究及文献分析(第1部分)│ ───▶ │通过背景和研究现   │
└─────────────────────────┘      │状分析,形成关键   │
            │                    │概念和具体问题。  │
            ▼                    └──────────────────┘
      ┌──────────┐               ┌──────────────────┐
      │ 多维考察 │ ────────────▶ │构建理论分析模型, │
      └──────────┘               │解释现象和机理。  │
            │                    └──────────────────┘
  ┌─────────┼─────────┐
  ▼         ▼         ▼
┌──────┐ ┌──────┐ ┌──────┐        ┌──────────────────┐
│理论考│ │比较考│ │现实考│        │以法律服务产品化为视│
│察    │ │察    │ │察    │        │角,通过深入分析法律│
│(第2  │ │(第3  │ │(第4  │        │服务产品化涉及的种种│
│部分) │ │部分) │ │部分) │        │因素,考查我国律师法│
└──────┘ └──────┘ └──────┘        │律服务产品化的必要性│
            │                    │、可行性以及存在的问│
            ▼                    │题。通过数据分析,验│
  ┌──────────────────┐           │证假说。          │
  │ 比较分析与实证研究│ ────────▶ │(第5、6部分)      │
  └──────────────────┘           └──────────────────┘
            │
  ┌─────────┼─────────┐
  ▼         ▼         ▼
┌──────┐ ┌──────┐ ┌──────┐
│律师因│ │律师事│ │律师协│
│素    │ │务所因│ │会因素│
│(第6  │ │素(第7│ │(第8  │
│部分) │ │部分) │ │部分) │
└──────┘ └──────┘ └──────┘
            │
            ▼
┌─────────────────────────────────┐
│健全中国律师业发展的制度保障的内容与措施│
│           (第9部分)             │
└─────────────────────────────────┘
            │
            ▼
        ◇可行性◇
            │
            ▼                    ┌──────────────────┐
      ┌──────────┐               │通过理论与实证研究,│
      │ 形成著作 │ ◀──────────── │分析差异产生的原因,│
      └──────────┘               │总结规律,提出问题  │
                                 │解决的路径。      │
                                 └──────────────────┘
```

本课题的研究思想路线图

四、研究框架

本书正文包括三大部分九个章节。

第一部分,律师业的多维考察,包括第一章、第二章、第三章,主要是提出问题。首先,阐述了律师业发展的不同理论。从历史学角度,分析律师的起源、产生的基础,梳理律师职业在西方的发展、中国现代律师制度的引进,总结中西方律师业发展的启示;从律师学角度,探讨律师的概念、特征和分类;从政治学的角度,探讨法治的内涵与特征、价值和基础、中国法治的提出、法治的两条道路等法治的一般原理,认为律师制度是法治的重要组成部分,律师职业与法治社会密不可分。其次,对律师业发展路径进行比较考察。分析了以英国、美国为代表的英美法系律师业发展路径，以法国、德国为代表的大陆法系律师业发展路径，总结了法治发达国家和地区律师业发展经验，得出结论：发展模式各有优劣，律师在法治现代化进程中作用巨大，西方法治国家律师业发展经验值得借鉴，提出法律服务产品化命题。最后，对我国律师业发展状况进行现实考察。我国律师业成绩斐然，并体现出自己独有的发展特征。同时，我国律师行业面临发展瓶颈，律师发展面临职业困境，律师事务所管理面临难题。究其根源，既有观念原因，又有制度原因，还有律师自身原因。展望我国律师业，在国家层面，应大力改善律师执业环境；在律师协会层面，应提供律师业发展保障；在律师事务所层面，应走品牌化战略发展道路；在律师层面，应增强法律服务产品化能力。

第二部分，法律服务产品化的理论、实践和方法，包括第四章、第五章，主要是分析问题。该部分是本文的难点。首先，界定了法律服务产品化的概念，分析了法律服务产品化的理论基础，对法律服务的供给进行需求分析，对法律服务的成本进行收益分析，提出法律服务产品化基础。其次，研究法律服务产品化的必要性，认为服务产品化是律师事务所转型成功与否的关键因素，法律服务产品化是律师业可持续发展的必由之路，法律服务产品化是律师思维模式转变的重要方法。最后，探讨我国法律服务产品化的必要性，从现代服务理念对法律服务的启示，提出在法律服务引入"产品"概念，并分析法律服务产品化的要求，探讨了法律服务产品化的限度。在法律服务产品化的方法及实践方面，对我国法律服务产品化进行了调查分析，细分了法律服务市场，总结了法律服务产品化基本方法。

第三部分，法律服务产品化的诸要素——律师、律师事务所、律师协会、政府，包括第六章、第七章、第八章、第九章，主要是解决问题。该部分是本文的重点，提出了我国律师业发展的路径选择和制度保障。在律师方面，首先对律师本质进行思考，提出律师是法律的信仰者、法治的实践者、正义的守望者；对律师职业进行定位，确立律师职业属性的考量因素，确定了我国律师职业定位的基本方向和职业属性；对律师功能进行认识，提出律师应当在我国社会转型、法治中国建设、社会管理创新方面发挥更大作用；律师的素质应再提升，树立法律信仰，提高法律解读能力，增强律师创新法律服务产品能力。在律师事务所方面，我国律师事务所转型难题，制定律师事务所发展战略选择，确立律师事务所经营模式，转变律师事务所营销策略。在律师协会方面，首先比较了国外律师行业管理体制和职能，反思我国律师管理模式；其次，探讨了律师行业自治，分析律师行业自治的概念、特征与价值，探讨律师行业自治的理论基础，总结我国律师行业自治障碍，设想我国律师行业自治。最后探讨了法律职业共同体问题，界定了法律职业共同体的概念、特征、作用，提出律师行业适度产业化，并提出中国律师行业产业化发展路径。在国家层面，应提供律师业发展的制度保障，包括提高律师地位、促进法律职业共同体职业转换、进一步完善落实律师权、强化法律服务市场调控与监管。

第1章 律师业发展理论的多维考察

> 法律人不仅是法律的代言人,还是人类灵魂的发言人。
> ——[美]威尔金

"律师",是一个多维的概念;"律师业",亦是一个复杂的命题。从不同的视角可以对其进行不同的解读,得出不同的答案。本章通过历史学、律师学、政治学三个维度总结律师业发展的历史规律、作用价值和理论学说,其目的在于:通过律师业的历史学考察,探讨律师业产生的和发展的客观规律;通过律师业的律师学考察,分析律师业及其相关概念;通过律师业的政治学考察,总结律师业在国家法治建设中的地位与作用。

1.1 律师业的历史学考察

"以史为镜,可以知兴替。"律师制度作为国家司法制度的重要组成部分,并非与法律同时产生。虽然有学者把我国春秋时期郑国的邓析视为世界上最早的"开业律师",[①]但从现代法治意义上讲,律师业乃西方法律文化之产物,最早产生于古罗马,并随着罗马法的复兴而得以在欧洲传播。现代律师制度是建立在商品经济比较发达、法律制度比较完善的基础之上的。与诸多法律制度一样,我国律师制度从西方发达国家移植而来。从历史的角度,研究律师业的起源发展、基础背景、经验教训对于我国发展律师业的路径选择具有重要的借鉴意义。

1.1.1 律师的起源及其基础

律师业萌芽于古希腊、产生于古罗马、复兴于德国并逐步发展为现代律师业。因此,有必要沿着律师业发展的历史脉络,探究律师制度的存在根基,在此基础上反思我国律师业发展中面临的问题及根源,提出我国大力发展律师业的对策与建议。

---

① 徐家力等:《中国律师制度史》,中国政法大学出版社2000年版,第29页。

(一) 律师的起源

虽然一般认为,律师产生于古罗马,[1]但实际上早在古希腊时期就已经有了律师制度的萌芽。一方面,古希腊作为西方法治的源头,所有法律问题似乎都能从古希腊找到答案,这也正是国内法学研究者"言必称希腊"的缘由。另一方面,在事实上,古希腊进行了诸如"梭伦立法"之类的系列改革,产生了诉讼制度、代理制度和辩护制度,催生了一大批的类似于律师的"雄辩家"。[2] 但是,这种代理和辩护制度并未产生专门的律师职业。究其原因,美国学者约翰·麦赞恩分析道:"在私法领域中,希腊人几乎为文明的法律奠定了一切必需的制度,包括法律上的责任和义务的规定……但希腊人最缺乏的是建立一个高于民众大会的、有法定资格的司法审判或立法机构,还不存在一个单独的致力于法律的职业。"[3]我们认为,这与古希腊文化的品性有关,包括法律文化在内的古希腊文化注重抽象理念,法律文化亦较"务虚",不善于将法律制度与社会实践结合起来,与法律实践密切相关的律师制度当然也就没有充足的发展空间。但是,我们不能因此就忽视或忽略古希腊这种诉讼形式和代理活动对古罗马司法的影响,相反,古罗马的律师制度正是在这一土壤上生根发芽的。

"法律是罗马对世界的馈赠。"[4]律师和律师业最早出现于古罗马时期。公元前5世纪,古罗马交通便利,商贸发达,纠纷增多,迫切需要法律进行调整和规范。公元前450年,古罗马制定了《十二铜表法》——世界上最早的法典之一,以确认社会主体之间的权利和义务。诉讼活动要根据执政官(法务官)的告示并按照相应的法定程序进行,且日益频繁、日趋复杂,当事人需要熟悉法律的人士予以协助完成诉讼特别是法庭辩论。与此同时,司法官员迫切需要熟悉法律的专门人才去更好地应用法律、解决各种纠纷,职业法律家由此应运而生。此时的职业法律家主要是解释法律、著书立说的法学家,包括盖尤斯、保罗、乌尔比安、帕比尼安、莫迪斯蒂努斯等"五大法学家"。在身份上,此时的职业法律家比较特殊,主要为国家雇员,即罗马统治者或法院的特别顾问,不收取任何费用。因此,可以说:"约在公元前5世纪奴隶制的罗马共和国时期,就有了律师制度的雏形。"[5]公元前1世纪,罗马进入帝国时期,统治者大力鼓励和扶持法学研究和法律活动,法学家辈出,法律家阶层亦不断壮大,法律实践活动范围领域大大拓展。部分法学家不再仅限于著书立说,

---

[1] 陈伟炜:《古代中国和罗马诉讼制度比较与律师制度的产生》,载《中共四川省委省级机关党校学报》,2004年第3期。
[2] 公元前594年,古希腊雅典共和国进行了历史上著名的"梭伦立法",创立陪审法院,将诉讼程序分为审查与裁判两个阶段,双方当事人应当当庭进行辩论,亦允许委托他人辩护(辩论),因此,一些精通法律且善于雄辩的人常常成为被委托人为当事人进行辩护,此可以看作律师的雏形。
[3] [美]约翰·麦赞恩:《法律的故事》,刘昕、胡凝译,江苏人民出版社1998年版,第416页。
[4] [美]罗伯特·N.威尔金:《法律职业的精神》,王俊峰译,北京大学出版社2013年版,第3页。
[5] 徐静村:《律师学》,四川人民出版社1988年版,第8页。

而是开始进入司法领域帮助和指导诉讼活动。有鉴于此,公元3世纪,罗马皇帝以诏令形式规定,普通公民不能代理诉讼,应当由法学家从事"以供平民咨询法律事项"的职业,并容许委托代理人参加诉讼。① 于是乎,在法学家中就分离出一部分,专门从事解答法律咨询、代写法律文书、参加庭审诉讼等法律活动,这样一批专门为他人提供法律服务的群体被称为"代理人"或"代言人"。② 随着"代理人""代言人"制度的完善,为了把这些专门代理法律服务的法律专家与从事解释法律、著书立说等法学研究活动的法学家相区别,法律规定其为"律师","律师"的称谓正式形成。③ 到了公元5世纪,国家加强了对"代言人"的管理,规定并非任何人都有资格成为"律师",只有那些品行端正、有行为能力,事先接受5年的专门法律教育并通过考试的人才能取得相应资格。律师分为在业律师和预备律师两种,可以收取一定报酬。同时,在取得"律师"资格后,其代理活动仍要接受国家监督,其收费标准也由国家规定。从此以后,律师职业日渐规范,律师业务成为有偿服务,律师逐渐形成一个职业团体,律师服务成为一个行业。

古罗马律师制度在长期发展过程中,形成了以下特点:其一,律师资格的获得非常严格,要经过专业训练和特殊考核;其二,对律师进行分类管理,即把律师分为在业律师和预备律师两类;其三,律师属于自由职业者;其四,律师可以收取报酬,但应受到国家规制。④

(二) 律师产生的基础

律师职业为什么会在古罗马而不是在其他地方、其他时期产生? 这要从律师产生的基础谈起。律师产生于社会需求,也即是说,国家和社会的需求是律师职业产生的前提,律师制度存在的目的是为了满足国家和社会的需要。

纵观律师业的历史轨迹,我们可以发现,律师制度的产生和发展需要具备以下四个要件。

一是市场经济条件,这是律师制度存在的经济基础。⑤ 律师制度之所以产生于古罗马时期,是由于古罗马地跨欧亚非三大洲,手工业和商业比较发达,市场贸易繁荣,尤其是到了公元3—4世纪,古罗马的商品经济已经得到了长足的发展。商品经济的发展意味着社会利益结构的多元化和复杂化,在当时的古罗马,国家利益、贵族利益、家族利益、商人利益、罗马市民利益、外邦人利益并存,利益的多元化必然导致利益的冲突,迫切需要用法律——最为和平、最为有效的方式去缓解和化解利益冲突。同时,商品经济就是规则经济,就是契约经济,商品经济的活跃迫切

---

① 司莉:《律师职业属性论》,中国政法大学出版社2006年版,第28页。
② 谢佑平:《公证与律师制度》,中国政法大学出版社1999年版,第133页。
③ 谢佑平:《社会秩序与律师职业——律师职业角色的社会定位》,法律出版社1998年版,第11页。
④ 石毅:《中外律师制度综观》,群众出版社2000年版,第5—6页。
⑤ 章耀民:《古罗马律师产生的背景及对中国律师制度构建的借鉴意义》,http://www.66law.cn/news/6570.aspx,访问日期:2014年3月22日。

需要越来越多的法律人才。这为律师职业的产生和发展奠定了经济基础。

二是民主政治条件,这是律师制度存在的社会基础。除了坚实的经济基础之外,古罗马产生律师制度还有一个重要原因,即民主政治。古罗马时期,采取"辩论式"①诉讼模式,在这一诉讼结构下,被控诉人与控诉人双方地位平等,享有同等的诉讼权利,包括都可以委托代理人(委托权),都可以提出证据(举证权),都可以陈述自己的意见(陈述权),都可以反驳对方诉讼请求(辩护权),等等。这一时期的法官只是居间根据控辩双方的辩论结果做出裁判,并负责调查取证。可见,"辩论式"诉讼模式蕴涵着民主的基因,本身就是民主政治的体现。同时,在"辩论式"诉讼模式下,裁判结果取决于控辩双方的辩论,因此,通晓法律的人士的善辩的口才总是给法院裁决造成影响,这促使当事人愿意花钱请律师代理。② 如此一来,律师制度不仅具备了产生的土壤,而且具备了生存的空间。由此,我们可以得出结论:"辩论式"诉讼模式是民主政治制度在司法领域的集中反映。

三是人权观念条件,这是律师制度存在的文化基础。除了经济基础、社会基础外,律师制度的产生和发展也离不开一定的文化基础,即人权观念。古罗马时期,人权观念开始萌芽,这种人权观念随着罗马法的发现、文艺复兴、宗教改革、启蒙运动以及资产阶级革命,得到了极大张扬,律师职业也进入真正的春天,产生了现代意义上的律师制度。17、18世纪资产阶级革命胜利后,"三权分立"得以确立,③启蒙思想家所提出的"法律面前人人平等""天赋人权""无罪推定""被告人有权辩护"等人权思想在司法实践中逐步得到充分贯彻。相应地,社会对律师的需求日益强烈,律师获得了更大更广阔的发展空间,律师制度日益成熟。因此,人权观念、权利制度是社会文明进步的标志,也是律师制度产生的必要基础。可以说,人权观念与商品经济、民主政治一道共同构筑了律师制度存在的基础;也可以说,在没有人权观念的国度里是不能真正产生律师制度的。

四是法制条件,这是律师制度存在的制度基础。律师作为法律从业者,是法律规范的具体操作者,也是法律秩序的缔造者。没有法律制度,就不会有律师,也没有必要产生律师业。完备的法律体系是古罗马对世界文明的重要贡献之一,也是古罗马律师产生的前提。古罗马早期法律制度以《十二表法》为核心,附之以各种处理贸易纠纷和社会关系的告示;公元534年,东罗马帝国国王查士丁尼主持编撰了举世瞩目的《民法大全》,罗马法体系得以形成。此后,罗马法经过不断完善和补充,涵盖了市民法、万民法和国家关系法,其核心思想和基本精神一直影响至今。

---

① 辩论式诉讼,被认为是民主、文明的诉讼制度,也是资本主义社会采用的主要诉讼模式,其主要内容有以下三项:(1)直接决定法律效果发生或消灭的必要事实必须在当事人的辩论中出现,没有在当事人的辩论中出现的事实不能作为判决的基础和依据;(2)法院应将当事人之间无争议的事实作为判决的事实依据;(3)法院对证据的调查只限于当事人双方在辩论中所提出来的事实。辩论式诉讼体现了当事人对法官的约束,尊重了当事人的意思自治和当事人的诉讼主体地位。
② 陈卫东:《中国律师学》,中国人民大学出版社2000年版,第16页。
③ 赵振江:《法律社会学》,北京大学出版社1998年版,第410页。

随着罗马法的日益繁杂,普通市民难以掌握,司法机关也需要精通法律的专业人士予以帮助。民众和国家的客观需要,催生了律师业的诞生。

总之,市场经济是律师制度产生的根本基础,民主政治是律师制度发展的基本前提,人权观念是律师制度发展成熟的直接催化剂,法律体系是律师制度存在的先决条件。四者相互影响、相互作用,共同孕育和催生了现代律师职业。

1.1.2 律师职业在西方的发展

律师制度虽然在古罗马应时、应势而生,但并没有因此而走上一帆风顺的道路,相反却随着西罗马帝国的灭亡而衰落了。公元476年,西罗马帝国被日耳曼人入侵,逐渐灭亡,欧洲进入了封建社会,罗马法被遗忘,律师制度亦被尘封起来。究其根源,还应从上述律师制度产生和存在的基础说起。

封建时期的欧洲,长期处于地方割据状态,经济上自给自足,陆上交易和海上运输贸易并不发达,商品经济的发展受到极大限制,社会法律关系相应变得简单,社会对律师服务的需求亦大大减少。另一方面,在诉讼活动中,律师的作用也在逐渐被弱化甚至被忽视。因为,在这一时期的民事诉讼中,双方当事人的诉讼权利都受到极大限制,几乎不能聘请诉讼代理人为他们提供法律帮助或参加法庭诉讼;在刑事诉讼中,为了适应封建政治体制和形势的需要,几乎废除了辩论式诉讼模式,转而采用纠问式诉讼模式。① 在纠问式诉讼模式下,法院普遍实行有罪推定和刑讯逼供;法官在诉讼中具有绝对的权威,集侦查权、控诉权和审判权于一身;被告人被视为诉讼客体而非诉讼当事人,基本上不享有抗辩权,仅仅是被审讯和拷问的对象。在这种诉讼模式下,律师作用也就无从发挥。当然,中世纪的欧洲并非没有律师,只是这一时期的律师不仅作用和地位日渐式微,传统的律师业务大受限制,而且随着宗教势力的不断壮大,律师职务主要由僧侣担任,"律师"只能在宗教法院开展活动。而僧侣律师们在履行律师职能时,其任务不是尽己所能为当事人辩护,而是向当事人灌输宗教思想和协助审判官说服被告人认罪。② 因而实际上,此时所谓的"律师"已经完全成为国家或教会的附庸,对当事人而言没有任何益处。

总之,在欧洲中世纪的经济条件和诉讼模式下,律师们赖以生存的辩护和代理功能完全失去了作用,律师制度不可避免地走向衰落甚至可以说此时的律师制度实际上已经不存在了,律师职业处在曲折与徘徊状态中。

12世纪后,欧洲各国国王实力增强,教会势力衰退,世俗律师逐渐取代了僧侣

---

① 纠问式诉讼,又称为"控诉式诉讼"或"审问式诉讼",发端于罗马帝国时期,盛行于欧洲中世纪时期,其主要特点是:(1)审判官集侦查、控诉、审判职能于一身,不论是否有被害人或其他控告,根据职权主动追究犯罪;(2)司法机关负责调查事实,侦查和审判秘密进行;(3)原告人只是告发人,几乎不负法律责任;被告人只是诉讼客体,没有任何诉讼权利,是被审问、受追诉的对象;(4)被告人的口供是最佳证据,刑讯逼供合法化、制度化。最典型的纠问式诉讼程序见于德国1532年的《加洛林纳法典》。

② 司莉:《律师职业属性论》,中国政法大学出版社2006版,第28页。

律师。13世纪,法国率先禁止僧侣担任辩护人,规定只能由受过法律教育并登记注册的律师充任。14世纪,英国大力兴办律师教育,成立了以四大律师学院为代表的律师教育机构,[①]培养职业律师,律师业开始了第二次勃兴。

现代律师制度是西方资产阶级民主革命的产物。17、18世纪,资产阶级革命爆发并取得了胜利,资产阶级启蒙思想家洛克、孟德斯鸠、卢梭等不仅提出了反对封建专制的"平等""自由""民主"等政治口号,而且提出了反对封建司法专横主义的"法律面前人人平等""罪刑法定""罪刑相当"等法律原则,同时主张以辩论式诉讼模式取代纠问式诉讼模式,并赋予被告人自己辩护或聘请他人辩护的权利,这使被告人有权自己为自己或聘请他人为自己做辩护,奠定了辩论式对抗诉讼的思想基础,也为现代律师业的形成创造了理论条件。资产阶级革命胜利后,律师制度写入宪法,并通过诉讼法得以具体体现。譬如,在英国1679年《人身保护法》中,承认了被告辩护权,明文规定了诉讼辩论原则;在美国1789年《司法条例》中规定了律师诉讼代理人的合法地位,1791年《美国宪法修正案》第6条规定被告人有权获得法庭辩护;在法国1808年《刑事诉讼法典》中,系统确认了辩护权、辩论原则与辩护制度;在日本1893年《律师法》中,更是全面规定了律师制度。此后,随着商品经济的迅速发展,律师业也获得了空前繁荣。

1.1.3 中国律师制度的引进

与西方法律制度相比,反观中国古代历史,在一千三百多年的夏商周奴隶制时期,虽然不乏一些职业法学家的出现,譬如子产、邓析、商鞅、李悝、李斯、韩非等,但直到清朝末年《大清刑事民事诉讼法(草案)》出现之前,并没有产生"律师"一词,更遑论真正意义上的律师制度。

中国的律师制度也可以追溯到遥远的春秋时期,先后出现过类似于律师职业的"辩护士""讼师""状师"和代理人,最早的代表人物当属郑国人邓析。[②]邓析在传授法律知识和代人参加诉讼方面"颇有古代律师味道,这也是中国法律史的创举"。[③]但历代封建统治者大都对讼师的活动做了严格的限制,仅限于出谋划策和代写诉状,而对于更为重要的代理诉讼和出庭辩护则不予允许。据《唐律疏议·斗

[①] 这四大律师学院分别是:林肯律师学院(Lincoln's Inn, 1422年)、中殿律师学院(The Middle Temple, 1501年)、内殿律师学院(The Inner Temple, 1505年)、格雷律师学院(Gray's Inn, 1569年)。参见何勤华主编:《英国法律发达史》,法律出版社1999年版,第72页。

[②] 邓析,(公元前545—公元前501年),河南新郑人,春秋末期思想家、郑国(子产执政时期)大夫,"名辩之学"倡始人、名家学派先驱。他作为新兴地主阶级利益的代表,主张革新,是我国历史上最早反对礼治的思想家。他的主要思想是"不法先王,不是礼仪"(《荀子·非十二子》)。他的主要法律活动有:(1)反对"刑书",私造"竹刑",主张刑法公开化。(2)招收门徒,聚众讲学,传授法律。(3)承揽诉讼,以"讼师"身份帮助民众打官司,被称为春秋末期的律师。后,邓析引发贵族不满,被郑国大夫驷歂以私自制定法律《竹刑》为由车裂而死。

[③] 张国华、饶鑫贤:《中国法律思想史纲》,甘肃人民出版社1984年版,第23页。

讼》记载:"诸为人作辞牒,加增其状,不如所告者,笞五十;若加增罪重,减诬告一等。"①到了元、明、清三代,法律规定了诉讼"代理"制度,但适用范围也仅限于官吏和一些老废残疾人。《元史·刑法志》记载:"诸致仕得代官,不得已与齐民诉,许其亲属家人代诉,所司毋侵挠之。"②而《大明律·刑律·诉讼》中则规定:"凡官吏有争论婚姻、钱债、田土等事,听令家人告官理对,不许公文行移。"③由此可见,我国元、明、清时期虽然规定了诉讼代理制度,但还不能称之为现代意义上的律师制度,其适用范围非常窄,代理人也仅为当事人的亲属及家人,作用非常有限。对此,我国学者有着比较中肯的评价:"辩护士""讼师"虽有古代中国的自己特色,但与古罗马律师制度以及现代律师都存在较大差异,是不能当作职业律师对待的。④

那么,为什么我国古代并没有真正现代意义上的律师呢?或者说,中国古代社会为什么未能孕育出职业律师呢?正如同分析欧洲中世纪的律师制度一样,亦应当从律师制度产生和存在的基础进行分析。

前已述及,市场经济、民主政治、人权观念、法律体系是律师制度产生和发展的基础。而在我国古代奴隶制时期和封建时期,手工业、商业并不发达,律师职业诞生的经济基础即商品经济并不存在。所以,在西方社会律师制度全面发展并逐步走向成熟时,我国律师制度却缺乏产生的土壤,这是其一。其二,在我国长达几千年的奴隶制时期、封建时期,政治高度集权,民主传统尚未形成,体现在司法实践中,即是"纠问式"审判模式和刑讯逼供程序。诉讼当事人享有诉讼权利,是律师产生和存在的必要前提,而在纠问式诉讼模式中,当事人没有诉讼权利可言,律师的需求空间较小,因而不会有代理当事人行使诉讼的职业律师的产生。其三,在中国传统文化体系中,道德始终居于首位,法律则处于从属地位。加之中国传统文化和价值观念认为人的生活与社会秩序的调整应以道德伦理为基础,强调"无讼""息讼",重视君权、父权、男权,法律虽然起到一定的作用,但与伦理道德相比,毕竟是次要的东西,律师、律师职业、律师制度并没有产生的土壤和发展的空间。总之,在我国古代专制社会环境下,是不可能产生真正的辩护与代理制度的,现代律师职业当然也是空中楼阁,这也是为什么我国在实行市场经济之后律师制度得以迅速发展的根本原因。

中国近代律师制度的出现及律师职业的形成肇始于清末变法时期。后历经北洋政府时期、国民党统治时期,有了一定发展,详见下表(表1-1:中国律师业发展大事记)。

---

① 《唐律疏议》第356条。
② 《元史》卷105《刑法志四·诉讼》。
③ 《大明律》,怀效锋点校,法律出版社,1999年版,第180页。
④ 谢佑平:《公证与律师制度》,中国政法大学出版社1999年版,第156-159页。

表1-1 中国律师业发展大事记

时间	事件	评价
1906年	在修订法律大臣、法学家沈家本的主持下,清廷完成修订了《大清刑事、民事诉讼法》,专列"律师"一节,对律师的资格、注册登记、职责、违纪处分、外国律师在通商口岸公堂办案等都做了规定。	这是在中国立法史上首次出现了律师的内容。虽然由于清王朝的覆灭,该法并未颁布,但其却开了中国近代律师制度的先河,律师制度雏形已成,且有少数律师出现在租界内进行执业,对后世影响很大。
1912年	南京临时政府和北洋军阀政府以《大清刑事民事诉讼法》为蓝本先后制定了《律师暂行章程》《律师登录暂行章程》《律师惩戒会暂行章程》《律师甄别章程》等一系列律师职业相关的法律。	这些有关律师资格、登录、惩戒、甄别等内容的法律法规成为我国正式颁布施行的律师立法的起点和我国近代律师制度建立的标志,也标志着中国近代律师的诞生。
1927年至1945年	国民党政府于1927年7月制定《律师章程》,于1930年成立律师协会,于1941年到1945年先后颁布《律师法》《律师法实施细则》《律师登录规则》《律师惩戒规则》及《律师检核办法》等。	这些法律法规逐步代替了北洋政府颁布的法律法规,并规定了许多新的内容,虽然基本上是参照外国的律师制度制定的,但促使我国律师制度逐步走上规范化的道路,促进了律师业和律师队伍的发展。
1954年	一届全国人大一次会议通过《中华人民共和国宪法》,正式确定了辩护制度。	新中国律师制度得以产生,并于1955年在北京、上海、南京等28个城市开始试行。
1956年	3月司法部召开了第一次全国律师工作座谈会,讨论了《律师章程》与《律师收费暂行办法》草案。同年7月国务院批准了司法部《关于建立律师工作的请示报告》,并颁了《律师收费暂行办法》。	律师职业呈现出欣欣向荣的景象。
1957年	至1957年6月,全国19个省市成立了律师协会,30万人口以上城市和中级人民法院所在地县市一般都成立了法律顾问处。	中国律师事业呈蓬勃发展的势头。
1957年末至1978年	律师制度被彻底否定,新中国刚诞生的律师职业与制度夭折了。	律师职业遭到了众多非难,律师刑事辩护被当成丧失了阶级立场、替坏人说话,中国开始了长达20余年的无律师时代。
1980年	第五届全国人大常委会15次会议颁布了《律师暂行条例》,对律师的性质、任务、权利、资格以及工作机构等都做了明确的规定。	这是新中国第一部律师职业与制度法,使我国律师制度得以重新建立,律师活动有了法律保障,律师队伍迅速扩大。
1986年	全国开始实施律师资格考试。	这标志着原来通过司法行政部门考核或推举才能成为律师的时代结束,用更合理、更能提高律师素质的全国统一考试方式选拔律师的时代到来。

(续表)

时间	事件	评价
1986年	中华全国律师协会经批准成立。之后,各地律师协会也纷纷成立。	这标志着律师管理由司法行政机关单一管理延伸到和律师协会行业同步管理,律师从此有了自己的组织。
1993年	司法部对律师体制进行重大改革:律师事务所组织形式由合作制发展到合伙制,允许律师不受国家编制限制、不依赖国家财力,而是寻找一条外延发展的道路,实行自愿组合、自负盈亏、自我约束、自我发展的机制。	法律服务逐步商品化、规模化,律师事务所成了法律服务市场的主体,律师的执业生命与其业务素质和法律服务水平息息相关。至2000年,国办所全部脱钩改制为自收自支的律师事务所。
1996年	第八届全国人民代表大会常务委员会第19次会议通过了《律师法》,总结了《律师暂行条例》颁布以来律师工作的实践经验,特别是多年以来律师体制改革的成功经验,借鉴国外律师立法的有益做法,对我国律师制度的一系列重大问题做出了具体明确的规定。	这标志着我国律师制度的初步健全和完善,是新中国律师制度发展史上的重要里程碑,为我国律师制度的进一步发展和完善发挥了十分重要的作用。使我国的律师职业与制度得以法律的形成固定下来,为律师职业的快速发展奠定了坚实的基础。
2007年	新《律师法》出台,强调律师提供的是法律服务,是一种专业服务,又是一种维护法律正确实施的服务,强调律师执业必须尊重宪法和法律,恪守职业道德和法律,更加确认了律师职业的属性、完善了律师职业的责任体系。	这是我国律师制度发展进程中的一件大事,为律师履行自己的使命奠定了基调,律师工作的开展从此有了明确的法律依据,律师职业在社会生活中的影响同步提高。
2010年	司法部在北京召开全国律师工作会议,会上学习了中共中央办公厅、国务院办公厅转发的《关于进一步加强和改进律师工作的意见》,总结了近年来律师工作取得的成绩,并就律师人才的选拔和培养、律师参政议政、保障律师执业权利和加大促进律师行业发展的政策扶持等方面问题进行了探讨,进一步倡导律师要充分发挥积极作用,做中国特色社会主义事业的建设者、捍卫者。	这次会议体现了在党的领导下,我国律师工作应坚持"围绕中心、服务大局、以人为本、执业为民"的思想理念。这次会议的成功召开,不仅有力地推动了律师事业的健康发展,而且更加充分体现了律师工作在加快建设社会主义法治国家和社会主义现代化中的地位和作用。
2013年	党的十八届三中全会把改革完善律师制度作为全面深化改革的重要内容。	全会要求完善律师执业权利保障机制和违法违规执业惩戒制度,加强职业道德建设,发挥律师在依法维护公民和法人合法权益方面的重要作用。
2014年	党的十八届四中全会明确将律师定位为社会主义法治工作队伍的重要组成部分。	全会对加强律师行业党的建设和思想政治建设、完善律师维权惩戒工作机制、加强律师事务所管理、发挥律师协会自律作用等作出了部署。

实际上,从清末到新中国成立前,中国的律师制度在立法与实践上都在效仿西方国家,取得了一定的成效,但由于当时中国政治上的黑暗、经济上的落后,其时的律师制度并不是现代意义上的。新中国的诞生为建立人民律师制度奠定了政治基础。尤其是党的十一届三中全会以来,国家的工作重心转移到经济建设上,社会主义法制不断健全,社会主义民主不断发扬,律师制度得以重新恢复发展。有学者把新中国律师业归结为五个发展阶段:新中国建立初期的继承与探索阶段、法律虚无主义阶段、改革开放初期的"律师是国家法律工作者"阶段、20世纪90年代以后的"为社会提供法律服务的执业人员"阶段以及现在的"社会主义法律工作者"阶段。① 应当说,这种划分具有一定合理性,总结出了我国律师业发展的曲折历程。

我们认为,1996年《律师法》的出台真正代表着我国律师业的产生,2007年《律师法》的出台则标志着我国律师业的成熟。尤其是2007年《律师法》,不但对律师的定位进行了重新的调整,也对律师的服务对象、服务内容、收费方式等进行了详尽的规定。虽然该法还存在一定不足和缺憾,但它作为我国司法体制改革的重要部分,促使我国律师制度改革全面开展,预示着律师阶层得到了越来越多的社会认同,律师业在国家和社会中已经处于越来越重要的地位,中国律师业发展必将翻开新的一页,进入新的篇章。

1.1.4 中西方律师业发展的启示

法律职业是人类社会发展到一定历史阶段的产物,是社会分工的必然结果。对此,马克思曾指出:"在社会发展某个很早的阶段,产生了这样一种需要:把每天重复着的生产、分配和交换产品的行为用一个共同规则概括起来,设法使个人服从生产和交换的一般条件。这个规则首先表现为习惯,后来便成了法律。随着法律的产生,就必然产生出以维护法律为职责的机关——公共权力,即国家。在社会进一步发展的进程中,法律便发展成或多或少广泛的立法……随着立法发展为复杂和广泛的整体,出现了新的社会分工的必要性:一个职业法学者阶层形成起来了……"② 现代社会中,律师职业是法律职业的一个重要范畴,是包括法官、检察官等法律人的核心力量。③ 通过梳理中西方律师业发展的历史,我们可以得出以下启示。

一方面,律师制度作为上层建筑的一部分,取决于社会经济状况和政治文化条件。商品经济的发展催生出了律师业,也为律师业的发展提供了空间,古罗马时期和西方资本主义社会无不证明了这一点;相反,在欧洲中世纪和中国几千年的奴隶制、封建制时期,则缺乏律师业发展的土壤。

---

① 王公义:《新中国律师业60年五个发展阶段的理性思考》,http://www.moj.gov.cn/yjs/content/2010-08/18/content_2247119.htm,访问日期:2013年3月22日。
② 转引自张文显:《法理学》,高等教育出版社2003年版,第172页。
③ 赵震江:《法律社会学》,北京大学出版社1998年版,第407页。

另一方面,反过来,律师职业的兴起对经济发展做出了重要贡献。经济的发展离不开稳定的社会秩序,而社会秩序的形成则离不开法律以及法律的实施者——律师的作用,所以,律师业发达的时期都是经济秩序稳定、经济繁荣时期;律师作用受到限制和削弱的时期,都是经济秩序混乱、经济发展停滞时期。

再一方面,就我国而言,律师职业在我国大力建设小康社会、推进依法治国、实现中国梦的过程中肩负着重要历史使命。随着社会主义市场经济的发展,我国的律师业逐步成熟,律师职业应当发挥更大的作用。尤其是在社会转型期,利益多元化、矛盾冲突普遍,律师要发挥其"维护人民群众合法权益、维护法律正确实施、维护社会公平正义、维护社会和谐稳定"的积极作用,承担其应有使命。

最后,在发展我国律师业的时候,要把握律师制度与社会经济政治文化之间的关系。一国的律师制度要与当时国家的经济社会发展水平相适应,不能滞后,也不能超前,否则都不能充分发挥律师业的作用。从清末一直到民国时期,我国从西方引进和移植的律师制度,就忽视了当时我国的国情,忽略了律师制度与民主观念之间、律师理想与政治现实之间、法治传统与律师未来之间的差距,始终没能在当时的中国社会找到律师制度真正的契合点,因而律师业不可能有重大发展,也没有为社会发展带来根本改变。在我国未来律师业的发展中,要充分把握社会变迁对律师业的要求,在动态中实现律师业与社会的契合与平衡。

1.2 律师业的律师学考察

1.2.1 律师的概念

在我国古代,"律师"一词原本是宗教用语。在佛教中,把熟知戒律并能向人解说者称为"律师":"能否佛法所作,善能解说,是名律师。"[①]在道教中,律师常被用于道家修行品号。"道家修行有三号,其一曰法师,其二曰威仪师,其三曰律师。"[②]可见,佛家语与道家语中"律师"与我们现在律师的概念相去甚远。

在国外,律师的内涵和外延在不同的国家有所差异。譬如在英国,barrister 是指"大律师",即有资格出庭高等法庭的律师,solicitor 则指"一般辩护律师",即专为当事人提供法律答疑、出席下级法庭、协助大律师处理诉讼案件等服务的普通律师。

美国《国际大百科全书》把"律师"解释为:"律师或称律师辩护人,是受过法律专业训练的人,他在法律上有权为当事人于法庭内外提出意见或代表当事人的利

---

① 《涅槃经·金刚身品》。
② 《唐六典·尚书礼部·祠部郎中员外郎》。

益行事。"①

苏联《苏联百科全书》把"律师"解释为："律师是选择了以提供法律帮助为自己职业的人。在苏联凡是有高等法律教育程度并从事专业工作两年以上的苏联公民,可以成为律师。"②

国外大都把律师界定为一种职业,一种提供专业服务的职业,一种只有具备一定条件(法定条件)的受过特殊训练的人提供专业服务的职业。

在我国,"律师"一词由西方经日本传入,首次出现在1910年《大清刑事民事诉讼法(草案)》中。一般认为,现代汉语中的"律师"一词为英语"lawyer"的意译,③比较符合汉语的表达习惯。④

《辞海》把"律师"解释为："律"者,法则、规章之意,如戒律、定律等;它还有按律处治之意,如律以重典,引申为约束;另外,也经常用它来指称中国古代主要法律规范的名称,如盗律、工律、田律、仓律等,有时,"律"也用作一个朝代法律的总称,如秦律、汉律、明律、清律等。"师"者,对有专门知识技能的人的称呼,如医师、工程师等。"律师",是指依照法定条件、程序取得资格,依法可以接受当事人委托或由法院指定向当事人提供法律帮助,从事有关法律事务活动的人员。⑤

中国第一部律师法规——1912年的《律师暂行章程》(第14条),把律师界定为："律师受当事人之委托或审判衙门之命令,在审判衙门执行法定职务,并得依特别法之规定,在特别审判衙门行其职务。"

我国早期比较权威的《中国律师学》把律师界定为："以法律服务为己任,为职业,特长于法律专业者。"⑥

我国1996年颁布的第一部《律师法》(第2条)把律师界定为："本法所称的律师,是指依法取得律师执业证书,为社会提供法律服务的执业人员。"

我国2007年颁布的新《律师法》(第2条)把律师界定为："依法取得律师执业证书,接受委托或者指定,为当事人提供法律服务的执业人员。"

通过梳理我国"律师"概念的发展历史,可以发现,我国对"律师"的认识经过了一个由浅入深、由不成熟到逐渐成熟的发展过程。相应地,对律师职业的定位也经

---

① 转引自谭世贵：《律师法学》,法律出版社1997年版,第7页。
② 转引自谭世贵：《律师法学》,法律出版社1997年版,第7页。
③ 实际上,与律师相对应的英语词汇不止"lawyer"一个,另外还有"solicitor""attorney""barrister""counselor"等;对"lawyer"的翻译也有不同看法,甚至可以说一个曲折过程,人们曾用"讼师""状师""法家""辩护士"等称谓来指称"lawyer"。但最终"律师"与"lawyer"相对应称为通说,并于1880年以后逐渐开始流行起来。对此,意大利语言学者马西尼对此有比较深入的研究,参见马西尼著,黄河清译：《现代汉语词汇的形成——十九世纪汉语外来词研究》,汉语大词典出版社1997年版,第191页。当然,笔者并不主张在任何场合和语境下都一律使用"lawyer"一词,相反,在国际交往中,要根据不同国家的语言习惯和法治传统,使用具体的与"律师"对应的词汇。
④ 黄宗智：《法典、习俗与司法实践：清代与民国的比较》,上海书店出版社2003年版,第37页。
⑤ 辞海编辑委员会：《辞海》,辞书出版社1999年版,第72页。
⑥ 李文华：《中国律师学》,兰州大学出版社1987年版,第1页。

过了长期演变。从国家法律工作者(原1980年《律师暂行条例》)到为社会服务的专业法律工作者(1993年《关于深化律师工作改革的方案》)再到为社会提供法律服务的执业人员(1996年《律师法》)再到为当事人提供法律服务的执业人员(2007年《律师法》)。如今,人们对律师的认识已经统一,即:依法取得律师资格和执业证书,为社会提供法律服务的专业人员。

1.2.2 律师的特征

从不同的视角,可以总结出律师不同的特征。但从各国律师制度的理论和实践来看,现代意义上的律师通常具备以下特征。

(一) 任职资格的法定性

虽然各个国家对律师的入职要求并不完全相同,但无一例外,都会通过法律设置一定的门槛,只有具备了法定资格,才能从事律师行业。这些条件通常包括:经过系统训练、通过考试(考核)、国家许可等。

(二) 服务内容的专业性

律师业不同于一般的行业,需要专业的知识和能力,此即律师的"专业性"。通常而言,只有受过法律专业教育、掌握相关法律专业知识、具备相当法律服务能力的专业人才,才能从事律师行业。譬如,在我国,成为律师首先要具有高等院校法律专业本科以上学历,或者高等院校其他专业本科以上学历,具有法律专业知识并经国家司法考试合格,才能取得律师执业证书。

(三) 服务方式的受托性

与法官、检察官等国家机关工作人员提供的法律服务不同,律师的业务不是基于权力取得,而是基于当事人的委托而获得。当事人的委托是律师提供法律服务的前提,也是提供法律服务内容和标准的主要依据。因此,律师提供法律服务的方式是非强制性的,具有受托性。

(四) 服务价值的有偿性

律师服务也是一种劳务,在市场经济条件下,理应获得一定的报酬,这也是律师重要的价值体现。律师所提供的劳动属于"智力劳动",具有商品属性,因此,收取相应服务费用,是市场规律的体现,也是律师自身生存发展的必然要求,否则,就失去了律师生存和发展的物质基础,律师也不就可能成为一种职业。当然,至于收费的标准,国家可以进行指导和监督。

(五) 服务地位的独立性

与法官、检察官相比,律师不享有公权力,属于不代表公权力的法律人。同时,律师提供法律服务是在法律的规定范围内,并根据当事人的委托进行,虽然律师的权利来自当事人的授权,并以维护当事人的合法权利为己任,但并不意味着律师依附于当事人,相反,律师接受、提供法律服务具有自愿性,以自己的法律知识、法律技能、法律经验,独立自主的为当事人提供法律服务。

总之,"律师",首先是一种称谓,其次是一种职业,再者是一种社会身份,上述律师的特征是律师法律服务产品化必要性和可行性的基础。律师身份的法定性,决定了律师法律服务产品化的主体只能是具有法定资格的律师;律师服务内容的专业性,决定了律师法律服务产品化能否成功取决于产品的专业水准;律师服务的受托性,决定了律师法律服务产品化要从市场需要出发,以满足社会需要;律师服务价值的有偿性,决定了律师法律服务产品化是一种商业行为,应遵循商业逻辑;律师服务地位的独立性,决定了律师法律服务产品化关键要靠律师自己,有赖于自身素质的提升。

1.2.3 律师的分类

依不同划分标准,律师有不同类别,在不同的国家律师执业资格并不完全相同,律师的分类亦有所区别。

在不同的法系,律师的类型并不相同,即是在同一法系,律师的类型也存在很大差别。以英国为例,律师的分类标准是律师业务和法院审级。"lawyer"是统称,具体分为 barrister 与 solicitor 两种,分属不同的业务领域。barrister 是"大律师"(香港地区翻译为"状师"),又称为出庭律师,即有资格在上级法院出庭辩论的律师,业务范围涵盖普通法相关案件、衡平法相关案件、小额遗产案件和离婚案件等。solicitor 是"小律师",又称为事务律师、普通律师,即直接接受当事人委托,只能在下级法院出庭及从事文案写作和非诉工作的律师。"大律师"不能直接接受当事人的委托,当事人只能通过"小律师"来委托"大律师"。在美国,主要是按照公私标准,把律师分为私人律师与公职律师。私人律师,即那些自法学院毕业并通过律师资格考试后办理律师业务的开业律师。公职律师,即专门为政府、法院、检察机关等国家机关服务的律师(法律顾问)。公职律师一般不允许向社会公众提供法律服务,除非该法律业务与自己受雇单位无联系或没有影响。[1]

在我国,司法部制定、中央职称改革工作领导小组于 1987 年 10 月 22 日转发的《律师职务试行条例》,将律师分为律师助理、四级律师、三级律师、二级律师和一级律师五类。该条例于 2002 年被司法部宣布废止。

我国现行法律把律师分为专职律师和兼职律师。所谓专职律师,是指专门在律师事务所从事法律服务的律师。所谓兼职律师,是指不脱离本职工作而从事法律服务的律师。《律师法》第十二条规定:"高等院校、科研机构中从事法学教育、研究工作的人员,符合本法第五条规定条件的,经所在单位同意,依照本法第六条规定的程序,可以申请兼职律师执业。"

---

[1] 陶髦,宋英辉,肖胜喜:《律师制度比较研究》,中国政法大学出版社 1995 年版,第 10 页。

在理论上,按服务对象的不同,律师可以分为"社会律师""公职律师""公司律师"和"军队律师"等类型。所谓社会律师,是指依法取得律师执业证书,接受委托或者指定,为社会提供法律服务的执业人员。所谓公职律师,是指具有律师资格或法律职业资格,供职于政府部门,按规定取得公职律师执业证,为政府部门办理法律事务的律师。所谓公司律师,是指具有律师资格或法律职业资格,在企业内部从事法律事务工作,为企业提供法律服务,并依法取得公司律师执业证书的执业人员。所谓军队律师,是指为军队提供法律服务的律师,其律师资格的取得和权利、义务及行为准则,适用《律师法》规定,具体管理办法由国务院和中央军事委员会制定。公职律师身份具有双重性,既是国家工作人员又是律师,不参与市场竞争,不得为社会提供有偿法律服务,其主要职能是"政府的律师""困难群众的律师"和"公益诉讼的律师"。军队律师是一种特殊的公职律师,编制在部队政治机关,为军队提供法律服务,受所在单位首长、政治机关的领导和上级司法行政主管部门的指导。公司律师具有律师资格或法律执业资格,只能为本单位提供法律服务,不得面向社会从事有偿法律服务,不得在律师事务所和法律服务所兼职,不得以律师身份办理本单位以外的诉讼与非诉讼案件。

从律师执业证角度看,现行律师执业证书分为律师执业证和律师工作证两大类。律师执业证分为适用于专职、兼职律师的律师执业证和适用于香港、澳门、台湾居民获准在内地(大陆)从事律师职业的律师执业证两个版本。律师工作证分为适用于公职律师、公司律师、法律援助律师的律师工作证和适用于军队律师的军队律师工作证两个版本。

律师的类型决定了法律服务市场的不同服务供给者。譬如,可以按照专业方向不同,把律师分为刑辩律师、行政诉讼律师、婚姻律师、公司律师、专利代理律师等。现阶段,我国律师行业并不成熟,律师大都是"通才",所有类型的案件都做。实际上,法律体系庞杂,律师业务复杂,律师不可能精通所有领域的法律服务,"万金油"律师队伍不利于律师行业的可持续发展。随着律师队伍的壮大和律师业竞争的加剧,律师对法律服务领域应当有所侧重,根据自己的专业兴趣和社会需要潜下深耕,唯此才能提供更好更专业的法律服务和产品。

1.3 律师业的政治学考察

律师职业无疑与法治社会有着千丝万缕的联系。一方面,律师是法治的产儿,法治社会的实现需要发挥律师职业的作用。在法治社会,法律是国家治理、社会管理、个人活动最主要的行为规范,而法律实践是一项专业性、技术性极强的活动,离不开专业人士的帮助、辅助和指引,律师作为精通法律的专业人士,在法治社会的实现过程中发挥着不可替代的作用,这也正是现代律师职业生生不息的根源所在。

另一方面,律师职业的健康发展与否也是法治社会的重要标志。律师是法治社会的"平衡器",是建设法治中国的重要力量,律师队伍强大与否、律师职业的健康与否是衡量法治社会是否实现的重要标尺。因此,法治时代呼唤更多更好的律师。

1.3.1 法治的一般原理

(一) 法治的内涵与特征

法治是西方政治文明的产物。① 然而,何谓"法治"? 由于各国经济、政治、文化等社会条件不同,对其有不同的理解。

古希腊思想家亚里士多德认为:"法治应包含两重意义:已成立的法律获得普遍的服从,而大家所服从的法律又应该本身是制订的良好的法律。"② 该定义被认为是对"法治"最经典的界定,其核心要义是"良法之治"。

被称为近代西方法治理论奠基人的英国法学家戴雪(A. V. Dicey)认为,宪法意义上的"法治"有三层含义:一是法律居于至高无上的地位,并制约公权力;二是在法律面前人人平等,个人受法律统治;三是宪法为法治之体现,国家立法、行政和司法权应当分立。③ 该定义是从英国的法治实践经验和西方近代政治理论出发,对"法治"作出的一次比较全面系统的阐述。

《牛津法律大辞典》把法治界定为:"它意指所有的权威机构、立法、行政、司法及其他机构都要服从于某些原则,这些原则一般被看作是表达了法律的各种特性,如:正义的基础原则、道德原则、公平和合理诉讼程序的观念,它含有对个人的至高无上的价值观念和尊严的尊重。"④

我国学者张文显先生从三个方面界定"法治":首先是一种治国方略(社会调控方式),其次是指良好的法律秩序和依法办事的原则,最后是法治代表某种具有价值规定的社会生活方式。⑤ 李林先生认为,可以从价值评判、权威地位、规范架构、法律实施等维度解读法治概念。详言之,法治是"善法""良法"之治,是宪法和法律至上之治,是明确的、统一的、可预测的规则之治,是"法律面前人人平等"之治。⑥

综观国内外关于"法治"的解读,可以发现,"法治"是一个历史概念,学者大都是从其自身所处的时代背景和法律背景来认识和界定法治的。从一般意义上讲,法治的基本内涵应包含以下几方面:

(1) 法治是一种治理国家的基本方略或基本方式,其与人治或专制相对应。人治(rule of men),是一种依靠个人并且往往是统治者个人的权威和能力来治理

---

① 李林:《法治与宪政的变迁》,中国社会科学出版社2005年版,序言第1页。
② [古希腊]亚里士多德:《政治学》,吴寿彭,译,商务印书馆1965年版,第199页。
③ Ablert V. Dicey. Introduction to the Law of the Constitution(1985), 1960, pp. 202-203
④ [英]戴维·M.沃克:《牛津法律人辞典》,李双元等译,法律出版社2003年版,第260页。
⑤ 张文显:《法理学》,高等教育出版社、北京大学出版社1999年版,第186页。
⑥ 李林:《法治与宪政的变迁》中国社会科学出版社2005年版,序言第1页。

国家的政治主张和治理模式。人治体现出一元化的权力状态,属于一种自上而下的、等级森严的、单向的"线状"控权模式,因而容易导致"独裁"与"专制"。法治(rule of law)则不同,是一种依靠多数人的意志即法律来治理国家的政治主张和治理模式。法治体现出多元化的权力状态,属于一种多种权力(利)相互作用、相互制约的"网状"控权模式,因而常与民主联系在一起。

(2)法治要求有一套健全的法律体系,蕴含着一系列价值追求和目标理想。健全的法律体系不仅包括实体法,而且包括程序法;不仅包括法律原则、法律制度,而且包括具体的法律规范。这些法律体系为人们提供了基本的行为规范,更彰显着法的精神、理念和价值。法的理念和精神属于法治更深层次的东西,对于法治的发展有着决定性的深远影响。

(3)法治意味着法律得到了普遍有效遵守,具有至高无上的权威。法治的重要目标,一方面在于维护和保障公民的基本权利免受不当侵害尤其是公权力的恣意妄为;另一方面在于依法控权即为公权力的存在空间提供合法性、正当性依据。最终,法律成为人们行为的基本准则,成为约束与规范公权力的重要保障。

(4)法治最终体现为一种社会秩序。法治不仅是一种过程,更是一种结果,是一种国家社会状态。在法治状态下,权力规范运行,人人皆受法律统治,法律制度内化为人们的守法行为,公平正义体现在社会的各个方面,体现出人类的理想追求。

可见,"法治"即"良法之治",是指按照法的精神和法律规范治理国家的基本模式。与人治相比,法治具有以下特征:

(1)法律具有公开性与公正性。法治的前提在于有一套健全的法律制度体系,而法律制度本身又是明确的、公开的、透明的,为公众所知悉,并蕴含平等、自由、公平、正义等基本价值。因此,法治不等于用法来治,用法来治仅仅是把法单纯作为工具和手段,而忽略了法的基本精神和价值。

(2)法律具有普遍性和权威性。仅有静态的法律不能称为法治,法治是一种动态的制约平衡机制。在法治状态下,法律成为包括公民个人、企业组织和国家机关在内的一切社会主体的行为准则,成为经济、政治、社会生活的主导性调整手段;任何个人、任何政党、任何组织都应当在法律规定的范围内活动,都没有凌驾于法律之上的特权;任何违法行为都应得到法律的制裁。

(3)公民权利具有根本性和目的性。考察公民基本权利的发展历程,不难发现,人们关于公民权利认识是逐步深入的,个人权利的范围是不断拓展的。从最初的生命权、人身权、财产权、自由权等基本人权发展到选举权、被选举权、结社权、罢工权等政治性核心权利,再发展到劳动权、环境权、消费者权利、追求幸福权等社会性派生权利。公民基本权利体系最初是为了防范国家公权的侵犯,国家对公民基本权利的保护是消极保护。换言之,只要国家公权不横加干涉和侵犯,公民的基本权利就实现了。自19世纪末始,伴随着工业化和市场进程,各种新的社会矛盾不断出现和加剧,社会危机、经济危机、生态危机不断爆发,消费侵权、环境恶化、贫富差距等"现代性"社会问题日益严重。建立在古典自由主义思想基础之上的有限国家理念开始发生转变,人们强烈呼吁国家权力干预社会经济生活,迫切要求政府介入到社会保障和公共福利中来。相应的,国家职能发生了重大变化,从奉行消极经济不干预政策转变为倡导积极的社会管制职能,即越来越强调国家和政府在保障公民权利方面的积极责任。此后,虽然人们对公民权利内容、国家义务范围有不同的理解,但时至今日,公民权利是国家权力的基础、国家的正当性在于保护公民权利这一看法已成共识。因此,公民个人权利决定了国家责任和义务,也决定了国家追求目标的正当性、使用手段的合法性以及国家权力行使的边界,这也是法治的基本特征。

(4) 国家公权具有相对性和制衡性。回顾西方近代政治思想史,可以发现,思想家关注的重心和研究的重点发生了变化,从国家产生的合法性转向国家权力运作的合理性,从政治权力的正当性转向政治权力的证成性。然而,无一例外,他们都将国家和政府视为一种手段,一种维护个人利益、促进公共利益的手段,这是评价政治权力合法性的根基,也是评价政府好坏的准则。国家作为一种人类共同体——政治实体,是人类在无政府状态下要求建立秩序的客观选择,即要建立一种有效的、权威的政治秩序和社会秩序。因而,在法治状态下,国家公权力是有限的、相对的,而不是无限的、绝对的,其界限和范围就是宪法和法律的规定。

(二) 法治的价值和基础

政府为什么要服从法律?我们个人为什么愿意接受法律的统治呢?因为,法治虽然也存在着种种不足和缺陷,但与其他国家治理方式相比,其是人类社会迄今为止最为有效、最为合理的治理方式,具有深厚的理论基础和重要的价值意义。

首先,法治是民主的体现,也是民主的保障。法治的实质是人民高于政府,政府服从人民。在民主政治制度里,人民通过选举自己的代表组成国家权力机关(议会、国会、人民代表大会等),再由国家权力机关选举产生行政机关、司法机关等国家机构,并通过集中人民的意志形成法律,交由执法机关执行。也即是说,人民通过直接参与立法(如提出立法建议、进行草案评议、立法听证、立法表决等)、参与行政管理(通过任命行政人员、申请行政公开、执法听证等)、参与法治监督(通过行政复议、行政诉讼、舆论监督等)实现社会民主治理。因此,法治是一种民主政治形式,是一种人类公共生活的方式,体现了多数人的统治,能够最大化地避免专制所带来的恣意妄为。

其次,法治彰显了法的平等、自由、公平、秩序等价值。与道德、宗教、纪律等其他社会规范相比,法律以权利为本位,具有明确性、稳定性、强制性等特征,蕴含着公平正义、平等、自由、效率、秩序等价值。这些价值追求体现在法律的原则、制度、规范之中,如民法中等价有偿原则、意思自治原则、平等自愿原则,刑法中的罪刑法定原则、无罪推定原则、适用刑法人人平等原则,行政法中的依法行政原则、尊重和保障人权原则、越权无效原则、信赖保护原则、比例原则等。

最后,法治的核心在于保护私权、抑制公权。古希腊思想家柏拉图曾言,"法律是自由的保姆";古罗马思想家西塞罗曾言,"为了自由,我们当了法的奴隶";法国思想家伏尔泰也曾言,"自由只服从法律"……这些西方思想家的名言,无不告诉我们:自由是人与生俱来的权利,但自由是应当以法律为界限的,失去了法律保障,自由就不能被称为真正的自由。对此,哈耶克认为,自由是自发社会秩序存在的必要条件,而一般规则则是自由得以存在的必要条件,对一般规则的诉求也就是对法治的诉求。[①] 其他公民私权与自由权一样,都是法治的核心。而权利的最大威胁来自权力的恣意妄为。因而,限制强权是法治的另一核心。

(三) 中国法治的提出

法治是政治文明发展到一定历史阶段的标志,是当代治国理政的基本方式,是为当今世界各国人民所向往和追求。在中国,人们认识到:没有民主,就没有社会主义;要保障社会主义民主,必须加强社会主义法制。1978年党的十一届三中全会提出了社会主义法制建设的"十六字方针",即"有法可依,有法必依,执法必严,违法必究"的法制方针。随着1992年邓小平同志"南方谈话"提出建立社会主义市场经济体制,学界提出了"市场经济就是法治经济"的命题,1997年党的十五大正式提出了"依法治国"的治国理念和治国方略;1999年3月14日第九届全国人民代表大会第二次会议修改宪法,"依法治国,建设社会主义法治国家"被写入宪法总纲,成为中国法治建设的里程碑。至此,法治原则得到了宪法的确认和保护,国家法治建设全面启动。

胡锦涛同志于2005年12月作出指示,要开展社会主义法治理念教育;于2006年2月进一步指出:"开展社会主义法治理念教育是加强政法队伍政治思想建设的一项重大举措。"在此基础上,党的十七大提出:坚持依法治国基本方略,树立社会主义法治理念。社会主义法治理念是我党对社会主义法治建设的深刻总结,进一步明确了我国社会主义法治建设的本质和要求,其基本内容包括:依法治国、执法为民、公平正义、服务大局、党的领导五个方面。开展社会主义法治理念教育,其目的在于借鉴国外法治文明的优秀成果,总结我国法治建设的实践经验,加强政法队伍的思想建设,提高全民的法治意识,增强对法律的信仰和尊崇,最终促使法治成为全社会的一种生活方式和行为习惯。

2012年11月,党的十八大报告首次凝练并提出了社会主义核心价值观:"富强、民主、文明、和谐,自由、平等、公正、法治,爱国、敬业、诚信、友善。"其中,法治成为社会主义核心价值观的重要组成部分。这是党对法治认识的又一次升华,必将加快社会主义法治建设,促进法治中国的实现。

---

① 参见邓正来:《自由与秩序——哈耶克社会理论研究》,江西教育出版社1998年版,第21-29页。

十八大以来党中央进一步明确了律师队伍的地位和作用,对律师工作和律师队伍建设提出了新的更高要求。党的十八届三中全会把改革完善律师制度作为全面深化改革的重要内容,要求完善律师执业权利保障机制和违法违规执业惩戒制度,加强职业道德建设,发挥律师在依法维护公民和法人合法权益方面的重要作用。

2014年,中共十八届四中全会决定全面推行依法治国,其中提到的"申诉逐步由律师代理""变立案审查为立案登记制",特别是"推进以审判为中心的诉讼制度改革",对我国律师业的发展影响重大。会议明确了将律师定位为社会主义法治工作队伍的重要组成部分,对加强律师行业党的建设和思想政治建设、完善律师维权惩戒工作机制、加强律师事务所管理、发挥律师协会自律作用等作出了部署。

2015年9月,"两高三部"首次联合印发《关于依法保障律师执业权利的规定》,明确应当尊重律师,在各自职责范围内依法保障律师各项执业权利,不得侵害律师合法权利。在全面依法治国的大背景下,传播法治理念、普及法治方式成为新时代的潮流,更多社会大众认识理解刑辩工作,政法机关为律师执业创造良好环境,刑辩律师在维护社会公平正义、和谐稳定中的作用越来越大。

近年来,中央全面深化改革领导小组会议先后审议通过《关于深化律师制度改革的意见》《关于推行法律顾问制度和公职律师公司律师制度的意见》《关于发展涉外法律服务业的意见》。这些意见的出台对律师行业改革与发展作出了全面部署,注入了强大动力,更为中国律师行业服务广大人民群众、助力国家经济建设、推进全面依法治国绘就了蓝图。

(四)法治的两条道路

前文我们探讨了法治及其基本要素以及我国法治的提出,那么,如何实现法治呢?

我国学者凌斌先生认为,中国以法治为目标的法律体制改革也已经进行了二十年,二十年风雨兼程,法治之"法"硕果累累,但法治之"治"却长路漫漫。其在反思我国法律体制改革的风雨历程之后,认为法治有两条道路:"普法型法治"和"专法型法治"。[1] 所谓"普法型法治",也是当代中国的法治模式,即通过不断完善立法以及法制宣传扫除阻挡干部和群众直接掌握法律的障碍,再通过"送法下乡""送法上门""送法入户""送法到人"等种种途径,使人民群众和干部知法、守法、依法办事的法治模式。早在商鞅时期就已提出"专法型法治",现代西方法治模式即是"专法型法治",即实行以垄断法律解释权为基础的职业法律人的统治,也可以称为"法律人之治"。[2] 在英美法系,强调法律人职业伦理和专业知识,法律人践行的是霍

---

[1] 凌斌:《法治的两条道路》,载《中外法学》,2007年第1期。
[2] [美]波斯纳:《法理学问题》,苏力译,中国政法大学出版社2002年版,绪论。

姆斯所描述的"法律之道",通过结成波斯纳所谓的职业"卡特尔",垄断了司法权。[①]

实际上,无论是"普法型法治"还是"专法型法治"强调的都是"治",而非"法"。换句话说,在法治中,关键因素是"治"。那么,如何达到"治"的目的呢?最重要的是发挥以律师为核心的法律职业体的作用。对此,后文将展开论述。

就我国而言,2011年3月10日,全国人大常委会委员长吴邦国在十一届全国人大四次会议上宣布,中国特色社会主义法律体系已经形成,共颁布法律239部,行政法规690多件,地方性法规8800多件,自治条例、单行条例700多件,部门规章、行业规定及地方规定数以万计。然而,就此认为中国已经实现了法治恐怕为时尚早。经过三十多年的民主法制建设,我国已经解决了"有法可依"问题,但是,"有法必依""执法必严""违法必究"还有很长的一段路要走。可见,我国已经基本具备了形式法治的要求,目前正处在从形式法治向实质法治的迈进之中,当务之急是满足形式法治。

1.3.2　律师制度是法治的重要组成部分

法治是与人治相对的一种治国理念、治国方式与国家状态。关于法治国家的基本特征和基本要求,仁者见仁智者见智。譬如,张文显先生把法治国家所应具备的要件分为:精神要件、实体要件和形式要件;[②]葛洪义先生把法治国家所应具备的条件分为:制度条件和思想条件。[③] 总的来看,我们判断一个国家是否达到了法治国家的标准,或者说,法治国家的基本要求至少应当包括以下三个方面:

一是系统的、健全的法律体系,这是法治国家的基本前提、制度基础,也即是法治的形式要件。法治社会首先需要建立一个门类齐全、形式完备、内部和谐、结构严谨、体例科学的法律体系,因此,有法可依是依法治国的首要条件。

二是法律得到普遍遵守,成为国家治理、公民生活的基本准则,这是法治国家的实质要件。首先,政府要带头守法,依法行政,成为法治政府;其次,法治意味着权力得到制约、私权利得到保障。人权的保障程度如何是衡量一个国家法治水平的重要标尺,"正所谓,权利文化对于法治,正如土壤对于种子,缺少了文化的养料,法治断难育成"。[④] 再次,要形成权力制衡机制,重视和发挥司法作用。"不能对权力进行有效约束的国家,不是法治国家;不能运用法律约束权力的国家,也不是法治国家。"[⑤]司法权是制约行政权的重要力量,司法正义被称为正义的最后保障,

---

[①] [美]波斯纳:《超越法律》,苏力译,中国政法大学出版社2001年版,第一章。
[②] 张文显:《法理学》,高等教育出版社、北京大学出版社1999年版,第186页。
[③] 葛洪义:《法理学》,中国政法大学出版社2002年版,第222页。
[④] 张文显:《法理学》,高等教育出版社、北京大学出版社1999年版,第189页。
[⑤] 葛洪义:《法理学》,中国政法大学出版社2002年版,第222页。

"司法独立和律师自由是实施法治原则不可缺少的条件",①因此,要贯彻司法独立原则。最后,正当程序是法治的应有之义。程序是法律的灵魂,正当程序可有有效地防止权力滥用。尤其是我国具有"重实体,轻程序"的传统,公开、民主、公正、严明的法律程序,显得弥足珍贵。

三是法律信仰,这是法治实现的精神要件。法治的实现靠的不是严刑酷法,靠的不是外部强制,而是人们内心对法律的信仰和尊崇。康德有句名言:"世界上唯有两样东西能让我们的内心受到深深的震撼,一是我们头顶上灿烂的星空,一是我们内心崇高的道德法则。"只有人们把法律作为崇高的行为准则,并内化为人们的行为之中,法治才可能得以真正实现。对于法律信仰,本文将在第六章另述。

那么,律师、律师制度在整个法治要素中具有什么地位呢? 健全和完备的律师制度是法治国家法律制度体系的重要组成部分。依法治国、依法办事,都需要优秀律师提供法律服务,而律师提供法律服务的基本保障就在于健全的律师制度。很难想象,如果在一个连律师的调查取证权、出庭辩护权、会见权等基本权利都不能保障的国家,一个对律师缺乏起码尊重的社会,如何去实现法治。可以说,无论是从法治的定义角度,还是从法治的内容角度看,律师制度都是法治的重要组成部分。

1.3.3 律师职业与法治社会

法治是具有丰富内容的时代命题。② 在法治社会也只有在法治社会,律师职业才可能成为一种独立的社会力量来维护法治的权威。现代律师职业以维护当事人利益为直接目标,以实现公平正义为价值追求。

律师职业与法治社会的关系可以从两方面来认识:一方面,律师职业是法治的产儿,律师职业是法治文明的体现。前已述及,律师产生于古罗马时期,是古罗马法治文明和社会进步的体现。在我国,只有到了把法治社会作为国家治理方略后,律师职业才真正应运而生。律师职业形成后,法治仍然是律师职业的方向和目标,也即是说,律师职业具有法治性,法治是律师职业健康发展的根基。另一方面,反过来,律师职业是实现法治的重要力量,③律师职业对社会法治化水平的提高具有不可忽视的促进作用。在法治社会,法律具有最高效力,亦是最高的行为规范。然而,法律活动是一项技术性极强的专业活动,需要专业人士的辅助。而律师精通法律,是法律专家,具备提供法律服务的能力,能够满足社会对法律服务的需要。律师通过职业活动,包括法律咨询、刑事辩护、民事代理、担任企业法律顾问、普法宣传等,向当事人和社会解释法律、践行法治精神,有助于促进法律民众化,优化社会

---

① 王人博、程燎原:《法治论》,山东人民出版社1989年版,第131页。
② 李瑜青:《法律社会学导论》,上海大学出版社2004版,序。
③ 李瑜青:《法治与律师职业的使命》,载《学术界》2005年第4期。

法治环境,提高相关人的法律素养。因此,无论是对于社会秩序的构建,还是对于维护当事人的合法权益,统治阶层和人民大众都需要律师,法治社会的实现需要发挥律师的作用。

西方法治发达史就是一部律师发展史。律师职业在西方国家法制现代化过程中发挥了举足轻重的作用:其一,通过为当事人提供法律服务,宣传了法律知识,保护了公民的私权利;其二,通过对政府行为的监督,限制了公权力的滥用,树立了法治权威,促进了政治文明;其三,通过诉讼活动增进司法公正,维护了法律的尊严,促进了法律的实施;其四,通过参与立法,增进立法民主化和科学化,维护了社会秩序。总之,律师是法治现代化不可或缺的主力军。充分发挥律师职业在法治国家建设中的作用,已成为社会共识。

就我国而言,律师在法治建设中的作用与西方国家相比较,还存在较大差距,律师功能尚有待进一步发挥。在20世纪90年代前,把律师定位为国家的法律工作者,即律师是国家的工作人员,由国家统一提供薪资福利待遇,这与法治社会对律师的定位相违背的。在法治社会中,国家与社会是二元结构,律师应独立于国家公权力机关,是社会工作者,即社会法律工作者。因此,从国家法律工作者到社会法律工作者的定位转变,是法治文明的文化本性所要求的,也是我国法治社会进步的体现。

在现代社会,由于利益多元化趋势更加明显,利益冲突、社会纠纷日益增加,法律体系日益庞杂,律师职业承载着越来越多的社会责任,对于和谐社会的构建意义重大,具有"社会平衡器"的作用。通过律师服务,在诉讼中,维护当事人合法权益,遏制国家机关滥用权力,促进司法公正;在非诉讼活动中,进行法律帮助,将法治精神传递给其他社会主体,促进法治实现。因此,经过三十多年的发展,律师群体已经成为我国司法体系的重要力量,在我国民主法制的发展中,应高度重视和充分发挥律师职业在我国法治现代化中的作用,使其成为我国法治社会建设的中流砥柱。

小 结

从历史学、律师学、政治学等不同维度可以对律师业进行不同的解读。律师业萌芽于古希腊、产生于古罗马、复兴于德国并逐步发展为现代律师业。市场经济是律师制度存在的经济基础,民主政治是律师制度存在的社会基础,人权观念是律师制度存在的文化基础,法律体系是律师制度存在的制度基础。由于中国古代社会缺乏这些基础和条件,才没有出现真正现代意义上的律师,未能孕育出律师职业。律师制度作为上层建筑的一部分,决定于社会经济状况和政治文化条件,反过来,律师职业的兴起对经济发展做出了重要贡献。就我国而言,律师职业在推进依法治国战略、建设法治中国、实现中国梦的过程中担负着重要历史使命。在国外,律师的内涵和外延在不同的国家有所差异。我国对"律师"的认识经过了一个由浅入深、由不成熟到逐渐成熟的发展过程,对律师职业的定位也经过了长期演变。现代意义上的律师通常具备任职资格的法定性、服务内容的专业性、服务方式的受托性、服务价值的有偿性、服务地位的独立性等特征。法治作为西方政治文明的产物,其基本含义是"良法之治",即按照法的精神和法律规范治理国家的基本模式。与其他国家治理方式相比,法治是人类社会迄今为止最为有效合理的治理方式,具有深厚的理论基础和重要的价值意义。律师制度是法治的重要组成部分,律师职业是法治的产儿,律师职业是法治文明的体现,律师职业是实现法治的重要力量。

第 2 章　律师业发展路径的比较考察

他山之石，可以攻玉。

——《诗经·小雅·鹤鸣》

德国著名思想家马克斯·韦伯（Max Weber）曾言："律师曾经是西方特有的现象。在西欧及其殖民地后裔之外，专门的世俗法律顾问和代理人直到近代才有所闻。律师对这样两种制度——资本主义和'法律理性'现代国——具有决定性的作用，而这两种制度从文艺复兴时期直到当今，把西欧和世界其他部分明显的区分开来。"[①] 透过马克斯·韦伯的话，我们至少可以看出两点：其一，律师制度起源于西欧；其二，律师制度和资本主义制度密切相关。因此，通过对整个西方发达国家律师业的全面考察，可以达到对国外律师制度的整个发展状况有一个全面了解的目的，相信这对于我国目前律师制度的发展具有一定的启发意义。英美法系和大陆法系是当今世界主要法系，其优秀的法律制度为我国法治建设提供了许多有益的借鉴，其中的律师制度拥有毋庸置疑的重要地位。本章对英美法系和大陆法系的律师制度进行了宏观比较，在此基础上探讨对我国律师制度改革的现实借鉴。

2.1　英美法系主要国家和地区律师业发展路径

世界各国在法治实践中，形成了不同的特色和传统，大陆法系模式和英美法系模式是其中最重要的两大代表。[②] 英美法系，又称普通法法系，是指以英国普通法为基础发展起来的法律的总称。它首先产生于英国，后扩大到曾经是英国殖民地、

[①] 转引自[英]威尔弗雷德·波雷斯特：《欧美早期的律师界》，傅再明、张文彪译，中国政法大学出版社1992年版，第1页。

[②] 英美法系国家的法治模式具有以下特点。（1）在法律的形式上，判例法占有重要地位，即使是制定法也要受判例法解释的制约。（2）在法官的权限上，由于判例法在英美法系中占主导地位，所以，法官可以造法，即高级法院的判决中所确立的法律原则或规则对以后类似案例的判决具有约束力或影响力。（3）在诉讼程序上，英美法系的诉讼程序以当事人为重心，法官只是充当双方争论的"仲裁人"，因而具有对抗（抗辩式）程序特点。（4）在法律的思维方式和运作方式上，大陆法系国家法官主要采取归纳法，即对前例和当前待审的案例的实质性事实和非实质性事实进行比较，对实质性要件相同或相似的案件根据遵循先例的原则进行判决。（5）在法院的设置上，普通法和衡平法是英美法系国家法律分类基础，相应的，普通法法院和衡平法院的设置传统一直影响到今天。

附属国的许多国家和地区,包括美国、加拿大、印度等国家和地区。英美法系的律师制度主要是随陪审团审判制度而产生的,萌芽、发展、成熟都比较早。英美法系律师的职能取决于律师的类型,一般而言,英美法系对律师采取二元式分类法,由律师根据自己意愿选择具体担任哪一类型律师。

2.1.1 英国律师业的发展

英国是英美法系的渊源国,也是英美法系主要代表国家之一。英国悠久而独特的律师制度、法治传统和法律文化对其他国家的法治建设产生了深远影响。

12世纪以前,英国处于神权统治时期,虽然政治上统一,但"整个英格兰王国的司法体系被撕成若干碎片",法律体系和司法体制都尚未实现全国统一。就法律体系而言,盎格鲁人、撒克逊人、诺曼人等先后入侵英国,这些种族或部落或国家的入侵不可避免地会把自身的原始习惯法及其他法律文化因素带到英国,使得英国法律制度多样且杂乱无序;就司法体制而言,与法律体系相对应,司法权具有多元性,司法体制分散;就律师制度而言,虽然出现了诉讼代理人,[1]且可以获得相应报酬,但整体而言,律师仍未形成一种专门职业,教会律师仍是律师的主要形态。12世纪后半叶英国法律制度发生了重大变化。"通常认为,12—13世纪英国法律制度的一个重大变化是司法审判人员的职业化以及由此导致的职业法官与职业律师的兴起。"[2]12世纪中叶以后,随着王权逐步加强,司法逐步中央集权,王室法庭开始建立,这极大地促进了法制的统一和法律职业的形成。尤其是亨利二世时期,英国大举司法体制改革,采取了三个重要举措:一是创建陪审团,二是建立巡回审判制度,三是建立一系列专职法庭。这三项措施的实施,使得诉讼活动成了一项专业化极强的事务,基于诉讼结果的考虑,当事人迫切需要获得专业人士的帮助,这为律师的专业化、规模化发展奠定了基础,进而为律师职业群体的出现、法律职业阶层的形成提供了空间。此后,律师数量大幅增加,律师活动范围逐步扩大,职业律师阶层开始形成。[3]

17世纪英国爆发了资产阶级革命,资产阶级启蒙思想家要求采取具有资产阶级民主性质的诉讼原则,包括被告自己辩护权和委托辩护权、以辩护式诉讼模式取代纠问式诉讼模式等。1679年,英国颁布了《人身保护法》,确立了被告人辩护权原则,律师辩护制有了法律依据。[4] 1873年英国进行了司法改革,颁布了《法院法》,律师职业合并集中,分为事务律师和出庭律师两种,二者在接受法律教育基础、资格授予、业务范围、监督机关等方面各成一体,形成了英国特色的二元制律师

---

[1] 何勤华:《外国法制史研究》,中国政法大学出版社2004年版,第207页。
[2] 程汉大:《12—13世纪英国法律制度的革命性变化》,载《世界历史》2000年第5期。
[3] 赵旭:《十八世纪英国律师职业与法律文化》,载《人民论坛》2010年第23期。
[4] 王国良,黄瑞,肖萍:《中外律师制度比较研究》,江西人民出版社2003年版,第45页。

制度。① 回顾英国律师业近千年的发展历史,可以发现其具有以下特色。

其一,就律师称谓而言,英国并没有统称为"律师"的词汇,只有"barrister"与"solicitor","Lawyer"一词严格意义上讲不是英语词汇,而是美语词汇。

其二,就律师类别而言,英国形成了独具特色的二元制律师制度。在英国早期,律师类型繁多,15世纪形成的事务律师和出庭律师分别在普通法法院和衡平法院执业。② 随着英国多次司法改革,法律职业阶层不断演变,其他律师类型逐渐消亡。至19世纪,出庭律师同意将所有办理的不动产转让业务与直接接触当事人的机会归于事务律师享有,而在高级法院出庭的权利与担任高级法官职位的权利则专属于出庭律师,由此,英国二元制律师制度最终形成。③ 出庭律师与事务律师相互独立,都是英国律师职业的重要分支,二者的区别见下表(2-1)。④ 至于这种二元化律师制度的合理与否,或者说优劣与否,社会各界有着不同的看法。通常认为,这种专业化分工更好地满足了当事人不同的法律服务需求,但由于出庭律师不直接与当事人接触,就很难充分了解案件事实及当事人的真实诉求。19世纪以后尤其是近些年,对这种二元制律师制度改革的呼声日渐高涨,英国政府也出台了一定立法,部分调整了两类律师的隔绝状态,但二元并立的总体格局仍然保持未变。⑤

表2-1 英国出庭律师与事务律师的区别

区别项 \ 类别	出庭律师	事务律师
称谓	"Barrister",还译为"巴律师""高级律师""辩护律师""专门律师"等。	"Solicitor",还译为"沙律师""撰状律师""诉讼律师""初级律师"等。
性质地位	具有较高的社会地位。一般是精通某门法律或某类案件的专家,经过大法官的提名,还可由英国授予皇家出庭律师的称号,并且有更多的机会被任命为高等法院法官和上诉法院法官。	直接受当事人委托,在下级法院及诉讼外执行律师职务,为当事人提供多种法律服务。
业务范围	在英国上级法院执行律师职务。不仅通过辩护为当事人提供法律服务,而且回答事务律师们提出的疑难问题。办理的事务一般分为两部分,一是衡平法方面的事务,二是普通法方面的事务。出庭律师专门化倾向日益明显,出现了商事律师、专利律师、税务律师等。	活动范围比出庭律师广泛,可以担任政府、公司、银行、商店、公私团体的法律顾问,可以在下级法院,如治安法院、郡法院和验尸官法院执行代理和辩护职务,还可以处理非诉讼案件,为当事人起草法律文书和解答一般法律问题。

---

① 魏希楠:《两大法系律师制度比较及现实借鉴载》,载《宁夏社会科学》2010年第1期。
② 薛波:《元照英美法词典》,法律出版社2003年版,第136页,第1270页。
③ Catherine Elliott, FrancesQuinn. English Legal System (Fourth Edition). England: Pearson Education Limited, 2002. 141.
④ 车雷、薛波:《英国二元化律师制度的近期发展与融合之争》,载《现代法学》2005年第4期。
⑤ 程汉大:《英国二元律师制度的起源、演变与发展走向》,载《甘肃社会科学》2005年第6期。

(续表)

类别 区别项	出庭律师	事务律师
资格取得	首先,取得出庭律师资格,要受过一定的高等教育,包括:已有大学或工艺学校的法律学位;获有英国大学或工艺学校其他学位;具有国外或爱尔兰某些大学法律学位,按规定可以免除学术训练两科目以上的;年满25岁以上,通过其专业考试,并且已有相当的学业、专业或商业能力的成熟学生。其次,必须参加一个出庭律师组织——四大法学院,作为该院的学生,完成学术与职业训练,参加法学院内一定的餐会次数。再次,必须提交品格良好的证明书。曾犯某种罪行及现被宣告为破产之人,现为代理人、商标代理人和事务律师的人,不得参加训练并取得律师资格。最后,法学院学习期满后,在有经验的出庭律师指导下,实习一年,签署入会誓言。	同出庭律师。

其三,就律师地位而言,英国律师享有较高的社会地位。在英国看来,无论是从专业知识,还是从治理经验来说,律师无疑是治国者的最佳选择。[1] 这在英国律师业的发展历程中体现得尤为明显。如前所述,英国职业律师是英国政治、经济、文化发展的产物,与英国王权的兴起、民族国家的发展密不可分。从中世纪晚期开始,律师就在公共生活中扮演重要角色。随着王权的增强,迫切需要有知识、懂管理、具有法治观念的管理队伍进入统治阶层。因此,王权的统一管理以及民众的迫切需要,促使律师职业不仅得到社会的普遍青睐,而且被统治阶层寄予厚望,进而打开了律师进入上层社会的大门。此外,英国法官的选任程序也有利于提高律师的地位,有利于律师与法官之间的职业转换。历史上,英国最早的法官由教士担任,而随着法律专业概念的形成和诉讼代理人的出现,[2]律师得以在皇家法院执行业务,1300年前后,律师职业与法官职业结合程度大大提高,没有律师任职经验的人一般不能成为法官。

其四,就律师的管理机构而言,法律社(Law Society)是英国事务律师的领导和管理机关。律师事务所是律师的执行职务的机构,律师事务所一般是由数个律师共同开办,极少由个人开业。从管理组织上讲,法律社是律师的管理机关。法律社由英国上诉法院的档案长领导,有权设立律师培训学校,开展律师的培养和教育工作。同时,法律社还有权授予事务律师资格,为事务律师颁发行业执照对事务律

---

[1] 宫艳丽:《近代早期英国律师阶层的兴起及律师参政》,载《学习与探索》,2005年第6期。
[2] 何勤华:《西方法制史研究》,中国政法大学出版社2004年版,第209页。

师进行奖惩,并指导和监督事务律师收费。

其五,就律师与其他法律职业关系而言,律师与法官之间转换自如,法律职业一体化程度极高。自1215年《大宪章》之后,英国律师就取代了神职人员承担了大部分技术性法律工作,向所有法律岗位提供人才,包括教师、法官等。

其六,就律师教育而言,英国律师教育非常发达。英国律师教育历史悠久,包括律师会馆、律师学院等教育机构的教育,律师都要接受系统、正规的法律专业教育。在18世纪,英国已经建立了四大律师学院(律师公会),即林肯律师学院、格雷律师学院、内殿律师学院、中殿律师学院。这四大律师学院互不隶属,学员不仅包括正在各学院学习的学生,而且包括已从各学院毕业的大律师;学院由君主或皇族担任名誉院长,由资深的大律师通过互选产生院长;学院采用古老的师傅带徒弟的训练方法——学徒制的法律知识传递方法,注重法律知识的传递和应用;学院主要职能是进行出庭律师培训,侧重法律事务训练和团队精神培养,注重社交活动仪式的学习;教学要求严格,学习非常艰苦。这些教育机构主要通过模拟法庭(Moots)、辩论(正式和非正式的)、阅读等教育方式,为社会输送了大量法律人才,律师和法官职业都受益匪浅。

从经济角度分析,英国律师业的诞生是英国12世纪商业革命的结果;从政治角度分析,英国律师业的发展是英国政治发展的缩影;从文化角度分析,英国律师业的特点是英国独特法律文化体现。所以,英国律师业的发展有着自身独特的经济背景、历史背景和文化背景,形成了独特的英国律师文化。

2.1.2 美国律师业的发展

我国律师业的改革常常是以美国律师业的实践为蓝本的。因此,研究美国律师,探寻其发展规律,对于发展我国律师业具有重要意义。

美国最初是英国的殖民地,其律师制度当然也渊源于英国。在殖民地时期,美国因袭英国的法律制度和诉讼模式。17世纪末,英国律师开始在美国执业,在美国独立战争期间,律师职业群体参加了反对英国殖民统治的政治运动。1776年美国独立战争胜利,律师制度伴随着资产阶级政权的确立而产生。而英国二元制律师制度产生于19世纪,也就是说,美国并未采用英国律师分级制度,而走上了自我发展的独特模式。

19世纪下半叶以来,美国经济迅速发展,法律日益复杂,犯罪率居高不下,律师的作用和地位大大增强,律师队伍得到了长足的发展。同时,由于社会分工的细化和法律专业的细分,法律服务常常会涉及非常专业的知识。美国律师业相应地发生了很大变化,即律师专业化分工越来越明显,出现了一批专门研究某门法律或者专门办某类案件的专业律师,比如合同律师、专利律师、商标律师、税法律师、劳动律师等。如今,美国法律业已非常成熟,占据着世界法律服务业一半左右的市场份额,向公民、企业、政府机关提供多元化的法律服务。可以说,在美国,大小事务,从刑事辩护、民事诉讼、行政诉讼到申请开业、金融借贷、并购上市再到购销合同、劳动人事、知识产权再到购置房产、交通肇事、家庭纠纷等,都需要律师的帮助。律师活动已全面渗透到经济领域、社会领域、政治领域,在国家政治生活、企业经济生活和公民个人生活中发挥着不可替代的作用。美国律师业在长期的发展过程中,形成了自己的特色。

其一,在法律分类上,美国是"一元制"。"Lawyer"是律师的统称。通常而言,以律师任职为标准,美国的律师可以分为三类:政府机关雇佣的律师,此类律师是政府的雇员,仅处理本政府机关的法律事务,不能接受其他当事人委托;企业公司雇佣的律师,此类律师是企业公司的雇员,仅处理本企业公司的法律事务,不能接受其他当事人委托;律师事务所的律师,此类律师又称"挂牌律师",领取营业执照,在社会上执行律师职务,为不特定多数人服务。

其二,在律师制度上,美国没有统一的律师法。美国是判例法国家,同时又是采用"双轨制"法律制度的国家,即国家层面的联邦法与地方层面的州法并存。所以,美国没有统一的律师法,关于律师的规定散见于联邦宪法、判例法及《律师守则》(律师协会制定的自律性规定)。

其三,在律师业务上,律师业务与公司业务关系密切。美国企业尤其是大公司非常重视(法律)风险管理,大都设立了专门的风险管理部门(内控组织)和法务部门,对企业面临或可能发生的法律风险进行全面管理,许多律师成为公司的高级顾问甚至成为企业内部律师。律师与企业的密切往来,不仅推动了经济的发展,也促进了律师业的成熟和壮大。

其四,在律师地位上,美国律师享有崇高的社会地位。在美国,律师被称为"伟大的社会公仆",参与各类社会公益活动,成为弱势群体的代言人。同时,律师常常是社会的领导人物,在美国历任总统中,有一半以上曾经是律师;美国内战以来的州长中,有一半左右是律师;美国参众议员中,有近六成的是律师,甚至在第二次世界大战前不久的陆军部中,"部长级成员清一色由律师组成"[1],以至于美国人声称美国"政府是一个律师的政府""正是律师决定着我们(美国)的文明"。[2] 另外,作为美国具有无比荣耀的职业——法官,大都来源于律师。总之,律师业在美国影响力巨大,以至于在金融危机、经济危机时期,律师业仍能一枝独秀。

其五,就律师事务所而言,美国律师事务所规模较大,管理完善,久负盛名。经过几个世纪的发展,美国律师事务所规模很大,律师队伍显著增加,并注重特色发展。与此同时,律师事务所规模化发展趋势明显,注重律师事务所之间的合作,从而带动整个律师业的发展。

---

[1] [美]马丁·梅耶:《美国律师》,胡显耀译,江苏人民出版社,2001年版,第11页。
[2] [美]伯纳德·施瓦茨:《美国法律史》,王军、洪德、杨静辉译,中国政法大学出版社1990年版,第235页。

2.2　大陆法系主要国家和地区律师业发展路径

大陆法系，又称为民法法系、法典法系、罗马法系等，是指以罗马法为基础而发展起来的法律的总称。[①] 它首先产生在欧洲大陆，后扩大到拉丁族和日耳曼族各国，包括法国、德国、瑞士等国家和地区，以1804年的《法国民法典》和1896年的《德国民法典》为代表形成了两个支流。与英美法系不同，大陆法系在资产阶级革命后采用了职业审判制和参审式陪审制度，所以其律师制度产生时间相对较晚，且普遍采取一元式的分类法。[②]

2.2.1　法国律师业的发展

法国是大陆法系的典型代表，其律师最早出现在13世纪中期的王室法院。文艺复兴时期，君主对各诸侯的控制逐渐加强，宗教组织和大贵族日益倾向于在王室法院解决纠纷，王室法院诉讼大大增加，迫切需要大量的律师。1602年，法国律师界开始正式联合，其诱因是国王与律师基于律师服务费问题发生了分歧和冲突，最终演化为律师界的罢工。此后，律师的资格、考核、纪律、组织管理等权力逐渐掌握在巴黎高等法院长官手中。到了17世纪，律师进入组织化时期，律师行开始形成，其标志就是1660年巴黎律师行——法国律师自己的独立组织成立，从此以后，法律律师业进入稳步发展时期。

关于律师的分类，大陆法系国家普遍采用一元制，即对律师不进行分类。然而，法国具有特殊性。在法国高等法院，以律师是否出庭参加诉讼为标准，把律师分为出庭律师和不出庭律师。出庭律师相当于英国的"大律师"，其职能是代表委托人出庭并发表口头辩论；不出庭律师相当于英国的"律师"，其职能只能是处理案件出庭辩护以外的其他事务。[③] 当然，出庭律师和不出庭律师在与当事人的关系方面也有很大差别，出庭律师是以自己的名义独立地在法庭上为当事人辩护，维护其合法权益，不出庭律师是根据与委托人订立的契约（委托合同），应委托人的请求

[①] 大陆法系国家的法治模式具有以下特点。(1) 在法律的历史渊源上，大陆法系受到罗马法的直接影响，不仅继承了罗马法成文法典的传统，而且采纳了罗马法的体系、概念和术语，公法和私法是大陆法系国家法律分类基础。(2) 在法律形式上，大陆法系国家以部门成文法典为主，并辅之以单行法规，从而构成完整、清晰、逻辑严密的法律体系。(3) 在诉讼程序上，大陆法系的诉讼程序以法官为重心，突出法官职能，具有纠问程序的特点。(4) 在法官的权限上，大陆法系国家的立法权和司法权分工明确，强调制定法的权威，法官须遵从法律明文审理案件，不得擅自创造法律。(5) 在法律推理形式和方法上，大陆法系国家法官主要采取演绎法，即从现有的法律规定中找到相关条款，并将其与事实相联系，从而推论出必然的结果。

[②] 当然也有一些例外，例如在法国的高等法院中便采用二元式分类法，参见魏希楠：《两大法系律师制度比较及现实借鉴》，载《宁夏社会科学》2010年第1期。

[③] 曾尔恕：《外国法制史》，中国政法大学出版社2008年版，第191页。

并以委托人名义维护其合法权益的,其费用也是由国家统一规定的。

2.2.2 德国律师业的发展

德国是大陆法系的重要分支。从公元843年东法兰克从法兰克王国分裂出来演变为后来的德意志王国之后,一直到15世纪,德国的主要法律渊源都是日耳曼习惯法。"日耳曼人建国之后并没有接受罗马人创设的体系化审判组织,而是沿袭着原始的氏族习惯,主要依靠民众的公议来解决各种社会纠纷。"[①]日耳曼习惯法有以下几个特征:其一,从法律渊源上看,日耳曼习惯法的形成是基于民族意识和国家情感,并非基于国家统治权威,因而日耳曼习惯法天生与生活习惯、宗教道德、血缘关系密不可分。其二,从调整对象上看,日耳曼习惯法主要以农村生活为调整对象,而农村生活简单而淳朴,因此,日耳曼法内容简陋而琐碎。从法律形式上看,日耳曼习惯法不成体系,主要是生活经验的总结。

然而,从12世纪始,情形发生了悄然变化。一个变化是,整个西欧商品经济开始复苏,手工业又重新从农业分离出来,商品交易日益活跃,社会生产获得较大发展,相应地,法律关系也日益复杂,日耳曼习惯法显示出越来越不适应性,不能满足现实的需要。另一个变化是,随着罗马法的集大成者——《国法大全》原稿于1135年在意大利被发现,建立在商品经济基础之上的罗马法对市场经济社会关系的调整则游刃有余,因而,在欧洲掀起了一场罗马法的复兴运动,罗马法又重新受到人们的重视。罗马法的复兴对西方法律传统的形成乃至整个世界法律文明都产生了深远影响,更对德国律师制度的产生具有决定性作用。随着罗马实体法和程序法在德国逐渐占据统治地位,律师制度终于在16世纪末至17世纪初在德国建立。

德国律师制度的诞生同样得益于德国教会法。一方面,教会法院在德国当时影响力巨大,罗马法在德国的复兴借助了教会法院的力量,以至于"法律职业的概念和法律职业的应用方法都被保存下来,足以抵消日耳曼族和封建制度对法律代理人制度的反对"。[②] 另一方面,罗马法复兴对教会法也产生了直接影响,教会法院在改革诉讼模式和诉讼程序的过程中,借鉴和引进了罗马法,形成了罗马——教会诉讼程序。如此一来,"教会法院采用书面审理和纠问式诉讼的应用需要大量具备文字书写能力和法律技巧的大学法科毕业生的参与;并且,与教会的国家化相伴随的教会组织的行政化同样需要这些大学毕业生的参与。教会在上述两方面对法科毕业生的需求产生了中世纪的律师职业和文官职业"。[③] 因此,德国教会法和教会法院对于德国的律师制度产生了重要影响,对此,科因评价道:"第一个需要律师的伟大组织是罗马天主教会。这个强大的组织是欧洲新的法律职业的第一个坚强

[①] 戴东雄:《5中世纪意大利法学与德国的继受罗马法》,台湾元照出版公司1999年版,第165-166页。

[②] 上海社会科学院法学研究所编译:《司法制度和律师制度》,知识出版社1981年版,第169页。

[③] 何勤华:《外国法律史研究》,中国政法大学出版社2004年版,第169页。

堡垒。"①所以，司法制度的变革，社会发展的需要，催生出了德国早期律师业。

德国律师制度资本主义化是与欧洲资产阶级革命以及资产阶级法律思想的传播相伴而生的。18世纪，普鲁士实行"开明专制"，大力发展资本主义，践行社会改革，政府聘请大量律师为其提供法律服务。尤其是1781年腓特烈大帝进行了司法制度改革，把律师定位为"独立的自由职业者"，确立了一系列资本主义律师制度基本原则，这标志着德国律师开始向资产阶级性质转变。从此之后，律师在德国的地位逐步提高。1867年，Rudof Cneist（后来的德国律师协会主席）发表了著名的《自由的法律职业：对普鲁士司法改革的首要要求》一文。他认为："英国的经验显示，律师就像是有效制约政府权力的看门狗。他们在代理当事人的同时，也代理了所有阶层的利益。律师是为人们的福祉而努力，因而要求人们给予其尊重，顺从它及拥戴它。"②1871年德意志帝国统一，消除了诸多发展障碍，国家实力大增，并走在了欧洲国家的前列。1879年7月1日，德国颁布了第一部全国性的律师法——《国家律师法》，预示着德国资产阶级律师制度已经建立。此外，德国还制定了《民法典》《商法典》《法院组织法》《破产法》等一系列法律，逐步健全和完善了法律体系，为律师业的发展奠定了法制基础。

德国是律师一元制分类的典型国家。根据德国法律规定，取得法官资格是取得律师资格的前提，取得法官资格的人得到各州法务部的许可，并经到一定法院宣誓且经该法院许可后才能在该法院辖区从事律师业务。一般情况下，律师只能在许可其执行法律事务的法院所在辖区内执业，不能到其他法院辖区内执行律师事务。

2.3 法治发达国家和地区律师业发展经验

律师在西方国家是一个非常重要而独特的热门职业和社会阶层，律师业已触及经济、政治、社会的各个方面，在立法界、司法界、政界和企业界都有巨大的影响力，并且这种影响将越来越大。"律师作为一种社会存在，不可能孤立地存在，也不可能孤立地发挥作用，必须把律师职业放到社会整体中，考察它与社会整体的制度建构的关系。"③通过梳理归纳法治发达国家和地区的律师业概况，我们总结了其发展规律和经验，并单独分析了法律职业阶层和法律服务产品化问题，供我国发展律师业借鉴。

---

① 转引自何勤华：《外国法律史研究》，中国政法大学出版社2004年版，第169页。
② 李学尧：《法律职业主义》，中国政法大学出版社2007年版，第132页。
③ 宋冰：《读本：美国与德国的司法制度及司法程序》，中国政法大学出版社1998年版，第224页。

2.3.1 发展模式各有优劣

世界各国在法治实践中,形成了不同的特色和传统,产生了大陆法系模式和英美法系模式。

由于各国政治制度、历史传统、法治文化等社会条件不同,所选择的法治模式因而也就并不完全相同。大陆法系模式和英美法系模式二者各有千秋,并无绝对优劣之分。就律师制度而言,无论一元制也好,二元制也罢,都有一定的合理性。更何况,这两大模式越来越呈现出相互融合的趋势,比如英美法系国家制定越来越多的成文法,大陆法系国家日益重视判例的作用。就中国大陆而言,传统上属于大陆法系国家,在选择自己的法治道路时,既要保持大陆法系的优良传统,还要吸收英美法系的宝贵经验,更要挖掘中国传统法治文化中的营养和精髓,形成一种符合中国实际的特色法治模式。

律师制度是法治建设的重要组成部分,是一个国家法治进步和司法民主的重要标志。在英美法系,实行对抗式诉讼结构和竞争型诉讼模式,当事人自己主导诉讼进程,公平地进行攻防,法官和陪审团仅仅处于消极的第三方地位,因而迫切需要健全的律师制度以满足当事人和司法体制的需要。然而,在大陆法系,实行纠问式诉讼模式,法官处于核心地位,主导整个审判过程,不仅可以依法对案件当事人、参与人进行讯问或询问,而且能够依职权自行调查收集证据,决定案件的事实和法律问题,与这种诉讼模式和司法体制相对应,律师的作用就会受到一定限制。以英国律师制度的特征——二元化为例,除了中国香港地区以外,其他国家和地区并没有效仿、沿袭或移植这一制度,之所以这一制度能够独树一帜,根源于英国传统的历史律师文化。因此,没有最好的律师制度,只有最合适的律师制度,不是所有的律师制度经验都具有普遍性、普适性,这是我国律师业发展中最应当注意的。

2.3.2 律师在法治现代化进程中作用巨大

律师职业自从诞生以来,在国家与社会二元结构中是一种重要的法律力量,其在民主政治的建立、社会正义的维护、法律秩序的构建等方面都发挥了毋庸置疑的作用。可以说,律师对资本主义的发展和西方法治国家的建立起着决定性的作用,是西方实现社会转型、走向法治道路的关键力量。

以英国为例,律师在英国法治建设中扮演了以下几个重要角色。一是促进英国普通法发展,成为英国近代社会转型的至关重要的力量。律师通过解决社会纠纷,尤其是为中产阶级提供法律服务的过程,即是打破英国社会旧秩序、发展普通法的过程。二是联手法官,促成英国法律职业共同体的形成。英国律师主导诉讼程序,与法官、检察官等在价值观念、思维模式、专业知识、专业技能、生活环境、社会地位等方面都高度一致,其内部交流转换自如,形成了一个高度封闭性、同质化的法律职业共同体。三是维护法律的尊严和品格,抵抗王权,成为推行法治的重要力量。"对传统法律程序的任何攻击都构成对实务者物质利益的威胁",①英国律师深知这一点,把维护法律的尊严作为自己安身立命之本,抵抗王权和专制,有力地塑造了英格兰宪政精神。四是发挥自身影响,参与公共事务,协助管理国家。在英国,律师地位较高,律师充分利用这一点,积极参与国家治理,为政治改革献言献策,这大大影响了英国民众的公民意识和法律意识。如今,尊重法律并遵守法律观念已成为英国民族文化传统和社会生活不可分割的一部分。

以美国为例,律师在美国社会中的作用主要体现在以下几点。首先,律师在整个国家政治生活中非常活跃,甚至可以说美国政府统治就是律师统治。在美国,律师队伍支配着政府机构,其行政体系具有明显的司法特征,开创了先河。其次,美国律师群体影响着立法。为了推进美国立法体制改革,美国律师协会于1892年组织了统一州法全国委员会,推动美国联邦统一立法,包括《流通票据法》《统一买卖法》等重要法典,开创了英美法系普通法法典化的先河。② 再次,律师对美国法学教育发展贡献巨大。在美国律师协会倡议下,美国成立了美国法学院协会,举办法律教育机构,探讨法律教育方法改革,大大推进了美国法律教育。

再以德国为例,律师在德国社会中的作用主要体现在以下几方面。一方面,律师业的发展推动着德国法制的进步。德国法律职业的发展,带动了法律职业群体的壮大,法学研究的热情逐渐高涨,反过来促进德国法律的进一步完善。另一方面,律师职业的发展有力的缓和德国内部的阶级矛盾。德国从封建落后国家快速走到了发达资本主义国家的前列,在社会急剧变革中,各种社会矛盾突出,律师在化解社会矛盾方面发挥了重要的积极作用。再一方面,律师业的发展促进了德国社会变革。19世纪末,欧洲自由主义、功利主义、实证主义等理论和思潮的影响,以厄恩斯特·富克斯和赫尔曼·坎托罗维茨为先驱掀起了"自由法运动",要求广泛的司法自由。③ 在这场斗争中,律师作为权利的代表和智慧的化身,不仅能够成为普通民众的利益代表,又能成为政府可掌控的力量,在普通民众与政府之间利用技巧反复调停,最终化解了危机。黑格尔也称律师职业为"公共阶层"人,④能代表民众与国家双方利益。

总之,律师制度是促进裁判公正、实现司法正义的重要手段,律师与法官、检察官等国家工作人员一样担负着法律正确实施的重任,担负着国家法治建设的重任,有无健全的律师制度以及有无充足的高素质律师队伍,是判断一个国家民主法治

---

① 陈熹:《英国司法独立的历史进路探析》,载《贵州工业大学学报》(社会科学版)2006年第2期。
② [美]伯纳德·施瓦茨:《美国法律史》,王军等译,中国政法大学出版社1997年版,第87页。
③ [美]E.博登海默:《法理学、法律哲学与法律方法》,邓正来译,中国政法大学出版社2004年版,第153页。
④ 黑格尔在《权利哲学》一书中假设了一个能够管理市民社会的遵循超级伦理的群体,能够统合代表国家、社会和公众的利益,他称之为"公共阶层"(GeneralEstate)。刚开始人们认为职业的、高素质和正义的法官是这一群体,后来人们发现,需要比法官更加中立和独立的群体。这个时候,人们就把眼光投向了相对独立的私人律师。参见李学尧:《法律职业主义》,中国政法大学出版社2007年版,第132页。

水平的重要标尺。

2.3.3 西方法治国家律师业发展的经验借鉴

现代意义的律师制度是作为政治制度产生的,在国家权力制衡体系中占据重要地位,律师被视为政治结构中不可分割的组成部分,通过直接参与或其他方式影响一个国家民主法治进程。虽然,近些年律师出现了一些商业化倾向,但其对国家的政治结构和政治运作、社会理念和社会生活的实际影响有增无减,律师事务所规模越来越大,律师人数越来越多。当前,我国律师业正处于快速发展时期,律师对我国政治发展和社会进步的作用尚未完全发挥,因此,西方法治国家律师业发展的成熟经验值得借鉴。

(一) 规范化发展是保障

律师业既属于知识化、专业化程度极高的服务业,又属于独立性、自由性较强的服务业,涉及当事人的切身利益。如果疏于对律师进行监督管理,会带来较大的法律风险和社会风险。也正是基于这一点,西方法治国家都非常重视律师和律师事务所的规范化管理。

以美国为例,美国队律师行为规范和职业道德问题早就所有探讨,《职业行为的五十个提议》(1836年)与《职业道德》(1854年)这两部著作专门对其进行了深入系统的探讨,成为该领域的权威之作。亚拉巴马律师协会于1887年就制定了美国历史上第一个律师行业职业道德规范;美国律师协会于1908年在该规范的基础上制定了全国范围内的《职业道德准则》,后被各州律师协会所采纳;美国律师协会于1983年制定了《职业行为规则》,律师业规范体系逐步健全。从内容看,这些规范涵盖律师事务所内部管理、律师行为、职业道德、财务管理等各个方面,为美国律师业的发展提供了保障。

目前,阻碍我国律师业健康发展的主要原因有两个。一个是管理体制存在一定弊端,司法部门和律师协会共同管理,但主要靠律师自律。实际上,对律师执业情况最熟悉的当属律师事务所,应加强律师职业独立性,将律师行业规范的制定权和对律师的惩戒权统一交由律师协会行使。另一个是律师服务市场不规范,关于律师与律师机构管理方面的立法较少。律师执业具有较大的随意性,律师与律师之间,律师事务所与律师事务所之间差异很大。因此,应借鉴法治发达国家的做法,建立健全并统一律师的行为规范,加强律师职业道德建设,加强律师事务所人员管理、业务管理、财务管理等制度建设。

(二) 专业化发展是趋势

律师业专业化,包括律师事务所专业化和律师专业化两个方面。律师业专业化,是律师行业自身发展的必然选择,也是社会发展的客观要求,具有现实可行性。首先,专业化发展是现代社会分工的需要。现代社会分工日益细化,经济关系、社会关系日益复杂,体现在律师业方面,即是律师业务的日益复杂化,不再是传统的刑事案件和民事案件,金融证券、知识产权、房地产、国际贸易、涉外纠纷、反倾销、反垄断等新兴的法律服务领域大量出现,这客观需要律师成为某一领域的法律专家,为当事人提供专业化的优质服务。其次,专业化发展是律师业可持续发展的必然选择。专业分工和社会协作是市场经济的重要特点,律师业本身就是市场经济高度发达的产物,是新兴服务行业,当然离不开社会化大生产专业分工的基本规律。随着律师业务的日益复杂化,律师不仅要懂法律,还要懂外语、懂经济、懂管理、懂科技、懂医疗等。面对体系繁杂的法律体系,面对浩如烟海的法条,律师要掌握所有法律、精通所有法条是不现实的,也没有必要。只有主攻某一领域、某一专业,才能形成独特的竞争优势,才能为社会提供高质量法律服务和产品。最后,专业化发展是增强律师事务所整体实力、提升律师素质、改善律师形象的重要途径。"万金油"式的律师难以满足社会的需要和当事人的需求,也严重影响律师服务质量和律师行业形象。

法治发达国家大都形成了分工科学、精细、合理的管理模式,因而律师和律师事务所的竞争力较强。以律师业发达的美国为例,判例法是其主要法律渊源,为了应对复杂的判例法和成文法,律师事务所呈现出两极分化趋势:一是小型律师事务所以普通律师为主,承办一般法律事务;二是大型律师事务所和特色独立律师事务所,走专业化发展道路,在所承办的业务范围内朝着专业化、特色化方向发展。律师事务所在专业化发展过程中,对律师进行专业分工,采用流水作业方式,律师之间密切配合协作,通过合作与合力保证服务质量和律师信誉。律师事务所的规模化、集团化必然会导致律师事务所内部机构的复杂化、律师之间分工的细化。再以香港地区为例,香港地区律师业师以英国的律师业,把律师分为大律师和事务律师,事务律师直接与顾客接触,但只做开庭准备工作不能出庭辩护,当案件进入准备开庭阶段,就必须再聘请另外一名在该领域有专长的大律师参加庭审诉讼。在这种模式下,大律师与事务律师都能专攻某一法律业务领域,形成自己的专业定向。

反观我国律师业,大多数律师仍然是"全才型""万金油式"的律师,在执业范围上没有作任何限制;律师事务所大多是"小而全"的律师事务所,律师以个体办案为主,专业化分工与团队协作不够,专业化程度较低。最突出的表现就是,不是律师擅长什么领域就办理该领域的案件,而是根据客户的要求办什么案件就办理什么案件,也即是说,有什么案件就接什么案件,不考虑是否是自己熟悉的领域,不考虑自己的能力和专业水平。如此一来,在传统法律服务领域,竞争激烈,为了争夺案源采取拉关系、不正当竞争甚至给回扣等非法手段,个别律师由于没有专业特长热衷于"拉关系""旁门左道",极大损害了整个律师业的形象;而在新兴法律服务领域,由于缺乏相关专家级律师,导致大量案件无人能办。

对于处于高速发展的我国律师业而言,律师作用的进一步发挥、律师地位的进一步提高,中国律师业走向世界,律师和律师事务所必须提高整体素质和竞争力,必须顺应律师业发展的国际趋势,走专业化道路。在我国律师业改革进程中,律师逐渐被推向了市场,面临着国内外律师的激烈竞争。如果要想在激烈的市场竞争中立于不败之地,必须借鉴国外律师专业化分工的做法。一是要设立专业化的律师事务所,譬如知识产权律师事务所、劳动人事律师事务所、房地产律师事务所、金融律师事务所、海事律师事务所等;二是在综合型律师事务所内部设立专业部,譬如民事部、刑事部、商事部、婚姻家庭部、涉外部等;三是要培养专业律师,即要"术业有专攻",律师要成为某一领域或方面的法律专家。总之,律师的专业素养是我国律师业向高层次发展的决定性因素,律师和律师事务所的专业分工和专业定向是我国律师业的发展之本、竞争力之源。

(三) 精英化发展是导向

在西方法治国家,律师业被认为是专业化程度极高的行业,为了维护法律的尊严、提升律师职业的权威,大都走了律师精英化之路。也即是说,律师行业无论是在知识、能力方面,还是在道德、声望方面都代表着社会的精英。这首先体现在律师的准入门槛上,与一般行业相比,律师准入门槛较高。另一方面,律师的社会地位极高,成为法官、检察官、政界人士遴选的主要来源之一。反观我国,包括律师、法官、检察官在内的整个律师职业阶层社会声望不高,甚至还存在诸多负面形象。因此,应借鉴法治发达国家的成熟做法,为律师精英化发展铺平道路。

(四) 一元化发展是共识

所谓法律职业一元化,也称为司法一元化,是指法律从业人员(包括律师、法官、检察官)在知识结构、职业伦理、司法价值、从业标准上朝着统一的方向发展。[①]法律职业一元化基于司法职业的共通性。知识结构的一元化消除了法律职业之间的知识差异,有利于形成法律职业之间共同的法律思维和逻辑思维;职业伦理和司法价值的一元化,有利于社会正义的实现;从业标准的一元化,有利于建立统一的入门制度,譬如统一司法考试。

多年以来,西方法治发达各国纷纷强调法律职业的共通性,尽可能地消除法律职业之间的差异,努力打通各律师职业之间的界限,最大化地促进法律职业之间的流动。

以英国为例,一方面,法官掌握着律师的任命权,将律师业纳入法官认可的行为模式轨道;另一方面,从 14 世纪始,法官都是从法律知识丰富、司法经验充足的辩护律师中遴选出来。这两个方面大大加强了法律职业之间的联系。"法官与高级律师的关系特别亲密友好,因为他们不仅在法庭上相遇,而且作为同一公会的成

[①] 徐显明:《司法改革须在宪法层面上推进》,载《法制日报》2003 年 3 月 17 日。

员,他们具有频繁的社会交往,公会成为他们能够谈论本行事情的场所。"①如今,英国法律职业一元化趋势更加明显,除治安法官外,其他所有法官只能从参加全国四个高级律师公会或初级律师协会的律师中任命,且至少有7年(担任高等法院法官必须至少是10年;担任上诉法院法官必须至少是15年或者曾任高等法院法官2年以上)的出庭律师经历。在律师与检察官的共通性方面,从13世纪始,英王设置专职国王律师代替国王诉讼;1461年,国王律师更名为总检察长;1985年英国通过了《刑事起诉法》,对检察制度进行了重大改革,在全国设置了独立的、自成体系的检察机构,建立起了统一的检察机构,但是对于检察官决定起诉的案件,他们只能在治安法院出庭支持公诉,而在刑事法院、高等法院等则必须聘请出庭律师出庭支持公诉。②同时,获取检察官任职资格的前提是必须具有律师资格。英国现在检察长的任职人员,必须是具有10年以上资历的出庭律师或者律师。可见,英国法律职业者一元化已成为社会共识。

(五) 自我完善是关键

律师业是一个不断发展、不断完善的行业。西方国家在发展律师业过程中也出现过或面临着诸多问题,为了适应不断变化的社会形势,律师业和社会其他力量通过一系列改革举措,促进自我完善。

以英国为例,二元化是其律师制度最大特色,然而关于律师分立规则弊端的质疑就从没有停止过。③ 尤其是20世纪60年代以来,一场关于司法改革的浪潮席卷世界,英国这一个性化律师制度也受到了冲击,人们就关于事务律师与出庭律师是否应当融合、能否融合展开了激烈讨论,英国政府也通过立法试图打破传统律师的分界,④部分调整了两类律师相互隔绝的状态,在司法实践中,也出现了打破律师传统区分的现象。虽然,时至今日,英国律师二元并立的总体格局仍未根本改变,⑤但也说明,英国律师业在历史发展过程中在不断自我调适、自我完善。

再以美国为例,美国律师业不断发展壮大,律师业在美国政治、社会各界扮演者不可或缺的角色,然而自20世纪60年代以来,美国律师业也发生了革命性的重大变迁,甚至成了美国律师业的转折点。这一重大变迁,不仅体现在律师执业、律师事务所管理等微观方面,而且体现在整个律师业整体结构、国家律师政策等宏观方面变迁。从律师角度看,律师数量大幅增加,律师整体规模急剧扩大,在律师种族、性别、执业领域等内部组成方面日益多样化,律师执业变得更富于竞争性、专业

---

① 何勤华:《西方法制史研究》,中国政法大学出版社,2004年,第210页。
② 何勤华:《西方法制史研究》,中国政法大学出版社,2004年,第211页。
③ Catherine Elliott, FrancesQuinn. English Legal System(Fourth Edition)[M]. England: Pearson Education Limited, 2002. 147-148.
④ Catherine Elliott, FrancesQuinn. English Legal System(Fourth Edition)[M]. England: Pearson Education Limited, 2002. 141-144.
⑤ 程汉大:《英国二元律师制度的起源、演变与发展走向》,载《甘肃社会科学》2005年第6期。

性、交互性,律师在满足委托人的短期要求上面临着更大的压力。[①] 从律师事务所角度看,伴随着律师事务所规模的扩大和内部组织机构的复杂化,有限责任公司、有限合伙等组织形式被引入到律师组织形态中,以满足律师事务所扩张的需要;相应地,律师事务所的决策机制、管理方式、薪酬制度发生了重大变化,律师执业形态发生了转变,出现了像参股合伙人、薪酬合伙人这样的新类型。[②] 从律师业的角度看,最突出的变化就是竞争程度加剧,这种剧烈的竞争体现在:其一,律师事务所之间兼并活动不断上演,"大鱼吃小鱼"现象普遍存在,大型律师事务所兴起;[③]其二,律师事务所之间通过广告战和价格战展开竞争;其三,律师在律师事务所之间,在与政府、法院、企业等其他部门之间,在跨地区、跨国家之间,频繁流动,标志着在全球化背景下律师业内部竞争的加剧。[④] 从国家管理政策看,律师自治权受到了一定程度限制,即美国法院对律师拥有"固有"管理权得到了加强,[⑤]律师协会享有的"委托"管理权——自治权越来越受到法院的限制,律师协会对律师和律师事务所的控制力在削弱。[⑥] 从社会公众角度看,公众对律师的不满增多了。虽然公众对律师的不满早已有之,[⑦]但在20世纪下半叶之前,这种不满是个别现象,然而时至今日,公众罗列出律师的种种恶行,进行口诛笔伐,成为公众抱怨的对象。根据美国律师协会的调查,只有1/5的人感到律师能被形容为"诚实的和有道德的",有90%~95%不愿意让他们的孩子成为一名律师。[⑧] 美国律师业的这一重大变迁,不仅说明律师的自我认同出现了很大问题,[⑨]而且表明律师在美国社会中的认可度正在面临着前所未有的挑战。[⑩] 有学者甚至认为,美国律师业正面临着"职业危机"。[⑪] 面对这场职业危机,美国议会、法院、律师协会、律师事务所、律师及其他社会各界都在积极做出努力,通过转变观念、理论探讨、制度安排等方式,寻求律师业的自我救赎,自我完善。

---

① 参见 Deborah L. Rhode, In the Interests of Justice: Reforming the Legal Profession, p. 9.
② [美]罗伯特·汉密尔顿、理查德·布思:《美国律师事务所组织结构的变迁:1960—2000年》,吴洪淇译,载《律师文摘》2008年第1辑。
③ [美]劳伦斯·傅利曼:《二十世纪美国法律史》,吴懿婷译,台湾商周出版社2005年版,494页。
④ [美]罗伯特·W.希尔曼:《论律师的流动管理——合伙人的退伙和律师事务所解散的法律及道德问题》,王进喜、唐俊译,中国人民公安大学出版社2005年版,第一章。
⑤ 参见 Stephen Gillers, Regulation of Lawyers: Problems of Law and Ethics,中信出版社2003年版,第4页。
⑥ 《美国律师协会职业行为示范规则(2004)》,王进喜译,中国人民公安大学出版社2005年版,前言部分。
⑦ 莎翁的名言是:我们要做的第一件事,就是把律师杀光。Henry VI, Part II, 4. 2. 63.
⑧ 参见 Deborah L. Rhode, In the Interests of Justice: Reforming the Legal Profession, p. 6.
⑨ 参见 Deborah L. Rhode, In the Interests of Justice: Reforming the Legal Profession, p. 6.
⑩ [美]威廉·伦奎斯特:《美国历史上的律师政治家》,魏浩峰译,http://lawyeringresearcher.fyfz.cn/blog/lawyer2ingresearcher/index.aspx?blogid=272417,2014年3月25日访问。
⑪ 对于律师职业的考察事实上可以有多种视角,除了从法学视角(如埃博拉·罗德的《为了正义》)之外,还可以从经济学视角(如管制理论,理查德·波斯纳的《超越法律》)、政治学视角(如安东尼·克隆曼的《迷失的律师》)等对该职业进行系统研究。此外还有对职业理论研究最为深入系统的职业社会学。

(六) 创新服务是根基

律师的业务范围与商品经济的发达程度成正比。在21世纪的今天,律师业务范围越来越广,业务重点逐步从刑事辩护、民事侵权、婚姻家庭等传统范围,拓展到经济纠纷、商事领域,从传统的诉讼业务转向更广阔、涉及众多知识领域的非诉讼类业务领域。在这一转变过程中,西方律师业把握住了创新服务这一根基,根据社会的变化和当事人的需求不断调整思路,走专业深耕道路。对此在本章最后一部分将详细论述。

2.3.4 法律职业共同体兴起[①]

法律职业共同体的兴起是法治发达国家法治文明的结果,也是律师业成熟的重要标志。鉴于法律职业共同体问题的重要性和复杂性,本部分将单独进行探讨。

(一) 法律职业共同体的概念

《不列颠百科全书》把法律职业(Legal Professional)界定为"以通晓法律及法律应用为基础的职业"。[②]

在学界,有人认为,法律职业共同体是指基于共同信念、共同价值、共同规范、共同文化、共同使命、相互认同、紧密联系的不受地域限制、不受有形组织限制的法律工作者群体;[③]有人认为,法律职业共同体也可称为"法律从业者社群""法律释义社群(Inter-pretative Legal Community)",是指通常所谓的法律界、法学界,包括法官、律师、检察官、政府机构与社会团体中负责法律事务的官员、法学教研人员以及一定范围内的政治家等;[④]还有人认为,法律职业共同体是指包括法官、检察官、法律教师和律师等在内的诸法律职业者之间的联合、是他们之间在利益一致的基础上、以特有的传统和精神为纽带所形成的一种社会关系。[⑤]

我们认为,学界关于法律职业共同体的界定并没有本质区别,在范围上都是以法官、检察官、律师、法学家为核心,在基础上都强调该群体的法律专业背景、共同的价值观和使命、相似的思维方式等,在资格上都认为应当受过法律教育和相关职业训练,在特征上都具有同质性、专业性、垄断性、独立性等特点。

(二) 法律职业共同体的组成

关于法律职业共同体的组成,各个法系国家对此理解大体相同,主要包括法

[①] 张洪林,官欣荣:《论中国转型期法律职业者阶层的兴起与司法权的重塑——对当前我国司法改革的一个法社会学的试探》,载《西南民族大学学报》(人文社科版)2003年第6期。
[②] 转引自方流芳:《中国法学教育观察》,载《比较法研究》,1996年第23期。
[③] 陈信勇:《法律社会学》,中国社会科学出版社1991年版,第77-78页。
[④] 许章润:《以法律为业——关于近代中国语境下的法律公民与法律理性的思考》,载《金陵法律评论》2003年3月15日。
[⑤] 张志铭:《20世纪的中国律师业》,载苏力、贺卫方主编:《20世纪的中国:学术——社会(法学卷)》,山东人民出版社2001年版,第454页。

官、检察官、私人开业律师、政府部门法律官员、公司法律顾问、法律顾问、法学家、法学教师等。①

季卫东先生从法律职业共同体应具备的条件这一角度认识法律职业共同体的组成,具有很大的参考价值。他认为,法律职业共同体必须具备三项条件:一是坚决维护人权和公民的合法权益,奉行为公众服务的宗旨,其活动有别于追逐私利的营业(business);二是在深厚学识的基础上娴熟于专业技术,以区别于仅满足于实用技巧的工匠型专才(specialist);三是形成某种具有资格认定、纪律惩戒、身份保障等一整套规章制度的自治性团体,以区别于一般职业(Occupation)。② 据此,我们可以认为,法律职业共同体成员有着共同的职业利益和范围,应当以从事法律事务为安身立命之本,并努力维护职业共同利益的利益共同体,其成员间通过长期对法治事业的参与和投入,达成了职业伦理共识,是精神上高度统一的信仰共同体。③

(三) 法律职业共同体的特征

法律职业共同体是一个特殊的群体,与其他群体相比,其具有以下特征。

其一,职业同质性。同质性是一个职业的基本属性,表现为从事同一职业的人们在教育背景、职业意识、思维方式、话语系统、职业道德等方面具有共同性。④ 同质性是法律职业共同体生存和发展的根基,也是增强法律职业共同体向心力和凝聚力的关键所在。法律职业共同体的同质性体现在:(1)在理想信念方面,有着共同的法律信仰、法律思维;(2)知识体系方面,有着同样的法学理论和法律知识储备;(3)在专业技能方面,有着类似的技能技巧,譬如辩论技巧、谈判技能、沟通能力等;(4)在思维模式方面,有着类似的思考问题、处理问题的方式方法。

其二,法律专业性。职业的专业性表现为,人们如果想从事某种职业,必须掌握从事该职业所必需的一套知识和技能。⑤ 法律职业共同体是以法律知识为基础的,法律知识是一门专业性极强的知识。在西方国家,律师被视为社会精英阶层,法律职业门槛较高,通常要经过严格的专业考试和严谨的专业训练。法律知识的专业性决定了法律职业共同体整体的质量和层次,赋予了法律职业共同体特殊的思维方式和行为模式。

其三,行业垄断性。所谓职业的垄断性,是指按照社会分工的专业化规则,每一种职业或行业只能是少数受过专门训练,拥有专业知识和技能的专业人员从事的社会领域。⑥ 通过提高进入门槛维持某职业一定的垄断性,是保证该职业团体

---

① 夏晓媛:《试论法律职业与法治现代化的关系》,载《南昌中院日报》2009年8月3日。
② 季卫东:《法律职业的定位——日本改造权力结构的实践》,载《中国社会科学》1994年第2期。
③ 兰薇,雷振扬:《试论法律职业共同体的概念与特征》,载《法学论坛》2007年第1期。
④ 黄文艺:《法律职业的特征解析》,载《法制与社会发展》2003年第3期。
⑤ 夏晓媛:《试论法律职业与法治现代化的关系》,载《南昌中院日报》2009年8月3日。
⑥ 赖彩明:《法治进程中检察官专业化之必要性》,载《西南政法大学学报》2008年第2期。

服务(产品)质量,提高该职业团体信誉的重要手段。法律职业尤其是律师职业能否大众化和平民化,我国社会各界有着不同的认识,从法治发达国家的经验来看,普遍采取了一定的垄断措施。我国在实践中,为了解决法治建设中亟须大量法律人才这一问题,曾经放低了法律职业共同体的门槛,安排了大量的没有经过正规法律教育的退伍军人进入到法院、检察院、公安等法律职业共同体中来,给我国法律职业共同体的形象造成了不利影响,随着我国法学教育的发展和法治进程的推进,这一想象得到了有效遏制,目前我国法律职业共同体正朝着精英化、垄断化方向发展。

其四,身份独立性。独立性是一个职业群体存在的前提,对法律职业共同体尤为如此。法律职业共同体以实现法治、维护正义为己任,在处理利益纠纷时难免会受到其他因素的干扰甚至威胁,其能否独立决定了该职业群体的价值能否实现。因此,法律职业共同体的独立性,不仅体现在其独特的服饰、制度、思维方式等方面,更体现在其身份地位方面。法律职业共同体应相对独立于政府、独立于当事人,仅仅忠于宪法和法律,能够独立自主地处理或管理职业领域内的事务。[①]

(四)法律职业共同体的作用

统观西方发达国家法治建设的历程,不难发现,法律职业共同体在法治现代化建设过程中发挥着至关重要的作用。法治现代化,是指从传统型法治向现代型法治的历史变革过程,涵盖法治思想、法学理论、法律制度、行为模式等方面进程。法治现代化的实现,最终要依赖于法律职业共同体作用的发挥。

因为,法治现代化归根到底是人的现代化,法律职业共同体能动性、积极性、创造性的发挥,不仅决定了法律制度能否得到完善和发展,而且决定了法治建设的方向和轨迹。事实证明,作为一个精神高度统一的职业群体,法律职业共同体在监督司法公正、普及法律知识、维护法治统一、构建法律秩序等方面,无可替代。可以说,法律职业共同体是法律秩序的载体,是法律价值的卫士,是法治社会中一种最不足惧却甚为强劲的力量。[②]

在不断推进并加速前进的迈向法治的社会转型中,有两个问题至关重要:一是行政权力能否"复位",二是如何重塑司法权力。要解决好这两个问题,都离不开我国法律职业共同体的健康成长,离不开律师业的作用。"法不只是单纯的思想,而是有生命的力量。因此,正义感之神一手托着天秤,用它衡量法;另一手握着剑,用它维护法。剑如果不带着天秤,就是赤裸裸的暴力;天秤如果不带着剑,就意味着软弱无力。两者是相辅相成的,只有在正义之神操剑的力量和掌握秤的技巧并驾齐驱的时候,一种完美的法治状态才能占统治地位。"[③]

[①] 黄文艺:《法律职业的特征解析》,载《法制与社会发展》2003年第3期。
[②] 张志铭:《中国律师命运再思考》,载《中国律师》1999年第10期。
[③] [德]鲁道夫·冯·耶林:《权力斗争论》,潘汉典译,载《法学译丛》1985年第2辑。

迈入21世纪,司法改革成为我国深层次政治改革的突破口。但目前我国司法权存在的保守性、弱小性、有限性等困境仍未得到根本缓解。汉密尔顿指出:"司法部门既无军权,又无财权,不能支配社会的力量与财富,不能采取任何主动行动。故正确断言:司法部门既无强制、又无意志,而只有裁判——司法部门绝无从成功地反对其他两个部门(指行政与立法);故应要求使能以自保,免受其两方面侵犯。"[①]因此,我国在法治现代建设进程中,法律职业群体应当有所作为,并且可以有所作为。

2.3.5 法律服务产品化

律师服务创新是维系法治发达国家律师业发展的根本力量,而法律服务产品化是法治发达国家律师业可持续发展的主要措施。为此,律师直接对接社会需求,研发法律服务产品;律师事务所立体经营,走产品化道路;律师行业积极引导,促进法律服务发展。

以美国为例,与美国高度商业化的社会状况相对应,律师业商业化倾向十分明显,发挥了重要的经济效能。美国律师事务所通常代表大公司、豪门富户、中小企业、普通民众处理税收、不正当竞争、公司运作、财产纠纷等事务。随着社会的发展,美国律师事务所日益重视法律服务的标准化、产品化,把商业谈判、文件起草、制度制定、诉讼活动等法律业务逐步规范化、流程化,以提高服务效率,监督服务过程,满足更多社会需求。

再以香港地区为例,多年来,香港地区的律师形成了优良的专业服务传统,服务领域涵盖仲裁、诉讼、金融、投资、知识产权、国际商贸等领域。随着香港地区和内地交往的加强,香港地区律师不断为本土、内地和海外客户拓展新业务、新市场,引进新伙伴、新资金、新客源、人才技术、管理经验等,大部分香港地区律师都精通"两文三语",为客户提供全方位的法律服务。更为重要的是,香港地区律师凭借丰富的执业经验,逐步把法律服务产品化,通过网络平台等新兴平台,为客户提供投资者、银行、厂商、金融、会计、保险、市场推广、人事管理、商业策略等"一条龙"服务。

中国律师业适度产业化已成共识。法律服务产品化是商品经济发展的本质要求,是律师业参与国际竞争的客观需要。从现实看,我国律师业作为一个产业已经是个不争事实。律师和律师事务所通过提供有偿法律服务,正在实现律师行业的市场化、规模化、产业化。关于我国律师业如何产业化即产业化发展的运行机制、产业化的基础即产业化的土壤、产业化的制约因素、产业化的限制即产业化与律师社会责任的统一等诸多问题还有待进一步讨论。对此,本文将在第八章做进一步分析。

---

① [美]汉密尔顿:《联邦党人文集》,商务印书馆1980年版,第391页。

小　结

　　英美法系和大陆法系是当今世界主要法系,其优秀的律师制度为我国律师业发展提供了许多有益的借鉴。英国在律师制度发展中,形成了英国特色的二元制律师制度,律师享有较高的社会地位,法律社是律师的领导和管理机关,律师与法官之间转换自如,法律职业一体化程度极高,律师教育非常发达。美国的律师采用"一元制",也没有统一的律师法,但律师业务与公司业务关系密切,律师享有崇高的社会地位,律师业非常发达。与英美法系不同,大陆法系在资产阶级革命后采用了职业审判制和参审式陪审制度,所以其律师制度产生时间相对较晚,且普遍采取一元式的分类法。世界各国在法治实践中,形成了不同的特色和传统,大陆法系模式和英美法系模式二者各有千秋,并无绝对优劣之分,这两大模式越来越呈现出相互融合的趋势。西方法治国家律师业发展的成熟经验告诉我们,规范化发展是保障,专业化发展是趋势,精英化发展是导向,一元化发展是共识,自我完善是关键,创新服务是根基。法律职业共同体的兴起是法治发达国家法治文明的结果,也是律师业成熟的重要标志。法律职业共同体是一个特殊的群体,具有职业同质性、法律专业性、行业垄断性、身份独立性等特征。

第 3 章　我国律师业发展状况的现实考察

> 气死莫告状,饿死莫做贼。
>
> ——[清]《增广贤文》

西方国家律师业发展到今天,大多已进入行业寿命的成熟期。[①] 行业高度自治,律师协会公信力很强,法律职业共同体已经形成;律师配备助手,律师专注于研究案情,对案件诉讼结果预判准确率较高,办案效率较高,法律助手完成事务性工作;律师事务所趋向公司化,高度专业分工,实现了办公自动化、办案手段科技化、法律服务产品化并充分利用互联网进行市场营销。体制改革和服务创新使美英发达国家拥有全球大型国际律师事务所的大部分,成为国际法律服务贸易的最大受益者。我国律师业发展至今,其现状如何呢?与法治发达国家相比,有哪些不足?其根源和发展路径是什么?这正是本章讨论的问题。

3.1　我国律师业发展成就

我国律师业经历了初期的继承与探索阶段、法律虚无主义阶段、改革开放初期的"律师是国家法律工作者"阶段、20世纪90年代以后的"为社会提供法律服务的执业人员"阶段以及现在的"社会主义法律工作者"五个阶段,[②] 从无到有,从小到大。实际上,我国律师的真正发展是在1978年《中华人民共和国宪法》中恢复刑事辩护制度之后,这一事件标志着我国长期"无律师"时代的结束,同时也吹响了重建中国律师制度的号角。

3.1.1　我国律师业成绩斐然

改革开放以来,律师人数从恢复律师制度之初的212人发展到如今的47.3万人,律师制度伴随着中国法治进程的推进而不断完善,律师业逐步发展壮大,成为法治力量的重要组成部分。

[①] 李本森:《中国律师业发展问题研究》,吉林人民出版社2001年版,第32页。
[②] 王公义:《新中国律师业60年五个发展阶段的理性思考》,http://www.moj.gov.cn/yjs/content/2010-08/18/content_2247119.htm,访问日期:2013年3月22日。

其一,律师和律师事务所数量骤增(见表3-1和表3-2)。统计数据表明,截至2019年年底,中国律师从业人员47.3万人,律师事务所3.2万家,律师队伍迅速壮大。[①]

表3-1 中国律师数量统计

2019年全国各类律师占比统计

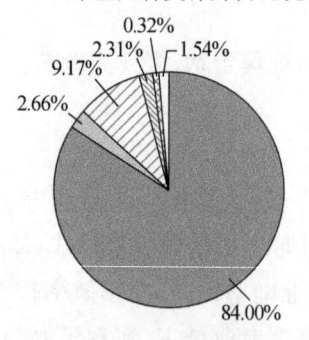

- 专职律师数:84.00%
- 兼职律师数:2.66%
- 公职律师:9.17%
- 公司律师:2.31%
- 军队律师:0.32%
- 其他:1.54%

表3-2 中国律师事务所数量统计(家)

2019年全国律师事务所规模情况统计

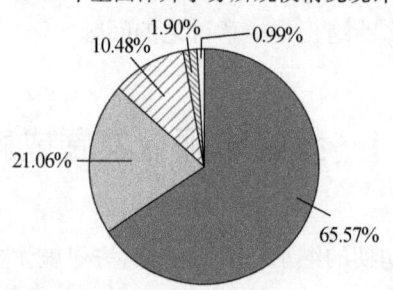

- 10人以下:65.57%
- 11~20人:21.06%
- 21~50人:10.48%
- 51~100人:1.90%
- 100人以上:0.99%

其二,律师业务量急剧扩大(见表3-3、3-4)。统计表明,在2019年,为73万多家党政机关、人民团体和企事业单位担任法律顾问,2019年,全国律师办理各类法律事务1119万件。其中,办理诉讼案件610.8万件,办理非诉讼法律事务133.6万件,在律师办理的610.8万件诉讼案件中,刑事诉讼辩护及代理109.4万件,占诉讼案件的17.91%;民事诉讼代理479.2万件,占诉讼案件的78.45%;行政诉讼代理18.9万件,占诉讼案件的3.1%;代理申诉3.3万件,占诉讼案件的0.54%。律师业务领域和范围进一步拓宽。除了在刑事、民事诉讼和企业法律顾问等传统

---

① 该数据为《中国律师年鉴2011》统计数据。另据司法部和中华全国律师协会网站公布,截至2013年1月1日,全国各省、自治区、直辖市的律师事务所数量总计为19 361家,见http://www.moj.gov.cn/;http://www.acla.org.cn/。数据来自司法部《2019年度律师、基层法律服务工作统计分析》,网址:http://www.moj.gov.cn/organization/content/2020-06/24/574_3251377.html,访问日期2021年4月13日。

服务领域外,律师还在金融证券、企业并购、海商海事、航空运输、知识产权、房地产以及高科技产业领域开拓新业务,为社会提供全方位的法律服务。

同时,律师共提供各类公益法律服务134.8万件,其中办理法律援助案件90.4万件,参与接待和处理信访案件25万件,律师调解17.5万件,参与处置城管执法事件1.7万件。律师为弱势群体提供免费法律服务109.6万件,为60万个村(居)担任法律顾问,建立村(居)法律顾问微信群26万个。

在对外方面。截至2019年年底,已有来自23个国家和地区的律师事务所在华(内地、大陆)设立303家代表机构,其中外国律师事务所驻华代表机构225家,香港地区律师事务所驻内地代表机构64家,台湾地区律师事务所驻大陆代表机构14家,有12家港澳地区律师事务所与内地律师事务所建立了合伙型联营律师事务所,有7家在上海自贸区设立代表处的外国律师事务所与中国律师事务所实行联营。中国律师事务所在境外设立分支机构共154家,共办理各类法律事务6万件。

表3-3 中国律师业务统计表——承办案件

2019年全国诉讼案件辩护及代理情况

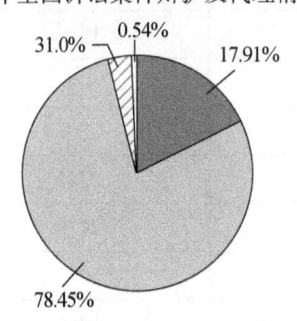

- 刑事诉讼辩护及代理 17.91%
- 民事诉讼代理 78.45%
- 行政诉讼代理 31.0%
- 代理申诉 0.54%

表3-4 中国律师业务统计表——对外开放

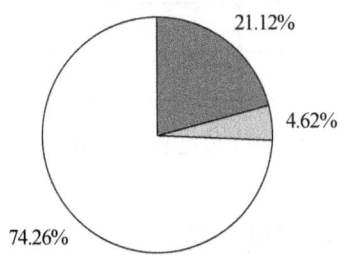

- 中国香港 21.12%
- 中国台湾 4.62%
- 其他国家和地区 74.26%

其三,律师形象凸显。在20世纪90年代之前,律师在中国社会舞台上始终处于非主流、非核心地位,然而,随着市场经济改革的推进以及依法治国的提出,律师在社会生活开始扮演重要角色,律师形象开始引起人们的特别关注。有几个典型表现:一个是持续至今的律考(司考)热,参加律师(司法)考试人数逐渐增加,被称为"中国第一考"(见表3-5);一个是有关律师的电视文学作品产生了广泛影响,比如《律政佳人》《被告》《暴风法庭》《无罪辩护》《全民目击》;再一个就是法律职业者成了"社会精英",收入和地位都令人羡慕,"法制专题讲座"也走进了中南海。

表3-5 历年司法考试报考人数及通过率

	报考人数(万人)	通过率	通过人数(人)
2020年	70	\	\
2019年	60.6	19%	115 140
2018年	60.4	18.2%	109 928
2017年	64.9	13.75%	89 230
2016年	58.8	19%	83 220
2015年	48	10%	48 000
2014年	45.5	11%	50 050
2013年	43.6	11%	47 960
2012年	40	12%	48 000
2011年	41.5	16%	66 400
2010年	39	22%	85 800
2009年	41	22%	90 200
2008年	37	27%	99 900
2007年	29.4	20%	58 800
2006年	27.8	17%	47 600
2005年	24.4	14.39%	31 664
2004年	19.5	12.3%	22 400
2003年	19.7	11.12%	19 000
2002年	36	8%	24 800

其四,律师队伍结构趋于合理,文化程度大幅提高(表3-6)。从文化程度看,本科学历的律师35.33万人,占74.71%,硕士研究生学历的律师9.39万人,占19.86%,博士研究生学历的律师6600人,占1.40%,本科学历以下的律师1.90万人,占4.03%。

在国境外接受过教育并获得学位的律师7735人,占1.48%。随着律师体制改革的推进,国有律师事务所已全部退出法律服务市场,效率更高、机制更灵活的合伙律师事务所成为律师事务所的主体,个人律师事务所开始出现,律师事务所组织形式日趋合理。另外,律师事务所专业化、市场化、规模化发展取得重大突破,涌现出一大批具有一定规模的律师事务所。

表 3-6 中国律师文化程度

2019年全国律师教育程度占比统计

- 本科学历占比：74.71%
- 硕士研究生学历占比：19.86%
- 博士研究生学历占比：1.40%
- 本科学历以下占比：4.03%

其五,律师作用加强。律师的作用已不限于参加诉讼、解决矛盾、平息纠纷,还更广泛地参与到企业运作和国家管理之中,在国家政治生活、经济生活中发挥着越来越重要的作用。截至2019年年底,律师担任"两代表一委员"共8758人,其中担任各级人大代表2779人,担任各级政协委员5477人,担任各级党代会代表502人。

截至2019年年底,党员律师16.3万人,占全国律师总数的34.5%,其中2019年在律师行业新发展党员1900多人。目前,全国律师事务所共建立党组织1.26万个,向无党员律师事务所选派党建工作指导员6300多名,基本实现党的组织和党的工作全覆盖。

3.1.2 我国律师业发展特征

回顾我国律师业发展历程,不难发现,其具有以下特征。

首先,从单一方式存在发展到多种方式并存。在我国律师制度恢复初期,市场经济刚刚萌芽,律师执业内容主要以刑事案件辩护为主,办案形式比较单一,鲜有涉及民商事案件。直到1984年左右,律师开始介入民商事案件,1986年开始进入非讼业务和外资企业法律服务。如今,律师业已进入细致化分时代,业务范围已大大拓展,渗透到社会生活的每一个角落。

其次,从国家工作者演变到自由执业者。我国律师在组织形式上,最初是国家公务员身份,中国律师的第一部法规——1980年《律师暂行条例》带有许多计划经济特征,把律师定位为国家法律工作者;1996年《律师法》对律师进行重新定位,即"社会中介服务人员";2007年新《律师法》把律师的职业界定调整为"自由执业者"。可见,我国关于律师的职业定位是中国的经济社会发展密切相关,发生了重大转变。

最后,从单一行政管理体制到行政管理与自治两结合模式。传统上,我国律师管理体制一直是行政管理模式,即律师受司法行政管理。自1993年始,我国律师管理体制开始改革,转变为司法行政管理与律师协会自治相结合模式。与此相对应,律师事务所在组织形式上,由国资所发展到合作制律师事务再发展到合伙制律师事务所和个人律师事务所,律师事务所的内在管理机制和律师的身份地位、流动机制以及收入分配制度都发生了根本变化。律师体制改革为我国律师业的发展作出了不可磨灭的贡献,标志着我国律师业逐步走向成熟。

3.1.3 我国律师业总体竞争格局

三十五年来,我国法律服务市场不断扩大,律师业呈现出激烈竞争态势。同时,由于我国经济发展不平衡,律师业在不同市场呈现出不同的竞争特点,区域市场全国化、全国市场区域化态势明显,国内市场国际化初见端倪。

从全国市场看,律师业的竞争体现在专业化、高端化、团队化、国际化和律师事务所的公司化、品牌化、规模化等方面。处于地缘优势的北京律师事务所开始在全国市场"攻城掠地"。就律师业务而言,全国性的律师业竞争主要集中在金融、证券、兼并收购、资本运作、上市、知识产权等专业性比较强的高端业务;区域市场竞争仍以传统业务为主。

如今,我国律师业竞争和发展面临四大主题:一是"向上",即律师业在不断谋求提高自己的服务品质和层次;二是"向大",即律师事务所不断寻求规模的突破,通过规模效应获得发展动力,律师事务所逐渐集团化;三是"向专",即律师和律师事务所通过提供专业服务创立律师个人品牌和律师事务所品牌,通过提高专业服务能力来增强高竞争力;四是"向外",即律师事务所不断走出本地市场,向更广更深的法律服务市场进军。

可见,律师业竞争不断加剧已成事实。为了能够在日益竞争的法律服务市场占据优势,律师和律师事务所必须进行服务创新、产品创新、管理创新和营销创新,增强自己的竞争优势,造就新的成长点和发展点。

3.2 我国律师业面临的困境

在改革开放、民主建设、依法治国的时代背景下,我国的律师业取得了长足的发展。然而,与法治发达国家相比,我国的律师业还有很大差距,律师行业面临发展瓶颈,律师发展面临职业困境,律师事务所面临管理难题。

3.2.1 律师行业面临发展瓶颈

目前,我国律师业进一步发展面临的瓶颈主要有以下几点。

一是律师数量与质量的矛盾。改革开放四十多年来,尤其是统一司法考试二十年来,律师数量骤增,已达47.3万人之多。但是,与西方发达国家相比,我国百人占有律师的比例还很低。在美国,均300人拥有一位律师,98%的人与私人律师打交道;1‰的人拥有强大的公司律师阵营;另外1‰的人由国家提供法律援助。而在我国,均1万人拥有1.6名律师,聘请私人律师的主要为政界、商界、艺界精英人士,且数量极少。公民主动聘请"个人法律顾问"并进而带动律师事务所开展该项业务者乃凤毛麟角,绝大多数"个人法律顾问"业务都是律师所有意"策划"的,中国律师业收入占GDP比例仅为美国1‰,[①]这是其一。其二,律师的职业素质还亟待提高,个别律师道德水平不高,缺乏理想信念,拜金主义严重,诚信观念不强,极大降低了律师行业的公信力。其三,律师事务所规模偏小。主要是10人以下的小型律师事务所,中型律师事务所较少,100人以上的大型律师事务所更少。(见表3-7)

表3-7 中国律师事务所规模统计(家)

总数	规模				
	律师10人以下所	律师11～20人所	律师21～50人所	律师51～100人所	律师100人以上所
3.2万	2.1万	6860	3420	620	320

二是律师业发展极不平衡。中山大学城市与区域研究中心的学者,在2015年曾公布一项研究结果。他们通过分析2011年中国排名前50位的律师事务所的总部及其分支机构在289个城市的空间分布,发现全国大约80%的律师业务,集中在大约20%的城市。在律师业务集聚程度最高的59个城市中,又分为五个等级。其中前三个等级的24个城市,占到全部城市律师业务的80.19%。第一等级城市依次为北京、上海和深圳,它们占到全部城市律师业务的20.49%。[②]这说明中国的律师业务已经出现了集聚效应,律师越来越集中在大中城市特别是东部沿海地区。首先,律师业地域发展不平衡。东部与西部之间、沿海与内地之间、城市与农村之间,律师业存在严重不平衡。大的律师事务所以及优秀的律师,主要集中在北京、上海、广州、深圳等经济发达地域;在落后的西部地区尤其广大农村地区,律师服务明显跟不上,主要依靠乡镇司法所提供低层次的法律服务。例如,在青海、宁夏、西藏等地,一个省级行政区所有律师事务所一年的收入还不及北京一个大律师事务所一年的收入。其次,律师业务发展不平衡。一方面,诉讼业务与非诉讼业务发展不平衡。很多律师和律师事务所仍以诉讼业务为主,非诉讼业务发展相对滞后。另一方面,刑事业务和非刑事业务发展不平衡。基于职业风险等原因考虑,很多律师事务所不愿意发展刑事业务,偏重民事业务尤其是经济业务。再次,律师

---

① 黄铮:《中国律师业收入占GDP比例仅为美国1‰》,载《联合时报》2013年3月22日。
② 邹小华、薛德升、黄颖敏:《等级化、网络化与区域化:基于律师事务所空间分布的中国城市体系研究》,《华南师范大学学报(自然科学版)》2015年第2期,第134-142页。

水平不平衡。律师与律师之间的不平衡,首先体现在水平和法律服务质量上,而且反映在律师的收入方面,一些大律师年收入几百万甚至上千万,但有些小律师年收入低得可怜,甚至不能维持基本的生活。第四,律师的经济收入与社会评价不平衡。总体而言,律师的属于社会高收入阶层,但是目前社会对律师的评价不高,仅仅把律师当作挣钱的机器,律师承担的社会责任不够,在国家法治建设中的作用并未凸显。第五,律师职业与其他法律职业不平衡。律师与公安、法官、检察官等法律职业之间缺乏有效沟通,缺乏充分理解。第六,对外业务发展不平衡。近年来,世界法律服务业都处于持续增长态势,越来越多的国际律师事务所来华设立代表处,中国律师事务所也走出国门,在国外设立分所或代表处,但主要是北京、上海、深圳等个别发达地区的律师事务所,其他地区律师事务所对外交往不多。

三是法律服务市场管理存在问题。目前市场上提供法律服务的主体类别很多,除了律师外,还有基层法律工作者、法律顾问、公证员、专利代理、商标代理、企事业登记代理、税务代理等,分属不同的部门管理。还存在大量的社会人员冒充律师提供有偿法律服务,扰乱了法律服务市场秩序。另外,政府分割、肢解法律服务市场现象突出,以知识产权法律服务领域为例,知识产权代理必须通过专门的知识产权代理机关,即使是律师事务所有商标、专利代理资格的律师也不能从事相关服务,并且专利代理仅仅对理工科背景的人员开放,涉外专利代理更是由主管部门予以指定。

四是律师权益仍难以得到保障。在我国,律师会见难、阅卷难,尤其是调查取证难、代理辩护难、依法知情难、投诉救济难的问题仍然存在。在审判活动中,审判人员往往会限制律师辩论时间和辩护内容,刑事案件被移送审查起诉、被告被转移羁押场所以及死刑犯被执行等重要信息,律师几乎得不到司法机关主动、及时的通知,不利于律师履行职责,也容易造成委托人的误解和投诉,增加了律师执业风险,而律师权利遭到侵犯后,没有明确的救济渠道。

3.2.2 律师发展面临职业困境

(一) 角色定位单一

我国新《律师法》将律师定位为"依法取得律师执业证书,接受委托或者指定,为当事人提供法律服务的执业人员",这一定位体现了国家肯定、尊重和保护公民私权的法治理念,指明了律师的职业使命和工作方向,具有很大的进步意义。但把律师角色界定为"法律自由工作者",仅肯定了律师的市场角色,存在明显不足。

法治发达国家的经验表明,律师具有多重角色,除了提供法律服务这一市场角色外,还承担社会角色和政治角色。我国法律对律师的角色认定过于单一,尤其是忽略了律师在政治改革、权力制衡、监督政府中的积极作用。《律师法》第11条同时规定:"公务员不得兼任执业律师。"另外,无论是《公务员法》(第二条)关于公务员资格的规定,还是《法官法》(第九条)关于法官具备条件的规定,还是《检察官法》(第十条)关于检察官具备条件的规定,律师除了参加公务员考试外,无法按一定程序进入公务员队伍、法官队伍和检察官队伍。这意味着，一旦选择了律师职业，只能一辈子做律师，最大的抱负也不过是做个好律师，律师职业取向存在严重单一化倾向。这就进一步使得律师丧失了受雇于政府成为国家公职人员的机会，造成了律师不能成为政府律师和企业雇佣的专职律师，只能是公司的"顾问"，进而法律也不可能赋予律师公共职权。这使得律师只能发挥有限的咨询、建议作用，而无法以专职律师的身份融入企业政府和企业之中，以参与政府的决策、了解企业实况，从而大大限制了律师在司法活动中作用，不利于律师业务的拓宽，不利于律师功能的深层次发挥，难以同公检法机关工作人员形成抗辩，制衡国家公权力的功能也就无从谈起。

除了律师身份单一化之外，我国对律师身份的界定还存在一般化倾向。1999年10月31日，国务院办公厅颁布实施《关于清理整顿经济鉴证类社会中介机构的通知》，把律师事务所作为经济鉴证类社会中介机构纳入清理整顿的范围（第二条），与会计事务所、税务师事务所、财会咨询公司等机构的社会角色并没有本质差别，只是专业不同，提供的服务和产品不同而已。在这一观念主导下，"律师事务所企业化、律师个体工商户化"趋势明显，[①]淡化和忽略了律师作为上层建筑部分的重要作用。

同时，在我国法律服务市场中，还存在另外一支庞大的服务队伍，即基层法律服务工作者。根据《基层法律服务工作者管理办法》的规定，二者在属性上都是"为社会提供法律服务的人员"，在执业范围上，除了刑事案件基层法律服务工作者不能受理外，其他业务范围基本相同。[②] 但与此同时，二者的任职资格要求则大有不同。《律师法》规定，律师执业应当取得律师资格和执业证书，取得律师资格应当经过国家统一的司法考试，具有高等院校法律专业本科以上学历或者高等院校其他专业本科以上学历，具有法律专业知识。[③]《基层法律服务工作者管理办法》规定，只要具有高中或者中等专业以上的学历经考试取得基层法律服务工作者执业资格即可从事基层法律服务工作。[④] 那么就不难理解，为什么与基层法律服务工作者

[①] 蔡丽，石羡：《中国律师的角色定位》，载《中共福建省委党校学报》2007年第5期。

[②] 《基层法律服务工作者管理办法》第二条规定："基层法律服务工作者是符合本办法规定的执业条件，经核准执业登记，领取《法律服务工作者执业证》，在基层法律服务所中执业，为社会提供法律服务的人员。"

[③] 《中华人民共和国律师法》第二章第五条规定："律师执业，应当取得律师资格和执业证书。"第六条规定"取得律师资格应当经过国家统一的司法考试。具有高等院校法律专业本科以上学历，或者高等院校其他专业本科以上学历具有法律专业知识的人员，经国家司法试合格的，取得资格。"

[④] 《基层法律服务工作者管理办法》第五条规定，"从事基层法律服务工作，应当具备基层法律服务工作者执业资格。具备律师资格、公证员资格或者企业法律顾问资格的人员，也可以申请从事基层法律服务工作。"第六条规定，"符合下列条件的人员，可以经考试取得基层法律服务工作者执业资格：（一）拥护宪法，遵守法律，有选举权和被选举权；（二）具有高中或者中等专业以上的学历；（三）品行良好；（四）身体健康。"第八条规定，"符合本办法第六条（一）、（三）、（四）项条件，能够专职从事基层法律服务工作的下列人员，可以申请按考核程序取得基层法律服务工作者执业资格：（一）具有高等院校法学本科以上学历的；（二）具有大专以上学历，从事审判、检察业务，司法行政业务工作或者人大、政府法制工作已满五年的。"

相比，律师队伍规模与力量都处于弱小地位，尤其是在内地和农村中小县城。如此一来，受过多年专业训练的律师的专业价值和独特作用就不能凸显，其专业特长被弱化了。

另外，在我国民事诉讼中，律师作为代理人的地位与一般公民作为代理人的地位几乎没有区别，两者在调查取证权、阅卷权、参与诉讼权等相同，仅在刑事诉讼以及行政诉讼中地位略高于其他辩护人和代理人，律师的专业价值也体现不出来。

（二）独立性有限

自由与独立是律师和律师业得以存续的根基。无论是英美法系国家还是大陆法系国家，大都承认和肯定律师地位的独立性，强调律师职业的自由性、社会性特征。当然，承认律师的独立性并非意味着否认了律师的阶级性、政治性、民主性等社会属性。实际上，律师的独立性与律师的社会属性并不矛盾，如果律师丧失了独立性，依附于社会属性，其结果就是压制了律师的天性，进而阻碍律师社会属性的发挥。

我国律师已脱离了国家工作人员身份，成为律师事务所法律工作人员，实行自治管理。然而，与社会转型期我国其他社会自治团体类似，律师并非完全自治，律师协会也是半官半民的机构，自治能力较差。从法律层面看，律师立法权——制定律师管理规章、管理权——设置与管理律师工作机构、资格任免权——律师资格的授予和撤销等，都操控在司法行政机关手中，律师协会不得不依附于国家司法行政机关。

在司法实践中，律师作为当事人的委托人，已基本独立于当事人，但并没有独立于司法机关，在司法责任系统中处于不对等位置。在司法行政机关主导管理体制下，法院与检察院在诉讼中优势地位明显，律师执业权利难以保障，律师责任较重，并且，追究律师责任的程序不尽科学。尤其是在刑事诉讼中，因当事人打击报复、侦查及公诉机关妄加罪名而导致律师身陷囹圄的案例并不少见，比如王一冰案、李奎生案、张耀喜案等。在与国家司法机关正面交锋中处于劣势地位的律师只能是瞻前顾后、畏手畏脚，不敢尽职调查取证，也不敢公示证据，甚至不敢理直气壮地针锋相对地发表辩护意见。这也是为什么许多律师不愿意开展刑事辩护业务的主要原因之一。

（三）社会地位不高

随着世界各国法治进程的不断推进，律师在政治、经济、社会等方方面面的作用都日益凸显，尤其是西方国家对律师这一类高素质人才非常依赖，公司上市、企业管理、刑事辩护、离婚纠纷、遗产继承等无一不有律师的参与。以美国为例，律师在美国地位极高。伯纳德·施瓦茨在论及美国社会与法律的关系时就曾这样说过："美国的制度始终体现了法制主义，这表现为：突出律师和法官的作用；在人民中,依法办案成为普遍的风尚。"①社会普遍认为,美国没有总统生活可以照常,如果没有律师则生活不堪设想。美国律师这种极高的社会地位是与律师在其他的角色定位和社会贡献密不可分的。

律师的社会地位包括经济地位、政治地位以及受社会尊重程度三个方面。某社会阶层的社会地位高低具体可通过以下因素进行考察:该阶层的整体经济实力;该阶层制度框架内所享有权利是否与承担的责任和义务相平衡;该阶层在社会公众心目中的形象以及受尊重程度。在西方发达国家,律师是一个独特而重要热门职业和社会阶层,律师活动已经触及国家的政治、经济、社会生活的方方面面,在立法界、政界、司法界、实业层都有很大影响力,受到社会的普遍尊重和敬仰。

根据以上标准来判断,不难发现,我国律师的社会地位总体偏低。律师"自由职业者"身份又使得其必须为了自身生存而努力,偏重追逐个体利益,造成社会责任感的缺失。"在民事诉讼中,律师就是那个把一半贝壳给了原告,把另一半贝壳给了被告,而自己却拿走了中间蚝肉的家伙;在刑事诉讼中,律师就是为坏人辩护。"②如江平教授所言:"律师的形象在社会上现在是每况愈下的,并不是呈上升的趋势。"③同时,我国律师与行政、司法系统的同行在制度框架内享有的权利不平衡,社会形象不佳,没有受到政府与法院等国家公权力机关的青睐。④

目前,我国律师形象普遍不佳,社会尊重程度普遍较低。受体制因素及社会不良风气影响,律师队伍中存在诸多损害律师形象的问题,例如有些律师通过咨询费、介绍费、回扣、顾问费、提成等方式承揽业务员,通过不正当竞争手段发展顾问单位,利用各种手段对司法人员施加不正当影响,甚至行贿受贿。这极大损害了律师整体形象。由此,一方面,司法工作人员对律师不尊重甚至有偏见,利用职权或关系阻挠律师正常行使职权;另一方面,律师未受到当事人及其他社会成员的尊重,律师常常因某个案件与当事人或者办案人员结怨,遭到诬告、打击报复、人身攻击和伤害的事例也时有发生。

(四) 功能尚未完全发挥

促进公平正义是律师的首要功能。促进公平正义首先是要维护个人利益,但是,正如前文所述,由于律师独立性不够,律师不能最大限度地维护当事人利益,很多诉讼尤其是刑事诉讼中律师的辩护成了走过场。其次,律师要通过维护社会公共利益来增进社会公平正义。"客户可购买的忠诚是有限的,律师职业的人格的一部分必须另外贡献给公益。"⑤由于律师商业利益的驱使,除了法律援助案件之外,律师并没有努力成为社会弱势群体的代言人。再次是社会和国家的利益没有得到

---

① 转引自吴金水:《125年,美国司法权威的确立》,载《人民法院报》2014年2月21日,第八版。
② 刘琴:《律师取证中存在的问题及对策》,载《六盘水师范高等专科学校》,2010年第4期。
③ 江平:《中国律师的形象问题》,载《中国律师》1997年第8期。
④ 汤火箭:《中国律师的地位:现状、反思与前瞻》,载《社会科学研究》2002年第1期。
⑤ Rorbert W. Gordon, "Independence of Lawyers", 68 Boston University Law Review 1–84(1988).

充分维护。由于商业利益的驱动,律师没有努力成为弱势群体代言人,极少从事公益事业,甚至背信弃义、唯利是图地侵犯社会公共利益和国家利益的现象也不少见。

在文化建设方面,律师也尚未发挥应有作用。律师职业的特点,决定了律师与社会各界联系广泛、交往深入,律师执业活动的一言一行都彰显着法治理念和法律精神,因而,律师在国家精神文明建设尤其是法律文化培育方面具有积极作用。我国律师正处于社会转型期,其执业活动往往受到各种诱惑、挑战乃至威胁,个别律师唯利是图、堕落腐化,理想情操、信念、宗旨都被市场经济庸俗化了,投靠权贵、趋炎附势,不认理不靠法,只认财与权,搞司法腐败,成为社会风气败坏的源头。[①]

3.2.3 律师事务所管理难题

我国加入WTO已二十余年,法律服务市场已经高度开放,大量国外资本进入国内法律服务市场,跨国律师事务所也纷纷在中国开设分所或办事处,给我国律师业发展造成了冲击,也带来了挑战。

我国律师事务所规模普遍较小,从业人员素质普遍不高且参差不齐,参与国际竞争的经验少之又少,显然缺乏国际竞争力。就律师事务所管理而言,我国律师事务所也面临诸多难题:其一,我国律师所管理规范性有待加强,仍属于传统的"小作坊"式法律服务机构,与国外规模化大律师事务所相差甚远;其二,律师事务所之间沟通、交流不多,行业集中度不高,整体效率低下,行业布局不合理,不规范竞争问题凸显;其三,在律师事务所组织形式、发展模式、管理机制等方面都不健全,"游牧式"经营方式普遍存在。

"小,乱,杂"的律师行业局面不利于我国律师业的长期健康发展。在法律服务市场需求多元化发展的今天,"扛一杆枪就能上山打猎"的时代将成为律师业的过去。律师将成为一个实实在在的投资行业,"播种式"经营方式将取代"游牧式"经营方式。只有进行服务创新、产品创新、管理创新,走规模所、精品所、品牌所道路,培育和引进复合型高素质律师人才,我国律师事务所才能改变在国际竞争中的被动局面,迎来律师业的第二个春天。

3.3 我国律师业困境的根源

改革开放四十多年来,我国律师业取得了较快发展,但着眼于未来,律师业进一步发展还面临诸多困境。分析这些困境背后的根源是律师业走出困境、律师事务所转型成功的关键。

---

① 张斌生:《中国律师的使命与境界提升》,载《中国律师》2000年第10期。

3.3.1 观念原因

任何国家律师业的发展状况都与这个国家的文化传统和民主法治进程分不开。我国有着几千年的封建思想传统,这些思想传统不可避免地渗透并影响到律师行业。我国律师业面临困境的观念原因有以下几点。

一是"官本位"观念。在刑事诉讼中,律师作为犯罪嫌疑人的辩护人,与国家公诉机关相抗衡,已经得到了法律的形式认可。在广大民众的观念深处,还是很难接受律师替坏人说话的形象,总是不自觉地把律师作为异己力量加以排斥。[①] 在这种官本位观念影响下,律师的角色定位和社会分工就显得非常无奈,被边缘化,权利受到限制和蔑视。

二是"息讼""无讼"观念。在中国儒家理念中,一直强调"和为贵",对待纠纷争议,也要"息讼""无讼"。这种观念指引下,上至朝廷政府下至黎民百姓,全社会都对法律诉讼持鄙视态度,相应地,对从事与法律诉讼相关职业的"讼师"有着轻视和厌恶心理。

三是"有罪推定"观念。保护人权和无罪推定理念还没有在全社会树立,某个人一旦成为被告或者犯罪嫌疑人,人们心里就理所当然地认为他就是罪犯,是不可饶恕的,而要为"罪犯"辩护、为"坏人"说话,也是不能被容忍的。

四是"重实体、轻程序"观念。传统上,我国一直奉行实体公正理念,程序仅仅是工具和手段而已,程序的价值被忽视,程序法——诉讼法也成为实体法的附属物,甚至为了达到实体公正以牺牲程序合法性。律师作为参与诉讼活动的主体,如果得不到程序的支持,其作用就会大打折扣,必然会降低律师在当事人心中的地位。

五是"讼棍"观念。在历史上,我国律师地位就不高,被称为带有侮辱性、歧视性的"讼棍"。我国律师制度恢复时间不长,对律师的专业化和劳动价值还没有充分认可,甚至有人还极端地认为律师是当事人与国家司法机关之间的"掮客"。

六是对律师工作性质的误读。许多人认为,检察官在积极地揭露案件真相、追究犯罪,法官在审慎地判断真相、适用法律,而律师只不过是基于维护私人利益而作为犯罪分子的辩护人。尤其是在个别律师专业素质、业务素质和道德素质不高的情况下,认为律师就是为了赚钱,为了给犯罪分子开脱罪责,而忽视了律师执业活动的性质和律师职业的价值。

总之,中国几千年独特的传统法律文化和政治制度,造就了对律师的种种偏见,这种传统观念有着天然的惰性,一直流传至今并影响巨大。包括政府部门、司法机关、企事业单位在内很多社会群体和个人都把律师作为一种异己的力量加以

[①] 王克先:《中国律师社会角色再定位》,http://www.bloglegal.com/blog/cac/2350025244.htm,访问日期:2013 年 3 月 22 日。

排斥。譬如，律师在调查工商档案、银行资料、股票账户等信息时往往会受到对方各种阻挠，被设定诸多不合理限制条件，或者对方根本不予配合。

3.3.2 制度原因

"现在，人们越来越认识到，欧洲人能创造出现代技术文明的原因就在于他们开发并贯彻了一套人类交往的规则，它抑制了机会主义和权力的滥用。这些规则被称为'制度'。"[①]"制度是人类相互交往的规则。它抑制着可能出现的、机会主义的和乖僻的个人行为，使人们的行为更可预见并由此促进着劳动分工和财富创造。"[②]我国律师业发展的困境有很多制度因素，法律对律师的角色定位、执业权利都缺乏清晰、足够的保障。

在律师角色定位方面，律师法对律师的角色定位单一，突出了律师的经济角色，忽略了律师的政治角色、社会角色。不可否认，在法治发达国家，律师制度也存在着商业化倾向，但律师制度已渗入社会治理理念和社会生活之中，而我国，律师参与社会治理的渠道和途径仍非常有限。

在律师执业权利方面，《律师法》对律师的会见权、阅卷权、辩护权、调查取证权等执业权利做了比较明确的规定。但从实践看，我国律师执业权利还需要加强保障。包括调查取证权不完善、在场权缺失、刑事程序辩护欠缺等，致使整个刑事诉讼结构严重失衡，限制了律师作用的发挥。譬如，在刑事侦查阶段，律师的会见权会受到种种限制，有许多案件都以涉及国家秘密为由需侦查机关批准，即使批准后也往往不在规定时间安排会见，有的地方制定"土政策"，对会见时间、人数、次数进行限制。再譬如，对于律师的调查取证权，有的单位内部规定，档案材料仅仅提供给国家相关机关，不同意律师查阅，即使同意查阅也不准予复制并拒绝出具相关证明。再譬如，证人出庭作证制度方面，我国证人出庭作证率偏低，律师只能在庭上观看证人的书面证言或视听资料，无法对证人当面质证。

在律师政治职能方面，忽视了律师的功能发挥。尽管中国社会法治建设已取得巨大成就，但存在一个显而易见地无法遮掩的基本缺陷：中国在推进法治进程中忽视了提升律师阶层的整体社会地位，在国家正式制度体系框架内，律师地位远远低于同行的法院、检察院等司法系统，三者之间阶位结构明显。

在律师执业准入方面，进入门槛不高，导致律师整体素质先天性不足。法律允许法律服务工作者从事实质上只能属于律师工作范畴的事务，加剧了律师业的竞争，在某种程度上导致律师之间恶性竞争，不利于律师提高业务素质，降低了律师在社会公众中的良好形象。另外，司法考试资格要求过低，使得许多从来没有接受

---

① ［德］柯武刚、史漫飞：《制度经济学——经济秩序与公共政策》，韩朝华译，商务印书馆2000年版，中文版序言。

② 同上，第35页。

过法律专业训练的外行人进入律师队伍,降低了律师专业素质。

在律师执业活动监督和管理方面,我国目前仍沿袭传统行政管理方式,虽然司法行政机关在监督管理律师活动上有很大权力,但是其工作特点和工作性质决定了司法行政部门无法真正了解和有效监督律师执业活动,而组织形式和运作机制相对合理的律师协会并享有真正权力,徒有虚名。同时,司法行政部门与律师协会之间的职能分工并未理顺,导致律师执业活动监督乏力,法律服务市场混乱。

3.3.3 律师自身原因

律师业是一种特殊的职业,对专业知识、业务能力和道德素质要求较高,需要更加严格的自律,需要建立起良好的律师职业道德体系。[①] 而我国律师队伍,整体素质亟待提高,成为制约律师业进一步发展的关键内因。

一方面,律师的专业性不强。由于内部分工不明和竞争环境原因,我国律师市场上鱼龙混杂,"万金油"式的律师在我国律师业普遍存在,没有形成自己的专业特色,形成了"什么案都能办,什么案都办不好"的局面。

另一方面,律师职业道德整体不高。律师本身是一个维护法律尊严,促进公平正义的崇高职业,当然对道德素质要求较高。然而,面对经济的诱惑,有些律师忘记了律师职责、律师的社会责任和基本职业道德,而置国家、社会、他人甚至当事人的利益而不顾,谋取自身不当利益,极大损害了律师的高大形象。特别是个别年轻律师,为了争取案源,缺乏基本的道德修养,举止言谈有失律师体统,价值观、道德观、文明观缺失。

再一方面,律师在执业过程中,出现了各种自我角色错位。其一,大局意识弱化。有些律师忙于处理案件缺乏大局意识,仅注重案件的经济效果,而没有考虑社会利益和社会责任,忽视了案件的社会效果。其二,角色空虚化。有些律师认为,律师事务所应严格按照企业化进行运作,以追求利润最大化为目标,把自己也当作个体户,缺乏对职业观、事业观。其三,角色矮小化。有些律师基于现有法律框架和政治体制,在与公、检、法等部门交往时,总觉得低人一等,见到国家机关工作人员点头哈腰、拍马溜须。其四,角色万能化。有些律师为了自身生存和发展,想方设法宣传自己,努力承接各种业务,为此在当事人面前自我吹嘘,充当万能角色。

小 结

改革开放四十多年来,我国律师制度伴随着中国法治进程的推进而不断成长,律师业逐步发展壮大,成为法治力量的重要组成部分。从单一方式存在发展到多

[①] 陈卫东:《中国律师学》(第三版),中国人民大学出版社 2008 年版,第 56 页。

种方式并存,从国家工作者演变到自由执业者,从单一行政管理体制到行政管理与自治两结合模式,从不问政治到积极参政议政。然而,与法治发达国家相比,我国的律师业还有很大差距,律师行业面临发展瓶颈,律师发展面临职业困境,律师事务所面临管理难题。律师数量与质量存在很大矛盾,律师业发展极不平衡,法律服务市场管理体制存在一定问题,律师权益仍难以得到保障。律师角色定位单一,独立性有限,社会地位不高,功能尚未完全发挥。律师事务所规模普遍较小,管理规范性有待加强,从业人员素质普遍不高且参差不齐,缺乏国际竞争力。究其原因,主要有传统的"官本位""息讼""无讼""有罪推定""重实体轻程序""讼棍"等观念原因,以及在律师角色定位、执业权利、政治职能、执业准入、执业活动监督和管理等方面的制度缺失的原因,以及律师专业性不强、职业道德整体不高、自我角色错位等自身原因。突破我国律师业困境,要实现律师业务专业细分化、律师办案团队合作化、律师事务所管理协作化、律师事务所模式企业化,大力改善律师执业环境,加大律师业发展保障,律师事务所走品牌化战略发展道路,律师增强法律服务产品化能力。

第4章 法律服务产品化的必要性与可行性[①]

> 正义的第二种含义——也许是最普通的含义——效率。……只要稍加反思,我们就会毫不惊奇地发现:在一个资源稀缺的世界里,浪费是一种不道德的行为。
>
> ——[美]波斯纳

法治发达国家和我国律师业发展经验表明,满足社会不断增长和变化的法律服务需求是律师业生存和发展的根本。而法律服务产品化是满足社会法律服务需求的重要路径。法律服务产品化需要解决的问题是:何谓服务产品化?

4.1 法律服务产品化的概念

传统理论认为,人的行为难以做定量分析,因此人们以往极少运用经济学理论和方法去分析法律服务问题。二战以后,随着法律服务在经济生活中的作用越来越大,人们开始认识到法律服务与经济有着不可分割的联系。对法律服务的经济分析在可能的条件下不仅是定性的,而且还是定量的,从而使人们可以比较精确地了解各种行为之间经济效益的差异,进而有助于改善法律服务质量,最终有效地实现最大限度的经济效益。

4.1.1 服务产品化的提出

探讨法律服务产品化的概念要从理解服务产品化入手。纵观市场经济的发展历程,传统制造业(包括第一产业和第二产业)大都经历或正在经历着两大发展阶段,即从"以产品导向"转向"以客户为导向"。

在产品导向时代,以技术为核心的产品是市场竞争焦点,但日趋严重的产品同质化竞争,导致市场份额不断下降,利润日益微薄;同时,在客户需求驱动下,客户服务方兴未艾。抢占先机、从产品导向转型客户导向成为企业的智慧选择:通过不

[①] 根据不同的标准,可以对法律服务进行不同的分类。从服务内容上讲,法律服务包括立法服务、执法服务、司法服务、守法服务等;从服务主体上讲,法律服务包括立法机关的法律服务、执法机关的法律服务、司法机关的法律服务、律师的法律服务、援助机构的法律服务等;从服务形式上讲,法律服务包括立法、法律咨询、诉讼等。限于论述主旨需要,本文中的法律服务特指律师为当事人(客户)提供的专业性的法律服务。

断提升客户服务满意度增强企业核心竞争力、通过服务产业化拓展利润发展新空间。在这一引领下,"以客户为主导""用更加个性化和人性化的服务举措为客户提供全面关怀""让客户真正满意""在客户和企业之间建立和谐的互动关系"这些客户导向理念逐渐成为行业共识,市场竞争焦点也由产品转向服务。

何谓服务产品化? 服务产品化,就是将所提供的服务通过统一的服务标准、可衡量的服务质量和体系化的定价机制来体现,并形成具有特定属性的规范化的、标准化的、控制性更强的服务产品。[①] 服务产品化的目的是通过改变服务的生产方式和服务流程,将服务角色、主体、流程、动作等要素分离,融入可视化的有形产品中去,最终确立服务标准、提升服务品质。

4.1.2 法律服务产品化的内涵

所谓法律服务产品化,是指律师根据法律规定和社会需求,把提供的法律服务内容,按照一定的标准、流程和方法拆分、固化,并以某种有形的可批量提供的产品,每个产品相对独立、功能特定、价值明确,从而提高法律服务效率,更好更快地满足社会需要。

法律服务产品化是律师法律服务观念的转变,是律师法律服务模式的创新,是律师法律服务策略的变革。产品化通常应用于传统的第一、第二产业,在服务业引入产品化概念,强化了服务的标准化、品牌化和可复制性和预见性。法律服务产品化意识到法律服务的同质化需求,改变了法律服务的供给方式和交付原则。同时,法律服务产品化改变了法律服务的生产方式,将原有的、难以形成差别化竞争优势的粗放法律服务模式转变为标准化、可量化、可组合的法律服务新模式,从根本上提升效益和保持竞争优势。用产品化的视角看"法律服务",有助于更准确地把握市场需求,提高市场响应速度,规范产品和质量定义,从而提高法律服务质量和效率。

与其他产业相比,服务业在发展中长期存在三个难以解决的问题:标准、定价和评估。[②] 法律服务业亦不例外。制造业的产品质量很容易反映在产品中,优劣标准容易确定,定价和评估亦相对较易。而包括法律服务在内的服务业,其商品——服务,是无形的,能感受得到但又难以准确描述。如果能够将无形服务有形化,并通过明确的分工、精细化的标准、特定的"工艺流程"使其标准化、有形化,必然能给客户带来更高的效率,创造更多的价值。因此,法律服务产品化包含着对法律服务精细的标准化流程控制,体现为高质量的法律服务和高标准的业务水平,最终为律师事务所带来长期的竞争优势。

---

① 《神州数码系统"服务产品化"引领 IT 服务模式创新》,http://www.enet.com.cn/article/2008/1007/A20081007366867.shtml,访问日期 2013 年 3 月 22 日。
② 杨云龙:《服务能"产品化"吗?》,载《新智囊》2007 年第 5 期。

与传统模式相比,法律服务产品化更加契合了客户——当事人需求,当事人能够以产品组合的形式定制标准化法律服务,获得清晰的定价标准、可以预期的法律服务质量和法律服务考核标准。因此,它体现了新的法律服务文化和价值观。通过法律服务产品化,律师主动地告诉当事人自己能做什么,主动地让当事人花更少的钱,体验更高品质的法律服务和解决问题,即"主动成就客户",而客户法律服务满意度的不断提升则最终为律师源源不断地带来效益,即"成就律师",这是一种和谐、双赢、理想的律师与和当事人——客户之间的互动关系。因此,普遍认为,法律服务产品化将一次性解决法律服务发展中存在的标准、定价和评估三大难题。其理念将对法律服务业产生巨大的推动作用,有可能带动整个产业走向规范化。可以说,法律服务产品化将是律师业一场新的革命。

4.1.3 法律服务产品化相关概念

与法律服务产品化相关的概念有"产品""业务经营""业务管理"等。一般说来,产品与业务的关系可以归结为:产品是业务的载体,业务经营的是产品。

法律业务主体是法律服务产品,业务操作的过程则是让当事人能识别法律服务产品、体验法律服务产品、接受法律服务产品,并通过使用法律服务产品而收益的过程。律师事务所通过销售法律服务产品获利,同时得到市场对法律服务产品的反馈,提供对法律服务产品更新、升级、换代的有效信息,如此形成一个有效的良性循环。法律服务的专业性和高效性,只有通过产品化的成熟的法律服务,通过规范化的业务管理和流程管理,为更多的当事人所接受,从而获得更大的市场份额,最终增强法律业生命力。

明确了业务与产品的关系之后,有必要探讨一下产品管理问题。产品管理是一个过程管理,目的在于保障产品高质量。任何产品都有生命周期,企业只有不断提高新产品研发能力、产出能力,才能不断增强产品的市场适应性,满足日益增长的客户需要。法律服务产品亦需要加强产品管理,以维系法律服务的高标准,不断为当事人提供有效法律服务产品。

可见,律师事务所的产品管理与业务管理并不相同,二者不能互相替代。业务管理是运用律师事务所有效资源,指导和约束律师行为,解决律师业务过程中存在的业务操作规则、职业素养要求、完善运作规则、律师事务所文化等具体问题。当然,在律师事务所业务管理过程中,能够并且应当及时地发现社会对法律服务产品需求的变化,及时地把社会需求的变化和要求转换为对法律服务产品的功能改进和升级换代。这要求共同发挥产品管理和业务管理的作用,将业务优势转化为产品优势,加强产品管理与业务管理的交流沟通。因此,律师事务所的核心竞争力是建立在产品管理和业务管理基础之上的,失去了任何一方律师事务所的核心竞争力都将无从谈起。

4.2 法律服务产品化的理论基础

法律服务产品化涉及经济学、社会学、管理学、心理学、人类学等多种理论学说,其中最重要的是经济学。法律服务是一种稀缺的社会资源,要做到对法律服务的有效运作,就必须通过市场机制对这种资源进行配置。本部分就这个问题,用经济学的分析方法对法律服务供给的特点、影响法律服务供给的因素、法律服务供给弹性和法律服务供给模式等几个方面进行分析。

4.2.1 法律服务产品化经济分析工具[①]

对于经济分析而言,市场假设是基本前提,供给与需求分析、成本与收益分析是重要工具,效率是主要价值评判标准。因此,如果将经济分析方法用于法律制度、法律服务、法律产品等非市场问题或者非传统市场问题研究,首先必须假设该领域具有与传统市场问题一样或相似的属性。易言之,法律服务能否产品化以及如何产品化,必须进行经济分析,而对法律服务产品经济分析的前提就是,法律服务市场与传统的经济市场相似,把法律服务市场模拟为经济学意义上的市场,以经济效率为评判标准,用供给需求分析、成本收益分析等经济工具分析律师、律师事务所、律师行业组织和国家机关以及企业、公民等法律服务市场主体的活动。

(一)法律服务市场假设

法律服务市场同经济市场一样,以效用最大化为价值追求,以"经济人"和"理性行为"为假设,在不同市场主体之间展开竞争,进而形成资源分配关系、产品交换关系、交易成本问题、供给需求关系、成本收益关系等。对法律服务产品进行经济分析是建立在资源的稀缺性、人的有限理性、最大化行为、稳定偏好和机会主义的前提(假设)之上。

假设一:资源的稀缺性。这里的"资源"既指物质资源又指非物质资源还包括"人自身"。资源的稀缺性之所以是经济学的基本前提,是因为"经济学是研究人们如何使用相对稀缺的资源来满足无限多样的需要的一门社会科学"[②]。"没有稀缺性,也就没有经济学,更谈不上经济分析了。"[③]法律服务属于非物质资源,只不过其稀缺性质并非像自然资源一样源于"匮乏",而是源于法律服务供给的有关约束条件,尽管表面上看起来人们可以按照自己的需要和意愿随便提供法律服务产品,

---

[①] 钱弘道:《法律的经济分析工具》,载《法学研究》2004年第4期。
[②] 宋承先:《现代西方经济学》,复旦大学出版社1994年版,第7页。
[③] 周林彬:《法律经济学论纲——中国经济法律构成和运行的经济分析》,北京大学出版社1998年版,第19页。

但法律服务产品研发的成本和条件却限制了法律服务市场空间。所以,那些能减少交易成本,给当事人带来实际利益的优质法律服务产品本身就是一种稀缺的资源。人自身资源的稀缺性是指人自身的生理、心理和财产的承受能力是有限的。在法律服务市场中,法律服务和产品是一种稀缺资源,律师也是一种稀缺资源,这激发了律师进行法律服务和产品创新的意愿。

假设二:人的有限理性。传统经济学的最大化行为假设是以行为人的完全理性为基础的,因为只有具备了完全理性,市场中的"经济人"才能找到实现目标的所有备选方案,并预见这些方案的实施后果,进而依据某种价值标准在这些方案中作出最优选择。在经济学看来,由于环境的不确定性和复杂性,以及自身生理和心理的限制,人们对世界的理性认识是有限的。"也就是说,人总是想把事情做得最好,但人的智力是一种有限的稀缺性资源,所以人们要了解所有备选方案及其实施后果实际上是办不到的。"[1]由于法律服务的复杂性,人生理和心理的限制,决定了法律服务市场中法律服务的供给者和需求者都是有限理性的。

假设三:效用(目标)最大化。效用(目标)最大化假设又可以称为"理性行为假设"。"经济人"假设和竞争是法律服务市场的基本特征,也是我们对法律服务经济分析的逻辑起点。众所周知,亚当·斯密认为市场"受着一只看不见的手的指导"。[2] 经济学中的新古典传统以个人主义和功利主义为其哲学基础,把人解释成利己主义的、追求自身利益最大化的"经济人",在货币经济条件下就是追求个人"财富"的最大化。[3] 这种观念认为主体行动的唯一目标就是使行为人的物质财富(货币财富)最大化。现代经济学认为,社会中的每个人在其本性上都是"使自我满足极大化的理性主体",他们对自己的喜好和目标具有合理明确的打算,对资源配置和权利交易的每一种可能性都衡量其代价和利益,并对如何选择和达致目标具有合理的解释。[4] 但是,理性行为无须完全是自私自利的,并且这里的"利益"也不仅仅限于金钱或物质利益。[5] 如同经济市场一样,法律服务市场也好像存在"看不见的手",左右着法律服务市场主体的活动。因此,要提高法律服务市场的效率,就要充分发挥市场的自由竞争、自发调节的作用,降低法律服务成本,并引入竞争机制。在法律服务市场中,法律是理性的,人也是理性的,律师理应合理行事,当事人也应当以理性的方式对待法律服务。如同经济市场一样,法律服务市场也利用价格引导各主体追求收益最大化。在法律服务市场中,法律服务的供给者和需求者

---

[1] 周林彬:《法律经济学论纲——中国经济法律构成和运行的经济分析》,北京大学出版社1998年版,第37页。

[2] [英]亚当·斯密:《国民财富的性质和原因的研究》下卷,郭大力、王亚南译,商务印书馆1974年版,第27页。

[3] 冯玉军:《法经济学范式研究及其理论阐释》,载《法制与社会发展》2004年第1期。

[4] 在许多情况下,人类行为远比传统经济理论中的财富最大化的行为假定更为复杂,非财富最大化动机(诸如集体行为偏好、利他主义、自愿负担、政治和宗教意识形态等)也常常影响着人们的行为。

[5] 宋承先:《现代西方经济学》,复旦大学出版社1994年版,第32页。

都是"经济人",都是为了自身利益的最大化从事经济活动。我国已经实现了由国家机关垄断法律服务向法律服务市场自由竞争的转变,已经改变了因为垄断法律市场结构导致法律服务市场低效率的状况,实现了法律服务市场的自由竞争。

假设四:稳定偏好。即假定消费者对于他们喜欢的事和不喜欢的事一清二楚,并能根据它们满足消费者偏好的能力大小排列出物品和劳务的相宜的各种可供选择的组合。"隐藏于行为选择背后的不是单个的东西,而是多个东西——志向、趣味、物理状态、对现存角色和规范的反应、价值、判断、感情、动力、信仰、奇思怪想,等等毫无规则的集合,这些力量的相互作用将根据特定的情境产生特定的后果。因此,我们或许可以说偏好是由社会情境构成的,而不是由社会情境引出的。换言之,偏好在很大程度上乃是情境的一项功能,也是占主导地位的规范的一项功能。"①在法律服务市场中,法律服务的供给者和需求者都有稳定的偏好,即遵循一些固定的但并非有意构建的行为模式,从而在各自的行为中无意识地表现出某种常规性——习惯。

假设五:机会主义。所谓机会主义,是指人们追求自身利益的动机是强烈而复杂的,往往借助于不正当手段,投机取巧以谋取个人利益的行为倾向。② 机会主义倾向实际上是对前述追求最大化行为假设和有限理性假设的补充。在法律服务市场中,法律服务的供给者和需求者都有机会主义的倾向,法律主体行为的机会主义倾向突出表现为"法律规避",在不同的法律环境和社会环境中选择不同的策略。

假设六:不完全信息假设。按照信息经济学的理论,基于人的有限理性和事物的属性或状态的复杂性与多变性,人们才有必要设计出各种社会规范(包括法律)来尽可能减轻不确定性的负面影响,并降低对风险的成本支付。③ 在法律服务市场中,完全信息也是一种理想状态,法律服务供给者与需求者之间信息不对称。相对而言,律师处于信息优势者,而当事人处于信息劣势。

(二) 法律服务经济分析的特征

运用现代经济学中的价格理论等基本原理和方法考察、研究法律服务产品的形成、结构、过程、效果、效率及未来的发展。它自始至终所贯穿的一条主线就是把效益作为法律服务的基本价值目标和评价标准,法律服务产品的研发要有利于社会资源的配置和社会财富的增殖,尽量减少社会成本。对法律服务产品的经济分析有以下基本特征。

(1) 经济学是其基本方法和基本理论。成本——效益分析法就是经济学为其提供的基本分析方法,交易成本理论及"经济人"的基本假定都是经济学为其贡献

---

① [美]凯斯·R.孙斯坦:《自由市场与社会正义》,金朝武等译,中国政法大学出版社2002年版,第40页。
② [美]威廉姆森:《交易费用经济学讲座》,《经济工作者学习资料》第50期,1987年内部发行,第13页。
③ 冯玉军:《法经济学范式研究及其理论阐释》,载《法制与社会发展》2004年第1期。

的基本理论,重视法律服务与经济之间的内在联系和相互作用。

（2）经济学本质上是实证科学,注重数据分析,强调实用价值和操作性。

（3）财富最大化是其基本原则。法律服务产品化的目的就是为了使交易成本最低化,从而最终实现社会财富的最大化。

（4）实用主义是其基本立场,效率优先是其基本主张。重视事实和效果,强调用调查、实验、观察和统计数据来进行分析研究,反对形式主义的概念游戏,主张无论是立法,还是司法,都应注意法律制定和执行的经济效益。

(三) 法律服务市场解决的基本问题

经济市场解决的基本问题是:生产什么,如何生产,为谁生产。这三个基本问题均是因经济资源稀缺性而产生的。法律服务资源也存在稀缺性,也存在类似经济市场的基本问题。

1. 生产什么

法律服务与普通的市场物品具有相似性,都为人们创造效用或负效用。面对法律服务资源的稀缺,律师作为法律服务产品的生产者,必须进行选择:生产这种法律服务产品还是生产那种法律服务产品。法律服务资源的选择就是要决定用有限的资源去满足法律服务消费者的期望。经济市场决定于消费者的货币投票,即由他们的日常购买决定。反过来,企业受到最大利润期望的驱动,它们被高利润吸引生产那些需求很大的商品;而由于同样原因,企业会放弃不赚钱的生产领域。法律服务市场同样决定于消费者——当事人的购买;而律师则因为利益的驱动,生产那些适应法律服务市场需要的法律产品和服务。

2. 如何生产

"如何生产",即由哪些人使用哪种资源利用哪种技术来生产物品。"如何生产"决定于生产者自身的竞争能力,以效率最高为追求目标。效率也是法律服务市场追求的目标,即选择将若干法律服务源用效率最高的方式组合起来。通过法律服务创新,满足法律服务市场主体(国家、组织、个人)的最大需要和利益,而期望获取最大利润是导致法律服务产品生产和创新的诱致因素。正如诺斯所说:"如果预期的净收益(即指潜在利润)超过预期的成本,一项制度安排就会被创新。只有当这一要求得到满足时,我们才可望发现在一个社会内改变现有制度和产权结构的企图。"[①]

3. 为谁生产

"为谁生产"是生产出来的服务和产品分配给哪些人,即向谁供给。由于法律服务资源有限,企业、政府、个人在这有限的法律服务资源中就会发生占有多少的问题。所以,服务配给是法律服务产品化需要重点考虑的问题。那么,如何配给

---

① [美]诺斯:《制度创新的理论:描述、类推与说明》,载《财产与权利制度的变迁》,刘守英等译,上海三联书店,上海人民出版社1994年版,第274页。

呢？除了市场途径外，还要发挥国家的调控和管制作用。

（四）法律服务市场和经济市场之间的主要区别

法律服务市场和经济市场之间的主要区别在于，经济市场比法律服务市场更精确。与经济市场——物质产品市场价格的货币性特点相比，法律服务市场价格的最大特点在于非货币性和货币性并存，而非货币性的价格不易度量。与其他产品和服务相比，法律服务具有特殊性，这也决定了法律服务产品化的特性和难度。

法律服务市场假设，不仅使我们可以用经济分析的方法对法律服务运行过程中低效率的原因寻根究底，而且还让我们能够从另一个角度寻找解决法律服务运行中的弊端的办法。法律服务运行中的弊端就产生于法律服务市场的交易中。消除垄断、主体多元化、遵循供求规律、减少交易成本等都是可行的办法。

当然，在法律服务市场问题上，我们应持一个审慎和辩证的态度。法律服务市场毕竟是一种分析意义上的假设，效率也仅仅是法律服务产品的价值之一，不能完全替代社会责任、公平正义等价值。因此，法律服务和市场经济的关系是一个动态和复杂的过程，它不仅仅是实证的、效率的、财富最大化的，在这些之外，还有更多的东西，我们应当拥有一个更宽广的视野。[①] 本文主要从法律服务的供给——需求分析和成本——收益分析做出一般的解释，试图为法律服务的经济分析描绘一个基本理论框架。

4.2.2 法律服务的供给——需求分析

市场经济能否有序运行，关键在于价格因素，而价格由供求关系决定，因此，供给需求分析是对所有商品及其生产要素进行经济分析的基本内容。正如萨缪尔森和诺德豪斯所言："供给和需求分析是经济学所提供的最有用的工具之一。它和瑞士的军刀一样几乎可以完成任何简单的任务。"[②] 对于法律服务同样如此，供给需求理论是分析法律服务问题的有效工具，也是法律服务成本收益分析的基础。法律服务供给需求分析需要主要解决的问题是：影响法律服务供给的因素、法律服务供给模式、法律服务需求的特点、影响法律服务需求的因素等。

（一）法律服务供给

所谓法律服务供给，就是指律师事务所、国家机关等强制或意愿提供法律活动的总称。根据市场经济理论，法律服务供给决定于法律服务需求，即企业、公民、其他组织需要法律服务的范围、内容、形式、方式、方法等决定了律师事务所提供的法律服务的范围、内容、形式、方式、方法等。从理论上讲，法律的需求决定法律供给，

[①] Robin Paul Manoy, Law and Market Economy: Reinterpreting the Values of Values of Law and Economics, Cambridge University Press 2000. p. 1–12. "Introduction".

[②] ［美］保罗·A.萨缪尔森、威廉·D.诺德豪斯：《经济学》下，高鸿业等译，中国发展出版社1992年版，第635页。

当人们在经济生活中对法律这种调整手段迫切需要并积极谋求法律秩序的维护时，法律供给就必然发生。相较于个人"私力"救济方式而言，法律作为一种规范性调整规则，其生产与供给从无到有、最终发展成为现代社会之治国基础是与其供给效率和有效性密切相关的。

与国家提供法律不同，法律服务的生产者（即律师事务所）与法律服务的消费者（即当事人）之间效用函数具有一致性。律师生产法律服务与市场上的厂商以自身的盈利为目的的生产活动相同，律师的收入像市场主体那样来自出售产品的价格收入，即通过市场渠道这一价格性来源实现。法律服务供给不足，人们就会转而依靠法律以外的力量的保护。

法律服务供给受既存法律制度、政治因素、社会经济状况、法律意识的约束，受法律服务效用、法律服务的生产要素、法律服务价格、法律服务的生产技术水平等因素的影响。法律服务的供给受法律服务的生产要素影响。每一要素的稀缺程度及相应的价格都通过制约生产成本而影响着法律的供给。法律意识的提高不仅能简化法律供给中的决策过程，并因此减少法律服务供给中所耗费的时间和成本，特别是节约法律服务供给者认识规律和处理利益关系的费用。法律意识的提高，创造着市场对法律服务的需求，引导了消费，刺激了法律服务的供给。[1] 由于法律服务供给主体以律师事务所为主，所以律师水平的提高，是法律服务供给量增加的关键。

与法律供给模式类似，法律服务供给模式也可以分为强制性供给与诱导性供给、粗放型供给与集约型供给。法律服务强制性供给，是指法律服务由国家提供，并由国家强制推广的法律服务供给模式。强制性供给模式不是市场经济体制下法律服务的供给模式，不是渐进式的，而是具有突变性和灵活性。[2] 与法律服务的强制性供给不同，法律服务诱导性供给是指依赖于市场主体的利益驱动和自愿选择提供法律服务的模式。法律服务诱导性供给模式有两个显著特征：一是受市场规律调节，以商业利益为主要目的，遵循市场逻辑；二是具有渐进性，以什么价格提供什么样的法律服务，需要经过复杂的环节、长期反复的社会碰撞或"反复博弈"才能完成。[3] 所谓粗放型供给模式，是指在法律服务生产率不变的情况下主要依靠增加资金投入数量来实现法律服务效用增加的法律服务供给；集约型供给则是指资金投入数量不变的情况下，主要依靠提高律师和律师事务所的效率（即法律服务供给效率）来实现法律服务效用增加的法律服务供给。长期以来，我国法律服务市场都是强制性供给和粗放型供给模式，供给效率低下。随着我国法治社会的来临，律

---

[1] 冯玉军：《法律的成本效益分析》，兰州大学出版社2000年版，第58页。

[2] P. Murrell. "Evolutionary and Radical Approaches to Economic Reform", Economics of Planning, 1992. 25.

[3] 周林彬：《法律经济学论纲——中国经济法律构成和运行的经济分析》，北京大学出版社1998年版，第245页。

师事务所应当转变法律服务供给模式,通过提高服务效率,改善法律服务质量,增加法律服务供给。

法律服务的供给弹性主要由法律服务的价格弹性决定的。所谓法律服务供给的价格弹性,是指表示法律服务供给量对价格变动反应程度的指标。更为精确地说,法律服务供给的价格弹性所衡量的是法律服务供给量变化的百分比除以价格变动的百分比。法律服务供给的价格弹性取决于法律服务供给者改变他生产的法律产品的伸缩性。在法律服务的供给市场中,法律服务供给的价格弹性主要决定于供给时间的长短、生产周期的长短、生产的难易程度、供给的技术类型等因素。从法律服务的供给时间上来看,法律服务供给在长期中的弹性通常都大于短期。在短期中,国家不能轻易地改变法律服务的供给规模来改变法律服务供给数量,因此,法律服务的供给量对价格非常不敏感。与此相比,在长期中,国家可以通过增大和减小法律服务供给主体的规模来对法律服务供给进行管理,因此,在长期中法律服务供给量可以对价格作出相当大的反应。从法律服务生产周期的长短上来看,生产周期长的法律服务遇到需求增加、价格上升,扩大生产因受生产周期的时间限制,供给量难以及时的增加,因而供给的价格弹性小;相反,生产周期短的法律服务可以在需求面前及时的调节供给,以满足需求者对法律服务的需求。从法律服务的生产难易程度方面来看,生产环节复杂、生产难度大的法律服务,供给弹性小;相反,生产较容易的法律服务供给弹性大。

由于法律服务各生产要素的相对稀缺程度不同、相对价格不同,各生产要素之间作为投入品存在一定程度的替代性,因此律师在追求降低成本的目标下,在不同历史时期,根据实际情况决定成本资源的不同配置。因此,要通过市场机制,有效发挥市场机制在法律服务生产中的作用。[①]

(二) 法律服务需求

法律服务需求,是指人们基于其利益最大化的追求目标,去购买法律服务的主观愿望和客观能力,是人们对于现存的和尚未设定的法律服务资源的肯定性要求和现实行为,是人们愿意且能够对律师事务所、国家机关等法律服务进行购买的数量。法律服务需求是法律服务需求者主观需求和客观能力实现的统一。

法律服务需求具有以下特点。其一,法律服务需求者与供给者效用函数的基本一致性。当需求者完全满意供给者的法律服务供给时,法律服务需求者与供给者效用函数基本一致,民众对法律服务的需求基本得到满足。其二,法律服务需求的受益性。法律服务需求者期望通过法律手段获得最大的"既得"或"潜在"利益,包括有形的物质财富和无形的主观精神满足,称为法律服务需求的受益性。法律服务需求者之所以选择法律服务,是因为选择法律服务能给他带来利益,而不选法

---

① 曾鹏:《经济学视角下的法律供给研究》,载《西南政法大学学报》2005年第1期。

律服务则会失去利益,所以实际上法律服务需求者是否选择法律服务是一个博弈的过程。其三,法律服务产品需求的非政府主导性。在市场经济社会,法律服务不是一种公共物品,其需求具有非政府主导性,主要由律师来提供,形式上是"民众需要——律师需要——律师生产——民众需求"现实过程。从一定程度上讲,民众决定着现实的法律服务需求,现实的法律服务需求又影响着未来律师的选择。其四,法律服务需求者的广泛性。法律产品服务的供给者一般指律师,而需求者则包括国家机关与民众。民众作为最大的法律服务需求者,同时也是最大的守法主体,而国家机关作为法律的唯一供给者的同时,也是法律服务的重要需求者。所以对法律服务的需求不仅涉及民众,而且也涉及作为国家机关的立法者、司法者、执法者,这也正是法律服务的采购者。其五,法律服务需求偏好的复杂多样性。法律服务需求者的广泛性和受益的多元性,使得"潜在利益"在不同法律服务需求者之间的含义是有差别的。由此产生的是需求者对法律偏好的复杂多样性。同一法律法规在客观上对不同的法律服务需求者有不同的"既得利益"和"潜在利益",而且不同的法律服务需求者在主观上对"潜在利益"的认识、把握和预期也是不同的,因而对行为模式以及价值取向的选择各有差异。一方面,法律服务需求者个人之间存在着分歧,如同个人对商品的需求呈现多样性一样,不同的法律服务需求者对法律服务的需求是不相同的,这不仅表现在纯粹的经济利益驱使下,而且在不同的主观满足需求等非经济因素也会出现。另一方面,个人需求与社会需求之间也存在着差异。个人的法律服务需求动机主要是经济因素,个人始终是一个"理性经济人"。[①]其六,法律服务需求的不确定性。人们对法律服务的需求根源于法律的价值(秩序、自由、正义、效率),人们对于法律服务的需求内容和需求量都是难以准确把握的,[②]政府并不能向社会公众直接提供法律的价值,而是通过提供法律服务这种产品间接地满足人们的终极需求。[③]法律服务的有效性,受到意识形态、政治体制、经济水平、社会舆论、投票规则等因素的影响,可能会偏离民众的客观需求,由此导致法律服务需求的不确定性。

法律服务需求属于非制度需求范畴,是一种市场、非物质商品的需求。法律服务需求根源于主体期望获取最大的"潜在利润"。当主体意识到通过法律服务改变行为模式或建立某种行为模式可以获取该"潜在利润"时,便产生了对法律服务的需要。也就是说,主体之所以选择适用法律服务,是因为适用的结果给他带来了利益,而不适用将丧失该利益。从制度需求理论上讲,通过法律服务使显露在现存制

---

① 曾鹏,蒋团标:《经济学视角下的法律服务需求研究》,载《广西师范大学学报》(哲社版)2006年第1期。

② 周林彬:《法律经济学论纲——中国经济法律构成和运行的经济分析》,北京大学出版社1998年版,第269页。

③ 周林彬:《法律经济学论纲——中国经济法律构成和运行的经济分析》,北京大学出版社1998年版,第213页。

度安排结构之外的利润内在化,是法律服务需求产生的基本原因。①

那么,影响法律服务需求的因素有哪些呢?从微观经济学角度看,影响需求的因素主要是物品及其相关物品的价格、需求者收入、未来价格、偏好等。具体到法律服务而言,其影响因素主要有以下几点。一是成本因素,即民众在接受法律服务时要付出的成本,包括交易成本、社会成本、机会成本、时间成本等。二是效用变化规律,即公众在消费法律服务或产品过程中的消费满意度。三是既存的法律秩序,即现有的社会政治、法治环境,包括立法现状、执法现状、司法现状、守法现状、法律意识等。② 四是法律服务需求者偏好,法律服务需求者偏好是指法律服务需求者对法律服务的喜好程度。③ 五是法律服务需求者的收入,法律服务市场让要遵循市场规律,商品(服务)的互补性和替代性规律同样适用于法律服务需求。易言之,法律服务之间以及法律服务与其他服务之间如果存在一定替代关系,当具有替代关系的某种法律服务价格上升时,人们会扩大对另一种法律服务的需求,两种具有替代关系的方法选择,取决于彼此成本、价格的比较。④

(三) 法律服务供给需求效用

对法律服务需求效用,既可以进行定量分析,也可以进行定性分析。总体来看,法律服务供给效果与需求者效用之间的关系存在以下四种情况。

第一种情况:在国家进行法律供给后,法律服务需求增加,而律师业没有及时增加相应地有效地法律服务供给,即法律服务供给不增加。

第二种情况:律师业提供的法律服务水平远远超过了受众的认知水平,导致法律服务未能对社会发挥应有作用,从而造成社会法律服务资源的浪费。

第三种情况:法律服务供给与需求者效用之间有效促进,即律师业提供的法律服务随着需求者效用的增加而增加,民众对法律服务的需求随着法律服务的增加而增加。

第四种情况:法律服务供给与需求者效用之间未能有效促进,譬如,律师业提供的法律服务不能有效满足受众需要,或者价格太高,最终导致法律服务供给效用与需求效用呈反方向变化。

上述四种情况在现实社会中都存在,其中,第三种情况应当是最理想的法律服务市场状态,也是律师业努力的方向。

法律服务需求也有弹性,即诸多因素会影响法律服务的需求量,包括价格弹性、收入弹性、交叉弹性等。法律服务需求的价格弹性,即法律服务需求量与价格

---

① [美]科斯等:《财产权利与制度变迁》,刘守英等译,上海三联书店、上海人民出版社1994年版,第266页。
② 周林彬:《法律经济学论纲——中国经济法律构成和运行的经济分析》,北京大学出版社1998年版,第280页。
③ 张曙光:《征地、拆迁案的法律经济学分析》,载《广西师范大学学报》(哲社版)2004年第1期。
④ [美]布莱克:《法律的运作行为》,唐越、苏力译,中国政法大学出版社1994年版,第7页。

变动之间的反应程度。在法律服务市场中,法律服务需求的价格弹性决定于法律服务的可替代性、法律服务用途的广泛性、国家和社会对法律服务需求者的重要程度、用于法律服务的消费支出等因素在法律服务需求者预算总支出中所占的比重。从法律服务的可替代性上看,某项法律服务的可替代性越多,效果相近程度越高,这项法律服务的需求价格弹性往往就越大,反之亦然。举例说明,当诉讼的费用上升的时候,需求者就会减少对法律服务的需求量,增加对能取得相近效果的"私力救济"的需求量,反之亦然。关于法律服务需求的交叉弹性,即表示另一项法律服务或其他服务对某项法律服务影响的敏感程度,也即法律服务替代品抑或互补品的价格变动对法律服务需求量的影响。对此前文已经阐述,此不重复。法律服务需求者收入弹性,是指法律服务需求者收入的变化对法律服务需求量的变化作出的反应程度。从社会现实来看,法律服务需求者收入对于法律服务供给有重大影响,比如法律服务费用的高低是影响民众是否选择法律服务以及选择哪种法律服务的重要标准。①

4.2.3 法律服务的成本——收益分析

成本收益分析是微观经济学最常用最基本的分析工具之一。利用成本收益分析工具对法律服务进行分析,其目的在于从微观层面更好地揭示出法律服务的经济本质,更好地揭示出法律服务产品化的内在的经济逻辑。

(一)法律服务成本收益理论

法律服务成本是指法律服务运作所支出的全部费用,即律师在研究、规划、设计、提供法律服务时所耗费的人力、物力、财力、时间等资源。法律服务收益,是指律师(律师事务所)通过法律服务的实施和应用所带来的满足和利益。法律服务成本的高低和法律服务收益的多少是律师作出法律供给决策的主要依据,是律师是否选择法律服务创新、法律服务产品研发等行为的"晴雨表"。

法律服务市场存在环境不确定性、信息不对称、认知能力有限等问题,这些问题的客观存在决定了法律服务的供方——律师和律师事务所以及法律服务的需方——企业、公民和其他组织会根据法律服务成本收益情况采用不同的选择策略,即分析某项法律服务成本的大小、收益的大小,根据二者的比较利益,最终做出不同的选择。因此,要理解法律服务市场运作的过程,真正弄懂法律服务市场效率的形成,就必须把握法律服务经济分析的另一个主要工具,即成本收益分析。

(二)法律服务成本

成本因素是决定竞争供给曲线的关键因素。在经济学中,企业是否生产某产

---

① 周林彬:《法律经济学论纲——中国经济法律构成和运行的经济分析》,北京大学出版社1998年版,第295页。

品以及生产多少该产品,最终取决于该产品的成本与价格。进而言之,产品的供给取决于该产品的"边际成本"。在经济学中的重要性有一个深刻的原因:厂商所决定的某种物品生产与销售的数量取决于该物品的价格与成本,更确切地说,供给取决于增加的或"边际"的成本。

法律服务作为一种物品,当然地适用成本收益理论。法律服务的调研、开发、提供整个动态过程都需要付出一定的代价,即要耗费一定的人力、物力、财力,要消耗一定的交易成本、社会成本、机会成本、边际成本。这些成本是限制法律服务供给和创新的根本制约因素。反映到我国法律服务市场,简单化的法律服务重复供给,而创新性的法律服务不足,其根源就在于创新性的法律服务供给要消耗更大的成本,且面临很大的风险。

(三)法律服务收益

法律服务收益表现形式不仅仅包括经济效益,而且还包括社会收益、政治收益、心理收益、伦理收益等其他多种形式。[①] 法律服务的经济收益可通过物质化的经济指标来考核,主要进行定量分析;其他效益可通过非物质化的社会指标考核,主要进行定性分析。

在经济市场领域,边际收益是商家的经营目标,同样,在法律服务市场领域,取得边际收益是相关法律服务主体追求的目标。关于法律服务收益量化的方法,主要有法律服务收益指标以及法律服务绩效标准两种。另外,机会成本是法律服务收益的重要考量因素,即存在不同的法律服务方案可供选择,那么成本和收益是法律服务供给者作出一项决策,而不作出另一种决策的衡量利弊得失的根据。

4.2.4 法律服务产品化基础

有商品便有市场。市场,顾名思义,商品交换的场所,也是商品关系的总和。市场是随着商品交换的产生而产生,随着商品交换的发展而发展。法律服务能否产品化以及是否产品化问题,要从市场理论入手。

(一)法律服务市场理论

经济学中的"市场",通常是指相互作用的供求双方的集合以及评价竞争性资源使用方法的有效机制。法律服务市场使法律服务交换成为可能,即卖方——法律服务供给者和买方——法律服务需求者得到聚合、统一。

市场是人类经济发展的产物,法律服务市场更是社会进步的结果。随着社会分工的细化和社会需求的增多,法律服务市场逐渐从市场中分化和独立出来。在法律服务市场中存在着市场主体——法律服务的供给者和需求者,存在着交易对象——法律服务,存在着资源配置机制——价值规律,存在着市场监管力量——国

---

① 沈宗灵:《法理学》,高等教育出版社1994年版,第46页。

家。法律服务市场经过长期的发展日益成熟,从所提供的商品——无形的法律服务开始衍生出有形的法律服务产品,这是法律服务市场自身完善的结果,也是社会发展的需要。

(二) 法律服务市场机制

法律服务和产品虽然具有自身的特殊性,但从本质上讲,其仍然是一种商品,仍然应受到市场机制的制约。市场机制是市场经济发展的调节器,也是市场运行的保障机制,主要包括价格机制、供求机制、竞争机制、风险机制等。同时,由于法律服务的专业性、差别性、地域性特点,律师事务所在提供法律产品和服务时应充分考虑市场机制的作用,把法律服务市场机制作为律师业发展的重要基础。

从法律服务市场的供求机制看,律师和律师事务所应遵循市场发展的客观规律,及时把握和全面分析法律服务市场供求关系变化情况,包括不同层次的法律服务现状和供求关系,不断通过法律服务产品化及其创新,拓宽法律服务领域,提升法律服务层次,满足市场需求。

从法律服务市场的价格机制看,律师和律师事务所要充分重视和有效利用价格杠杆在法律服务供求中的作用,国家要解决法律服务市场价格管制过严问题,让法律服务产品价格在市场竞争中根据供求关系自动形成,从而调动法律服务主体的积极性、能动性,引导法律服务和产品的消费。

从法律服务市场的竞争机制看,充分的高效的竞争市场是法律服务市场健康发展的环境条件。针对我国目前法律服务市场效益不高、竞争力不强的现状,应当坚持自由竞争、有序竞争、公平竞争的原则,将人才、资金、技术等各种资源要素引向法律服务市场领域,将国内法律服务市场与国际法律服务市场衔接起来。

从法律服务市场的风险机制看,律师业也是一个有风险的行业,因服务内容、服务质量、服务环境等因素导致的矛盾和纠纷日益增多,律师业风险日益加剧。在这种情况下,要引入法律服务风险责任制度,强化法律服务主体风险意识,改进法律服务内容和质量,提高律师业的社会公信力。

(三) 法律服务市场均衡

法律服务市场均衡,指法律服务供求的平衡,即法律服务供给者提供法律服务和产品的主观意愿与客观能力相适应、相统一的情况。具体而言,法律服务市场均衡包括两个层面:一是法律服务供给与法律服务需求在量上达到均等状态,法律服务成本低、效益大;二是法律服务供给与法律服务需求在质上形成了有序机制,能持续产生低廉高效的法律服务和产品。

一切事物、一切现象都处于矛盾之中,因此,法律服务市场均衡在更多意义上是法律服务活动的价值追求和最高原则。要做大、做强、做专我国法律服务市场,应当进行法律服务组织创新、管理模式创新、商业模式创新,法律服务产品化一个重要的路径选择。

4.3 法律服务产品化的必要性

法律服务能否产品化？所谓服务："在经济学上指的是一种特殊形式的劳动产品。按照迄今居主导地位的职业主义理论和传统,律师不应是商人,律师业也不能成为商业,因此,不能在商品经济意义上理解律师所提供的法律服务的性质。"① 服务产品化是一种不受规模和行业限制的新服务理念、策略和模式。将其引入律师业具有可行性,同时,它对律师业的创新服务有着积极的研究意义和借鉴价值。

4.3.1 服务产品化是律师事务所转型成功与否的关键因素

目前,律师事务所正处于商业化转型进程中。在这一决定律师事务所未来命运的重大转折中,律师事务所的发展目标、组织结构、企业文化、业务种类等都是制约因素,而最受关注的因素莫过于律师事务所的新业务和收入来源在哪里。

从根本上讲,在律师事务所从政策性业务向商业化转型过程中,其目标是拓宽法律服务领域,丰富法律服务内容,强化法律服务结构。其中,服务产品化是律师事务所商业化转型能否成功的关键所在。服务产品化源自律师事务所的组织行为,在律师事务所内部易于传承。否则,仅仅依靠少数律师骨干、按项目组方式运作业务,其结果最多只能积累个人经验,而不能完成律师事务所织的经验积累,不能形成持续的律师事务所团体优势。

服务产品化有助于律师事务所的理念创新、管理创新和服务创新,解决存在的问题,提升服务品质,彰显服务价值,主动适应时代发展和律师业发展要求,为服务标准化提供可行途径,为强化客户导向模式提供思路,助其强化服务营销和品牌意识。

服务产品化有助于律师业强化服务营销和品牌战略。公益性服务、国家的主导作用、当事人群体相对稳定等因素使律师业普遍不太重视服务营销,品牌意识较弱。引入服务产品化,有助于律师业强化服务营销和品牌战略。服务产品化所强调的始终关注当事人需求,品牌化等要求,涵盖了以人为本的服务营销理念和品牌战略要求。借鉴服务产品化,可以建立和不断完善律师业服务品牌体系,让当事人充分体会和认同服务品牌。同时,通过服务产品化,以服务产品形式兑现所有的服务承诺,从而引起当事人共鸣和赞赏,使律师业服务品牌更响亮,品牌基础更牢固;通过服务产品化,律师提供的每一个具体服务,是一个简单、可以看清楚、能够衡量的有形体,它包括服务品牌、服务流程、服务质量、衡量标准等为支撑这个有形体,律师需不断打造专业的团队,提供专业、主动、资深的服务。服务产品化具有变无

---

① 张志铭:《法理思考的印迹》,中国政法大学出版社 2003 年版,第 83 页。

形服务为有形服务的功效,更能增强当事人对律师业服务的感知力,如充分结合律师内部的实体环境、员工形象和服务行为以及外部的品牌载体、业务信息等一切"有形体"开发服务产品,传达特色及优点,让当事人产生期待,加深体验和形成记忆。服务产品化在营销方面的优势还在于能宣示和做出好服务,让服务能被人看见、知道和传诵。如建立当事人体验中心品牌产品,为当事人提供零距离接触,全面了解律师业工作流程、服务品牌、工作人员的切身感受体验平台和即时意见反馈平台,则既能提升当事人的服务体验和律师业的品牌影响力,又能通过分析当事人的反馈提升律师业服务流程、服务产品和服务质量。

4.3.2　法律服务产品化是律师业可持续发展的必由之路

产品的属性,是要具有特定的功能,具有企业特征,具有一致性和标准化。从政策性业务为主的国有企业转向一个商业化业务为主的法律企业的过程中,采用服务产品化的优势一方面在于可以逐渐摆脱对特定人的依赖,能够大幅度提高服务质量;另一方面服务产品化往往要运用大量的现代化技术,产品的管理和业务的管理都会相对更加规范。这十分有利于建立、保持和发展企业的核心竞争力。

决定律师业能否持续发展,能否增强律师业的整体实力的关键点在于律师业能否持续向社会提供优质的法律服务。律师事务所只有不断加深对服务内容的理解,不断创新和完善服务产品,依靠服务创新和服务产品创新实现顺利转型,才能确保律师业竞争优势长时间持续存在。

法律服务产品化为律师业服务标准化提供可行途径。没有标准的代价就是服务质量不可控制,评价无法确定,绩效无法认定,服务品质得不到整体提升,难以形成规范的服务模式。当事人和律师双方进行有效沟通缺少统一载体,有效沟通经常无法实现,面对服务,当事人希望方便快捷最大限度地满足需求,保证自身的利益。律师则追求服务回报率和核心竞争力,律师事务所则要求其适应自己的发展战略和目标,律师业的核心竞争力,来源于服务品质、专业的服务的不断提升;来源于发展环境的不断优化。而回报率间接取决于当事人,直接来源于律师事务所、当事人、律师三者之间永远都有两个必须要解决的问题:律师业服务的价值如何认定?服务品质如何衡量?这需要建立律师业服务标准、借鉴和引进服务产品化的因素不失为可行的解决思路,服务产品化推动律师业机构的服务标准化。

服务产品化的实现过程,就是一个服务标准化的建设过程。律师业服务产品化,即在始终关注当事人需求的前提下,通过探讨律师服务工作应包括哪些方面,每个部分又该怎样来完成,完成之后该怎样来评价,将这些与当事人需求对接,从服务内容、指标、流程、评价等方面描述清楚,让当事人清楚地知道法律服务的服务内容和品质,及对应的服务衡量标准,为当事人提供规范化和可控制的法律服务,也就是将当事人服务进行量化、规范化、流程化,确定好律师业服务的方向、模式及品牌。最终,根据当事人体验和需求的共性,形成以当事人为中心的服务产品体系,进而有效推动律师业服务标准化进程。通过服务产品化,将律师业服务的类型、内容、流程、要求、质量、环境和评价方法等都定义统一的标准,并贯彻实施。因而不管什么样的员工、年龄、性别、性格、学历、职称等来履行或提供服务,都执行同一服务标准,面临同样的考核要求,因而能简化和明晰服务种类,使律师更专注于保证和提高服务品质,同时也简化了人力资源管理环节,降低了服务成本,提高了服务效率。以服务产品化推进服务标准化,能使员工具备角色转换思维,永远把自己还原为一名当事人来思考,让律师业通过高品质的服务产品和服务体验始终保持活力,成就当事人和自己。

4.3.3 法律服务产品化是改变律师思维模式的重要方法

律师工作具有服务与有形资源同步的特点,即服务贯穿于有形资源的采购、加工和利用整个过程。服务是由系列具有无形特性的律师活动所构成的一种过程,这种过程在当事人、律师有形资源的互动关系中进行,有形资源是为解决当事人问题,成就当事人而提供的。因此,律师业工作的本质即服务,它以当事人为核心。通过服务为当事人创造价值、成就当事人。但在建设中,律师业总是不自觉地将文献资源等有形产品作为核心。如机构设置、经费保障、规章制度、服务体系等都围绕法律资源展开。当事人真正关心的是服务对其产生的价值,包括需求满足,服务体验等。让当事人感到满意,为当事人解决问题,这才是律师工作的最终目的。律师业应更强调以当事人为导向,以服务为核心,区别于以法律资源为核心。服务产品化理念在以人为本,制度化建设、律师服务文化等方面提出当事人导向新要求。所谓当事人导向,就是真正把满足当事人需求,成就当事人作为律师业一切工作展开的目标和中心。服务产品化为律师业强化当事人导向模式提供了思路,遵循当事人导向理念,通过服务产品化,提供最适合当事人的服务产品,节约当事人时间,满足当事人需求,提升当事人体验品质。引入服务产品化理念,即以当事人为主导,用更加个性化和人性化的服务举措为当事人提供全面关怀,让当事人真正满意,在当事人和律师之间建立和谐的互动关系。

律师业必须始终关注当事人需求。结合自身发展要求及特定的发展环境,对当事人进行深入研究,不仅要了解当事人的显性需求,也要了解当事人的潜在需求,做到更有针对性、更好、更全面地满足当事人需求。通过引入服务产品化,强化制度保障,把当事人导向融入律师业的核心文化建设。使当事人导向成为一种习惯、一种潜意识的自觉行为,从而提升核心竞争力。要做到服务产品化实现过程中,员工所有的活动必须围绕当事人的需求展开,必须依靠制度对员工的行为进行指导,对非当事人导向的行为进行约束。和制度相比,文化影响更加深入,制度没规定的地方人们很少主动去做,而文化人们则是在潜移默化中接受、影响人们行为的各个方面。引入服务产品化,则是强化员工的当事人导向意识,创造支持当事人导向的氛围,并完善制度保障,确保制度的执行力度,使当事人导向的行为由被动成为一种自觉,使当事人导向理念成为文化核心。

律师作为服务业体系的构成部分之一,应以服务社会为己任,以客户需求为一切工作的出发点。"服务至上,客户第一"是律师业永恒的主题。遵从现代服务业的发展规律、基本原则和精神,有助于律师业健康发展。法律服务体系和社会的紧密联系,决定了律师业的社会责任要求。服务产品化的目的是提供最适合当事人、可控制的服务、节约当事人时间、满足当事人需求、让当事人感到满意、为当事人解决问题。服务产品化,就是把某种律师业务的内容、方法、行为、规则细分为若干具有特定功能的、相对独立的模块,使其各项内容标准化,最终通过服务产品给当事人带来更高效率的服务。通过服务产品化重新定位服务理念。创新服务模式,能够提升律师业服务品质,重塑当事人对律师业服务的认知,从单个机构来说,服务产品化高品质、高效率的服务要求,考验着律师业的人员、管理和技术等综合服务能力。

律师业的核心竞争力必须着眼于服务品质提升。只有始终关注当事人需求,根据当事人层次的差异化和多元化,主动、适时地提供精细化服务,专注于服务品质提升,满足当事人需求,才能不断提升当事人满意度和律师业核心竞争力,彰显律师价值,借鉴其他行业的理念和经验。进行创新,是提升律师业服务品质的有效途径。借鉴和创新是为了更好地服务,是为了更高效能地发挥资源价值、全面体现员工服务价值、在特定发展环境中赢得尊严和地位。

4.4 我国法律服务产品理念的引入

经济角度看,人类社会发展遵循着由传统社会(农业社会)——工业社会——后工业社会(服务社会)的规律。现阶段,我国正加快迈向服务社会的步伐。然而,目前律师业存在诸多问题,必须得到有效解决。缺少成熟的、操作性强的服务标准、服务模式,采用资源导向,而非真正的当事人导向。忽视律师服务营销,缺少服务品牌意识等。当前环境下,律师赖以开展服务的各种有形资源,如律所、网站、内容等普遍同质化。从这个意义上说,律师业自身并无核心技术和资源特色,即使服务好也并不代表服务品质高,可能更多的是态度好,有耐心和亲和力,因此,要适应服务业和法治社会时代的发展要求。

4.4.1 现代服务理念对法律服务的启示

现代服务业是工业化发展到一定阶段的产物,本质上源于社会进步、经济发展、社会分工的专业化需求,是指与现代生产、生活密切相关,依托现代新的技术手段、管理理念、经营方式和组织形式而发展起来的信息和知识相对密集的服务业。与传统服务业相比,现代服务业是新经济的体现者,从一开始便具有信息化、专业化、规模化、品牌化等优势,更突出了其高成长、高增长、高知识技术含量和强辐射等产业特征,对优化产业结构、提高产品竞争力和城市综合实力具有十分重要的作用。

法律服务业是现代服务业的重要组成部分,所谓法律服务,是指具有特定从业资格的服务主体接受当事人委托,运用法律知识和专业技能,为当事人提供法律帮助并从中获取一定报酬的活动。可见,律师为客户提供的法律服务契合了现代服务业知识化、专业化、信息化的基本特征。但是我国法律服务业的现状还不能适应现代服务业快速发展的趋势,律师业的服务能力和管理水平与国际同行相比尚存在一定的差距,业务素质和职业道德还有待于进一步提高,服务领域和服务内容还有待于进一步拓展,法律服务行为还需要进一步规范,律师执业环境还需要进一步改善。法律服务必然伴随着现代服务业的发展而发展,迅速发展的现代服务业对传统的法律服务提出了新的要求:

首先,法律服务从综合领域走向专业领域,强化专业服务。在传统法律服务中,律师对上门业务总是来者不拒,一旦涉及自己并不精通的专业领域,对于当事人的法律问题只能提供表面、肤浅的解答,不能从专业的角度为当事人出谋划策。随着法律服务需求日益复杂化,当事人需要律师从专业知识、办案经验和法律意识出发为其提供专业的法律意见,帮助其解决问题。这就要求法律服务的提供者对某一专业领域深入钻研,成为"专家律师"。

其次,法律服务从事后救济走向事前预防、事中控制,重视延伸服务。传统法律服务往往局限于争议产生后的纠纷解决阶段。随着人们法律意识的提高,当事人逐渐认识到事后要求律师解决纠纷不如事前、事中听取律师意见防患于未然。因此,现代法律服务不仅仅就事论事论,事后配合司法诉讼途径的功用充其量只是现代法律服务的一块狭小的领地。参与当事人商业计划的制定及高层决策,提供法律咨询、意见分析以降低或消除风险作为现代法律服务的延伸服务内容更加受到当事人的青睐。

再次,法律服务从现有空间走向潜在市场,推行全面服务。传统法律服务的服务对象主要是内资企业、事业单位和居民个人,服务领域主要是刑事、民商事诉讼,服务区域局限在国内。随着依法治国战略的实施和公民法律素质的提高,全社会对法律服务的需求越来越多,法律服务逐渐渗透到国家经济、政治和社会生活的方方面面。法律服务的对象扩大至外资企业、国家机关,服务领域拓展至非诉讼和传统法律服务较少涉及的知识产权、基础设施建设、房地产方面,服务区域辐射到国外。

最后,法律服务从具体走向全局,立足多效服务。传统法律服务立足于化解当事人之间纠纷,法律服务的价值在于维护当事人的合法权益。时至今日,法律服务业作为现代服务业的有机组成部分,不仅要通过维护当事人权益来谋求自身的发展,也要产生拉动经济、繁荣文化、传播法律知识、提高国民法律素质、促进社会和谐、实现公平正义等多方面的社会效应。这是法律服务的提供者应承担的社会责任。

4.4.2 法律服务引入"产品"理念

现代服务业对传统法律服务提出了专业、延伸、全面、多效的要求，法律服务产品化正是实现这四项要求、推动传统法律服务向现代法律服务转变的捷径。所谓法律服务产品化，是指赋予无形的法律服务以物化的标准，通过规范化的管理使其成为可以度量、复制且多元的产品。法律服务产品化旨在实现法律服务内容专业化、程序标准化与品种多样化，进而全面满足客户的个性化需求。

第一，无形服务有形化，有利于规范法律服务的方式。律师为当事人提供的是凝聚其专业知识、办案经验和法律素养的服务。法律服务产品化将无形的法律服务通过一套相对固定可行的操作技术和流程呈现在当事人面前，一方面使当事人了解法律服务的基本评价标准，从而衡量某一律师提供的法律服务方式能否满足自己的需求，另一方面使律师事务所针对每一案件实现服务质量的统一管理和跟踪控制，从而规范律师事务所的法律服务方式。

第二，个体服务团队化，有利于增强律师事务所的竞争力。在推行法律服务产品化的律师事务所，由于存在标准化办案流程，案件处理的不同阶段可以由不同的律师来完成，这样不仅减少了单个律师的工作量，提高了其对于案件的综合判断的准确性，也为多个律师团队处理案件提供了契机。面对复杂的案件，由不同专业的律师共同提供法律服务，必然要比某个律师单打独斗更能赢得当事人的认可。更重要的是，团队合作有利于法律服务的专业化建设，从而促进律师事务所培养属于自己的最根本、最关键的经营能力，构建自身的核心竞争力。

第三，差异服务标准化，有利于提升法律服务的质量。律师服务行业是以"人"为中心的行业，由于人类个性的存在，使得所提供的法律服务产品很难有同一的价值。一方面，由于各个律师的专业知识、办案习惯不同，所提供的服务在质量上与效果上难免有不同表现；另一方面，由于律师自身因素（如心理状态）的影响，即使由同一位律师提供的服务也可能会有不同的水准。要避免这种局面的出现，单纯依靠提高律师的专业素养是无机于事的，关键是建立一种能够对服务进行控制的制度。而法律服务产品化的关键步骤——标准化建设，正提供了这样一种可行的方案。

第四，松散服务流程化，有利于提高法律服务的效率。法律服务领域的很多具体服务流程相对稳定，通过产品化，对服务做抽象的全程的分析解剖，制定出每个环节上的操作规范、工艺流程及服务标准。将使得法律服务具有一定的可复制性，这样得到的法律服务产品就有可能通过模拟和复制实现规模效益，从而将这种服务资源的效率最大程度的体现。法律服务的产品化是符合效率的必然趋势。法律服务产品实现标准化作业，流水化生产将大大提高劳动生产率，有利于扩大业务规模,实现规模经营,形成规模经济。

第五,被动服务市场化,有利于促进法律服务产业化。法律服务是一种产品,产品只有推向市场,获得消费者认同,才能实现自身价值。法律服务产品化,就是要将法律服务主体完全推向市场,彻底改变以往"坐堂办案、等客上门"的被动的经营方式。法律服务主体根据法律服务市场的变化,科学地运用服务定位策略,在市场细分的基础上,从自身实际出发,开发出对法律服务的消费者有吸引力的优势产品,扩大市场占有率,推动法律服务市场的产业化。

综上所述,法律服务产品化是摆在我国律师业面前的崭新但又现实的重大课题,在法律服务市场开放的时代背景下,法律服务产品化是提高我国律师业竞争力的重要路径。

4.4.3 法律服务产品化的限度

正如我们每个人都是"有限理性人"一样,作为认识工具的各种理论学说也不是绝对的。尤其是对于法律服务产品化而言,虽然意义重大,但不应过于夸大,更不应将其绝对化,法律服务产品化有一定的限度。

一方面,法律服务经济分析方法有一定的局限性。经济分析方法是建立在市场假设基础之上的,而人类的行为并不是单纯地取决于经理理性,伦理道德、文化传统、政治环境、宗教习惯等其他因素都影响着人的决策和行为。因此,用经济分析方法分析法律服务产品化问题,可能会有失偏颇。

另一方面,社会生活复杂多样,法律服务需求亦千差万别。以企业法律风险为例,企业行业、规模、性质等不同,其所面临的法律风险并不完全相同,以统一的、标准化的法律服务产品能满足不同企业的需要吗? 这也是法律服务产品化受到的最大质疑。我们认为,很显然,不能。法律服务产品化并不意味着律师提供的法律服务千篇一律,而仅仅是提供了一种法律服务应用的方式方法而已,法律服务应当是在共性基础上的个性服务。

再一方面,产品本身亦具有一定的局限性。有些法律服务能够标准化、流程化、程式化,从而提高法律服务的效率。但是有些法律服务是不能产品化的,僵化的产品化服务可能会降低法律服务效率,而这是违背法律服务产品化宗旨的。

小 结

在经济全球化背景下,经济学的原理、理论与方法正广泛地应用到政治学、经济学等领域,甚至应用到法学领域,产生了经济分析法学。① 虽然,经济学在方法论上也有其自身的局限性,譬如,它将"经济学"作为"唯一的评价原则"来分析法律服务,排斥其他原理和方法的应用。因为,并非任何法律问题都可以复原为一定的货币单位来计算比值。"更高的效率并不一定意味着更好的社会。"②但是,我们通过充分利用经济学定性分析和定量分析的优势,③可以比较精确地了解各种行为之间经济效益之间的差异,从而为律师解决日益纷繁复杂的法律案件提供了一套相对高效公平的机制。经济学中的效益理论对中国法律服务市场的发展具有重要价值,是在方法论上的变革,是思想、理论和技术的革新。④ 实事求是地说,运用经济学原理和方法只是研究法律服务的方法之一。我们既不能忽视它,也不能片面夸大其作用。运用经济学原理和方法分析法律服务市场、探讨法律服务产品化的经济逻辑,是完全可能,而且是十分必要的。本章运用了微观经济学、成本收益的分析方法、需求决定供给的理论等,对法律服务市场化的必要性和可能性进行了探讨和分析,其结论在于:在市场经济条件下,谁在律师行业中抢占了产品化的先机,形成了法律服务产品、技术和标准,谁就会成为律师业的领军人物。

---

① 经济分析法学的形成与发展大致可分为三个阶段:(一) 20 世纪 60 年代是其产生阶段,以美国经济学家科斯 1960 年发表的《社会成本问题》和卡拉布雷西 1961 年发表的《关于风险分配和侵权行为法的若干思考》为形成标志;(二) 20 世纪 70 年代是其成熟阶段,以波斯纳为代表的法学家成为研究的骨干力量,波斯纳也因此成为该学派的集大成者;(三) 20 世纪 90 年代以来是其发展阶段,以马劳伊为代表的大批经济学家和法学家对以波斯纳为代表的传统经济分析方法进行了深刻的反思和批判,对波斯纳仅仅追求效率,忽视了正义"为富人赚钱献计,不为穷人生计着想"的富人法学理论进行了批判和修正,把法律权利、正义和经济效益联系在一起进行研究,在法律的经济分析中重视道德评判。
② [美]波斯纳:《法律的经济分析》,蒋兆康,林毅夫译,中国大百科全书出版社 1997 年版,第 32 页。
③ 时显群:《波斯纳法律经济分析学说述评》,载《甘肃政法成人教育学院学报》,2003 年第 1 期。
④ [美]波斯纳:《法律的经济分析》,蒋兆康,林毅夫译,中国大百科全书出版社 1997 年版,第 32 页。

第 5 章　法律服务产品化的方法及实践

法律的生命不在于逻辑,而在于经验。

——[美]霍姆斯

市场细分理论与服务产品化是近年来学界研究的热门问题之一,但很少有学者将二者结合起来应用到律师行业。本文通过调查分析我国法律服务市场现状,提出解决我国律师业发展问题的对策,即"管理标准化,服务产品化"。本部分即在前述法律服务产品化理论分析的基础上,着重考察法律服务产品化的现状,探讨法律服务产品化的方式方法,研究律师事务所如何调整战略部署,实行差异化及标准化产品开发,注重客户管理以及设立服务产品质量控制流程,解决法律服务产品化战略实施过程中遇到的问题。

5.1　法律服务产品化调查分析

虽然对法律服务产品有不同的理解,但不可否认,目前律师事务所都在不同程度地提供法律服务产品,只是提供法律服务的侧重点以及法律服务产品化程度不同而已。那么,我国法律服务市场到底产品化程度如何呢?法律服务产品化面临哪些困境?这是本部分需要解决的问题。

5.1.1　电商法律服务跟踪

2021 年 4 月 10 日,笔者以"律师服务"为关键词,在"淘宝网"上进行搜索,结果显示共有约 2900 件"宝贝",358 家"相关店铺"。调查表明,法律服务及其产品见下表(表 5-1)。

表 5-1　"淘宝网"法律服务及其产品分类

法律服务产品类型	法律服务产品内容
有形产品	书籍、杂志、报纸
软件产品	律师事务所管理软件、法律数据库、
律师咨询服务	律师在线、法律顾问
诉讼代理服务	民事诉讼代理、行政诉讼代理、刑事辩护

(续表)

法律服务产品类型	法律服务产品内容
律师调查服务	调查见证、企业档案出入境调查
代写文书	代写(审核)起诉状、反诉书、答辩状、代理词、上诉讼状、刑事附带民事起诉状、强制执行申请书、财产保全申请书、先予执行申请书、回避申请书、宣告失踪申请书、宣告死亡申请书、支付令申请书、再审申诉书、商业文案、合同、离婚协议、遗嘱遗产赠予协议等
其他律师服务	律师见证、提供律师函、合同范本等,劳动仲裁、注册商标申请

长期以来,我国律师业商业化程度不高,律师事务所业并没有真正将自己视为一个企业,缺乏对市场的深入研究。随着法律服务业竞争的日益加剧,律师事务所开始向专业化方向发展。有一些律师事务所经过多年的积累,业务量趋于饱满,逐步实现了规模化。但不可否认的是,诸多律师事务所都出现了发展瓶颈,比如在业务拓展方面,仍处于"坐商"阶段,过度依赖老客户,没有向积极的"行商"方向转变,其根源一方面在于律师服务的特殊性,另一方面在于律师事务所观念的滞后,没有意识到法律服务产品化和市场营销在律师业的作用。

在信息化时代,我国大部分律师事务所尤其是大中城市的律师事务所都建立了自己的网站,通过电子网络平台宣传和推广自己的法律服务及产品。然而,仔细观察不难发现,律师事务所网站也罢,通过"淘宝"等电商服务平台也罢,律师事务所网站与其他企业网站并无本质区别,甚至还远不如其他企业网站所提供的服务、产品丰富。律师事务所网站更多的仅仅是该律师所介绍而已,并没有展示系统化的法律服务产品。

绝大多数律师事务所只是把传统的法律服务简单地搬到了网站上,且主要限于在线法律服务咨询(其主要目的是寻找案源)和代书各种类型的法律文书。所提供的诉讼服务和调查服务,也往往仅仅是搭建了一个互相了解的平台,后续法律服务仍需要在线下进行。律师事务所仍未摆脱传统的"单打独斗式"和"小作坊式"商业模式,绝大部分律师仍属于"万金油式""搭铺式"法律服务体。律师和律师事务所提供的仍更多的是初级的、低层次的法律服务,即法律咨询、出具律师函、代书各种文书等基础性法律事务,法律服务产品化率极低。

5.1.2 我国法律服务市场分析

整体而言,根据客户——当事人的主体特征,可以把法律服务市场分为三个层次,即低端市场、中端市场和高端市场。不同层次的法律服务市场,其特点、法律服务需求和法律服务现状不同,相应地,律师事务所也应当采用不同的产品研发策略、市场推广策略和服务保障策略。

在法律服务低端市场,法律服务的层次较低、标的额不高,对法律服务知识和能力也要求不是很高,但绝对需求量大。低端法律服务市场主要是与民事、刑事、行政案件有关的诉讼代理、刑事辩护业务,这类业务具有很强的依附性,即依附于国家公检法等机关;法律服务需求具有暂时性,即往往是一次性法律服务需求;法律服务具有很强的随机性和被动性,即客户不是固定的;法律服务主体具有多样性,即对法律服务人员的素质要求也不是很高。上述特征决定了,在法律服务市场的低端市场竞争激烈,存在许多不正当竞争现象。

在法律服务中端市场,主要是针对中小企业提供法律服务和产品。中小企业是市场经济最有活力的部分,其规模虽然不大,但法律事务并不因此而减少。相反,由于在资金、人才、技术、信息等方面的弱势地位,使得中小企业面临更大的困难和更多的法律风险。在中端法律服务市场,已经超越了传统的诉讼代理业务,而是转向了积极、主动地提供法律服务,因而对律师的素质要求较高,且注重团队合作。

在法律服务高端市场,主要是针对大型企业,尤其是集团企业、股份公司,以及优质的个人客户提供法律服务和产品。在高端法律服务市场,法律服务需求不再是一种可有可无的东西,而成了一种必然。比如在企业改制、企业上市过程中,必须有律师法律意见书,必须披露律师对董事会等会议的见证信息。同时,在高端法律服务市场,对法律服务需求具有极强的综合性,即涵盖诉讼与非诉讼领域的全方位服务,既能事先防范法律风险,又能事后化解法律风险;

发达国家的律师业经历了市场经济的洗礼,律师事务所都主动或被动地谋求专业化道路,在法律服务细分市场中选择和把握自己的定位;优秀律师大都是某一领域、某一方面的专家,以提供系统的法律服务产品见长;而我国大多数律师和律师事务所的通病就是"全能",以零散的法律服务"见长"。在某种程度上讲,全能就是不能,全能就意味着似是而非。从当事人的角度出发,其所需要的是某一个特定问题的专家,而非似懂非懂的"万金油"。

我国传统的法律服务项目大都属于低端市场,也是目前很多律师事务所尤其是小型律师事务所主要业务来源。一个成熟法律服务市场应当是多层次的、多样性的,这决定了律师事务所的发展也呈现出多元化趋势。一般看来,中小律师事务所一般与高端市场律师业务无缘,大型律师事务所尤其是北京、上海、深圳等地的大型律师事务所基本垄断了高端法律服务市场。

5.2 法律服务市场细分

与其他服务市场相比,法律服务市场具有以下特征:其一,专业性,即需要有法律专业知识和能力作支撑;其二,地域性,即法律服务通常以一定的地域范围内的当事人为主要服务对象;其三,信任性,即法律服务要求服务的提供者(律师)与接受者(当事人)之间具有高度的信任感;其四,差异性,即由于法治环境的不同导致国家之间甚至地区之间法律服务市场相差很大。因此,需要对法律服务市场进行细分。

5.2.1 法律服务市场细分的概念

"市场细分"这一概念,首先是由美国学者温德尔·史密斯(Wendell R. Smith)于20世纪50年代提出,[1]是指根据消费者购买行为的差异性把一个总体市场划分成若干个具有共同特征的子市场的过程。[2] 市场细分是从消费者需求而非产品出发,发现并确定消费者的需求差异,并根据消费者购买行为的差异性把市场划细分为诸多类似性购买群体市场,促使企业确定、选择目标市场,实施针对性的有效的市场营销组合,以降低营销成本取得最佳经济效益的目的。根据STP营销理论——即细分(segmenting)、目标(targeting)和定位(positioning),市场细分需要调查分析消费者的需求、地理位置、偏好、资源、消费习惯和购买行为等方面的差别,再根据不同的消费者需求特征,把整体市场划分为若干个消费者群,形成总体市场中的若干子市场和细分市场,每一细分市场内部需求差别比较微小,基本倾向一致,而不同的细分市场之间需求差别比较明显。[3]

市场细分即是一个分解市场的过程,也是一个聚集市场的过程。所谓分解市场,即按一定的标准把整体市场细分为许多具有同质性的部分市场;所谓聚集市场,即对某种产品特点最易作出反应的消费者进行集合成群。当然,分解过程和聚集过程可以按照多种标准连续进行,直至实现某个有效的消费市场——其规模足以实现企业利润。

当然,市场细分是相对的,不是绝对的;是持续的,不是一次性的。市场细分与规模化生产在某种程度上是一对矛盾,表面上看来,市场细分的目的在于实现规模效应,而市场细分本身就与规模效应相抵触。但实际上,二者并非矛盾,只有真正符合市场需求的产品才能进行规模生产,提高规模效益。同时,市场细分并非越细越好,过细的市场会导致市场容量过小,导致产品成本和营销费用增加,并导致市场缺乏可衡量性。因此,律师事务所在细分和选择法律服务市场时要根据社会发展需要和自身的资源条件。

随着经济的发展、社会的进步以及人们生活水平的提高,社会公众对法律服务的需求日益细化,细分市场成为现代律师事务所营销的起点和根基。相应地,律师和律师事务所在法律服务产品化的过程中,应根据自身优势条件,选择力所能及的且适合社会需要的法律服务市场,从而在目标市场上确立自己的专业优势、规模优势和品牌优势。

---

[1] Smith, Wendell. (1956). Product Differentiation and Market Segmentation as Alternative Marketing Strategies[M]. Journal of Marketing, 21(July 1956) 3-8.
[2] 李学军,王念东:《关于市场细分的四点思考》,载《特区经济》2007年第3期。
[3] 刘从江等:《企业市场细分案例研究》,载《中国农业大学学报》(社会科学版)2000年第3期。

5.2.2 法律服务市场细分的必要性

市场细分需要一定的客观条件,即只有当商品经济发展到一定阶段,消费需求多样化、产品供大于求、企业无法用规模生产有效满足消费者需求的情况下,才有市场细分的必要。具体到法律服务市场而言,随着法制的健全,法治意识的增强和法律服务供给的增加,消费者(当事人)对法律服务需求的方式日益多样化,消费偏好呈现异质化、个性化,法律服务市场离散化程度越来越高。律师事务所只有细分法律服务市场,并根据自身特点选择特定目标市场,才能更好地满足社会的需要,才能在规模生产与满足当事人者需求之间找到一种平衡。

那么,为什么要进行法律服务市场细分呢?

从营销的角度看,法律服务市场是一个由多元化、多层次的消费者——当事人组成的复杂的综合体。律师事务所面对着成千上万的消费者,不同地区、不同类型的当事人对法律服务的需求千差万别且不断变化。面对复杂多变的法律服务大市场,即使规模巨大的律师事务所也不可能满足法律服务市场上所有当事人的全部需求。如此一来,律师事务所只有根据自身的优势条件,选择社会需要的、适合自身特点的、力所能及的目标市场,从而在细分法律服务市场上确立自己的经营优势,树立品牌,形成规模。

法律服务市场细化的客观必然性:一方面,法律服务业务的不断发展,法律服务产品不断丰富;另一方面,客户日益追求个性化法律服务,传统销售、计费单一的方式已无法满足当事人多业务交叉、灵活计费、打包销售的要求。针对不同的客户群,有必要有机组合不同的法律服务,同时结合相应的资费策略,从而形成法律服务的产品套餐。

法律服务市场细分的优势在于:首先,有利于律师事务所区分客户群,选择并占领有效目标子市场。通过市场细分,律师事务所可以把握消费者需求,根据自身经营理念、资金、技术、人才、营销等条件,发现自己的客户群并选择有效的目标市场,进而占领该目标子市场,然后确立自己的合作伙伴和竞争对手,从而制定适宜的战略、战术、策略,在法律服务市场竞争中占领先机,占领该子市场。其次,有利于律师事务所特别是中小律师事务所更好地识别法律服务市场机遇,开拓新的法律服务市场。通过市场细分,律师事务所可以对每一个细分市场竞争情况、购买潜力和满足程度进行分析对比,从而发现法律服务市场机遇。最后,有利于律师事务所进行规模生产,从而提高律师业经济效益。律师事务所通过市场细分,可以面对自己选择的目标市场研发、提供针对性较强的法律服务和产品,降低研发、生产、销售成本,既满足了目标市场的需要,又增加了律师事务所的收入。

律师事务所可依据单一因素对市场进行细分,亦可依据多个因素对市场进行细分。选用的细分标准越多,子市场相应也就越多,每个子市场的容量也就相对越小。反之亦然,选用的细分标准越少,子市场也就越少,每个子市场的容量也就相对较大。确定合适的细分标准,对法律服务市场进行有效细分,并非易事。

5.2.3 法律服务市场细分的有效性

沿着逻辑拾级而上,如何判断法律服务市场细分是否有效?

目前学界关于市场细分的研究主要基于两个视角,[1]并形成了两大流派:一派是以消费者导向的细分,运用分析解剖方法论,重点从个体心理、社会文化环境和行为决策过程三个角度研究消费者需求和行为特征分类,主要以顾客总体特征为细分标准去对消费者分群;[2]另一派是以产品导向的市场细分,即围绕某产品特定消费情境,根据不同营销决策目标对消费者细分,从而了解消费者对某产品的心理需求和消费行为差异,以选择最有利的目标顾客群及恰当的营销策略。[3] 这两种研究视角的差异,体现了市场细分领域理论与实践的分离,表明市场研究已超越了早期的人口地理细分、利益细分等单一信息细分的初级阶段,[4]从而迈向综合信息细分的研究阶段。[5]

根据经典的营销理论,有效法律服务市场细分应当具备以下基本条件:其一,有适当规模的法律服务需求。开发新的市场需要付出较高研发、生产和营销成本,如果该市场需求较小,那么这样的市场细分就失去了价值,是一个无效的市场细分。对法律服务细分市场同样如此,在该法律服务市场上有相当规模的需求。其二,消费者——当事人有一定的购买力。细分的法律服务市场从需求转为现实,其决定性因素是购买力,消费者只有具有了购买力才能满足其消费的欲望。因此,不具备购买力的法律服务市场只能进行前期培育,不能成为近期开拓的目标市场。其三,细分的法律服务市场竞争尚未达到垄断程度。如果竞争者已经充斥或控制了整个细分法律服务市场,那么这就是一个无效的细分市场,只有当该目标法律服务市场没有或少有竞争对手或有一定的实力不强的对手,律师事务所才能充分发挥优势。其四,可接近性,即律师事务所有足够的法律服务产品经营能力,能够有效地进入该法律服务市场。以上几点,也是有效的、成功的市场细分应遵循的基本原则。

随着我国律师业的发展,法律服务内容不断丰富,客户——当事人结构也出现

---

[1] Tony Lunn. (1986) Segmenting and constructing markets[A]. Robert M. Worcester and John Down ham eds. Consumer Market Research Handbook, Third Revised and Enlarged Edition[C]. Elsevier Science Publishers. B. V. 1986, 387-423.

[2] Yoram Wind (1978) Issues and Advances in Segmentation Research[J]. Journal of Marketing Research, August 1978, 317-337.

[3] 罗纪宁:《市场细分研究综述:回顾与展望》,载《山东大学学报》(哲学社会科学版)2003年第6期。

[4] Russell I. Haley (1968). Benefit Segmentation: A Decision Oriented Research Tool[J]. Journal of Marketing 32 (July1968): 30-35.

[5] Lynn R. Kahle (1999). lifestyle, Value, and Psy2chographics, perspectives from A round the world[A]. European Advances in Consumer Research Volume 4[C]. Bernard Dubois, Tina M. Lowrey, L. J. shrum, ed., Pro2vo, UT: Association for Consumer Research.

了明显的变化。当事人由于其对法律风险的认识及偏好不同,对于律师在产品和服务方面的需求也不尽相同,这对律师以往的服务模式提出了新的挑战。律师事务所现行的服务体系已经不能更好地满足当事人日益多元化的服务需求。服务体系的不足主要表现在不能更好体现差异化服务、服务效率低、品牌影响力低等问题。按照规模大小,律师事务所通常将客户——当事人分为散、中、大户和机构客户等。从客户关系管理理论出发,需要对客户进行重新分类,了解客户的法律风险大小、法律风险管理习惯、法律服务产品偏好,通过分析客户的特点,判断出客户的法律服务的真实需求,并提供适当的法律服务产品。

5.2.4 法律服务市场细分模型

对于法律服务市场细分模型,可以借鉴 Wind 提出的以管理任务为导向的细分标准选择模型(表 5-1)。[①]

表 5-2 管理任务与细分标准选择的 Wind 模型

管理任务	细分标准
了解法律服务市场整体概况	寻求的利益、法律服务产品购买和使用方式、需要、律师事务所品牌忠诚度和转换模式等变量
定位研究	法律服务产品使用、产品偏好、寻求的利益等变量
新产品引入	对法律服务新产品的反应、寻求的利益
定价决策	当事人对法律服务价格的敏感性、降价偏好、不同使用购买方式的价格敏感性
广告决策	寻求的利益、媒体使用、心理描述、生活形态等变量
分销决策	律师事务所合作伙伴的忠诚度及其所寻求的利益

市场细分更多的是一种长期战略规划。市场细分是一项必要但成本高昂的工作,尤其是对那些小型律师事务所而言,发展初期业务往往清淡,难以耐得住寂寞,抵制各类型案源的诱惑。市场细分需要长期跟踪调查法律服务市场,不断捕获市场的新变化,确定自己的目标市场,因此,可能要牺牲即期的眼前利益。

具体到市场细分的方法,根据法律服务市场的特点,可以采取分级指标法,即首先用一级指标把整个法律服务市场分为若干一级子市场,然后用二级指标把一级子市场分为若干二级子市场,再接着用三级指标把二级子市场分为若干三级子市场,以此类推。

根据当事人行为所涉及的法律领域不同,可以将法律服务一级子市场分为商事法律服务、民事法律服务、刑事法律服务、行政法律服务等,然后进一步细分,以

---

① Yoram Wind (1978) Issues and Advances in Segmentation Research[J]. Journal of Marketing Research,August 1978,317-337.

商事法律服务市场为例,二级、三级子市场如下表(表5-2)。

表5-2 法律服务商市场分级

一级子市场	二级子市场	三级子市场	相关法律及专业知识领域
商事法律服务	制造业子市场	生产钢铁、食品、烟草、医药、汽车、家居等子市场	既包括专利法、商标法、产品质量法、反不正当竞争法、消费者权益保护法、环境保护法、企业主管部门制定的条例、各种产品的生产许可制度等业内法律法规,还包括机械、自动化、电子、化工、冶金、材料等一定的行业背景经验和专业知识。
	金融保险业子市场	银行、典当行、担保公司、信用社、保险公司、证券公司、资产管理公司、信托公司、基金管理公司、风险投资公司、期货公司等子市场	既包括担保法、票据法、保险法、信托法、拍卖法、商业银行法、证券法、企业主管部门制定的业内法律,还包括有关银行、保险、基金、证券、投行、信托、资产评估等各方面的行业专业知识及从业经验。
	建筑及房地产业子市场	房地产公司、建筑公司、物业管理公司、房地产中介及营销公司、政府性的基础建设管理公司等子市场	既包括担保法、房地产管理法、土地管理法、招标投标法、企业主管部门制定的法规等行业内法律法规,也包括领域所涉及的建筑施工、建筑设计、施工设备、环境保护、工程造价、建筑材料、工程监理、物业管理等方面的专业知识。
	商品流通及服务业子市场	商店、超市、批发贸易公司、餐饮娱、宾馆、旅行社、度假村、俱乐部、广告公司、展览公司、咨询公司等子市场	既包括消费者权益保护法、产品质量法、反不正当竞争法、广告法、著作权法、审计法律法规、资产评估准则、企业主管部门制定的法规等业内法律,还包括非常丰富的社会经验和广泛的社会联系。
	信息产业子市场	通信公司、网络公司、软件公司等子市场	既包括专利法、著作权法和企业主管部门制定的业内法律法规,还包括一定的有关信息科学的工科知识和相关工作经验。
	资源及采掘业子市场	石油天然气公司、矿产资源公司、石油开采公司、矿产资源开采公司、电力公司、燃气公司、自来水公司等子市场	既包括矿产资源法、环境保护法、开采石油资源条例、招投标法、水法和企业主管部门制定的业内法律法规,还包括与有关的资源行政管理部门打交道的丰富的经验和能力。
	科研教育及文化体育产业子市场	高校、科研单位、报社、杂志社、出版社、电影公司、表演公司、唱片公司、文化艺术公司、体育俱乐部等子市场	既包括著作权法、保险法和有关主管部门制定的法规等涉及科研教育及文化体育产业的业内法律,还包括较广泛的社会联系,和善于与有关行政管理部门打交道的能力。

· 99 ·

(续表)

一级子市场	二级子市场	三级子市场	相关法律及专业知识领域
	交通运输业子市场	公路运输、铁路运输、航空运输、水上运输等子市场	包括民用航空法、公路法、道路运输管理条例、企业主管部门制定的法规等业内法律。
	对外贸易业子市场	进出口贸易公司、涉外运输公司等子市场。	既包括涉外诉讼法、对外贸易法、海商法、海关法、国际公约、国际结算法、国际海上货物运输法、国际航空货物运输法和其他相关运输法、企业主管部门制定的法规等业内的法律法规,还包括国际贸易的专业知识、外语水平、行业背景等。
民事法律服务		(略)	
刑事法律服务		(略)	
行政法律服务		(略)	

每个子市场所涉及的主要法律法规不同,对律师的能力要求也有所不同。因此,在细分市场之后,律师虽然表面上面临太多市场机会,然而实际上任何律师事务的专业方向不同,竞争力都是有限的。对特定的律师事务所而言,某些细分市场价值很小,律师事务所要结合自身优势,有所为有所不为,在权衡各细分市场后,确定自己的目标市场。

律师事务所选择目标市场时,除了需要考虑该目标市场的市场价值外,还要考虑自身的资源能力。不同的法律服务市场,要求的专业知识不同、法律服务产品不同、法律服务能力不同。分析律师事务所的资源能力情况,要考虑的因素如下表(表5-3)。

表5-3 法律服务市场选择考量因素

考量指标	具体因素
律师事务所规模	包括律师人数、业务量、创收额等
资产状况	包括固定资产、无形资产、流动资金等财务状况等
律师队伍	包括专业方向、年龄结构、执业时间、执业经验、执业能力、学历层次、行业背景、特殊执业资格等
业务来源	包括业务量饱和程度、收入来源稳定程度、市场开拓能力等
法律服务产品	包括产品的丰富程度、产品研发能力、创新能力、市场营销能力等
律师事务所文化	包括律师事务所的凝聚力、队伍的稳定性、管理的规范性等
所处环境	包括所处区域的经济发展条件、法治环境、公民素质等
其他	包括社会资源、社会影响力、业界口碑等

5.3 法律服务产品化基本方法

产品、产品套餐是对法律服务的包装,法律服务服务产品化为法律服务的营销提供了更大的更灵活的空间,因此成为支撑律师业发展的重要趋势。法律服务产品化是一个复杂的过程,必须贯穿在客户、业务、营销等各个层面,其内容必须在运营支撑建设的各个子系统中得到体现。

5.3.1 法律服务产品开发 RMTP 理论框架

法律服务产品化就是把法律服务的内容、形式、方式、规则和行为细分为若干相对独立的具有特定功能的程序,使其各项内容和服务流程标准化,最终形成服务产品的过程。

在法律服务产品开发过程中,要根据法律社会学理论,深入了解法律服务对象的动机、需要、偏好、态度、决策、体验以及体现出来的深层次的社会价值和社会心理,从而更准确地把握法律服务对象和法律服务提供者之间的关系,充分认识和把握法律服务经济的本质,客观正确评价法律服务活动产生的社会效应和社会影响。

根据法律服务产品的开发现状和未来趋势,我们提出法律服务产品开发的 RMTP 理论基本框架:产品(product)开发应以主题(theme)为核心的、以资源(resources)为基础、以市场(market)为导向。法律服务产品的开发需要在 RMTP 理论框架之完成。

(1) 法律服务资源(R):法律服务产品立意的基础

法律服务资源是法律服务产品开发的基础。质言之,法律服务产品的开发必须建立在现有的法律服务资源基础之上,既包括法律资源,也包括市场资源,更包括律师事务所内部的人力、财力、物力等资源。

(2) 法律服务市场(M):法律服务产品选择的导向

法律服务市场是法律服务产品选择的导向。质言之,法律服务产品开发的目的是为了进入市场,满足消费者的需要,因此,法律服务产品的开发应当关注法律服务市场需求的变化。否则,即是法律服务产品价值再高,也无法实现。

(3) 创意主题的确立(T):法律服务产品开发的灵魂

确立创意主题是法律服务产品开发的前提和基础,也是决定法律服务产品开发成功与否的关键因素。为此,需要对法律服务市场进行深入的调查分析,提炼法律服务资源和法律服务产品需求,确定科学的法律服务产品主题,论证法律服务产品开发的可行性和可操作性。

(4) 法律服务产品(P):法律服务产品开发的结晶

法律服务产品是法律服务产品研发的结果,其关键就在于产品的差异化、独特性和实用性。一个良好的法律服务产品应当具有核心竞争力,满足社会的客观需要,甚至在一段时期内具有垄断地位。

5.3.2 律师事务所目标市场的选择

法律服务产品化的前提在于消费者的共性需求。由于法律制度的一致性,社会关系的相对确定性,决定了在纷繁复杂的法律服务需求中存在着诸多共性需求,这一共性需求构成了法律服务产品化的根基。

市场细分并非是一个一次性过程,而是一个循序渐进的过程,是一个对消费者需求从粗分类到细分类再到精分类的过程,也是一个律师事务所服务和产品从接近到贴近最终到完全满足消费者需求的过程。在对法律服务市场进行细分之后,律师事务所就要选择目标市场,即决定进入哪一个或哪些细分市场,把哪些特定客户作为自己服务的主要对象。律师事务所选择目标市场需要考虑以下两方面因素:

一是细分市场的客观情况,包括:该细分市场的客户对象有哪些特征?法律业务总量如何?未来的增长趋势怎么样?目前有多少家律师事务所和多少律师在提供服务?市场竞争程度怎样?市场进入门槛怎么样?二是律师事务所自身状况,包括:律师事务所是否具备进入该细分市场的律师队伍?律师队伍的结构是否合理?是否拥有相应的社会资源?律师事务所的实力如何?竞争对手的实力如何?选择几个细分市场以及选择哪些细分市场,要根据律师事务所主客观条件来决定,要量力而行。

5.3.3 法律服务产品研发与营销

在服务流程中引入产品的概念,通过建立服务产品组合实现"服务产品化",把律所提供的各项服务,通过对内容进行分门别类、对渠道进行整合,统一服务策略并统一服务流程,形成标准化,最终形成服务产品组合的体系,对提高服务效率、增强品牌影响力、提高律师事务所竞争力具有重要意义。

律师事务所在细分市场中要取得竞争优势,关键要靠法律服务产品。只有提供市场需要的、特色的法律服务产品,才能与竞争对手形成鲜明的对比,吸引消费者的目光,只有满足消费者需要,最终形成品牌服务和产品。

法律服务产品与律师业务之间的关系是:法律服务产品是律师业务的载体,律师业务经营的是产品;律师业务中的核心是法律服务产品,律师业务操作的过程即是使当事人对于法律服务产品识别、体验、接受并受益的过程。律师事务所通过销售法律服务产品获取收益,并通过当事人对法律服务产品反馈改进法律服务产品,进一步完善业务流程、规范运作标准、研发更优质的法律服务产品,从而实现良性循环,最终实现客户价值法律服务产品相匹配。

面对这种趋势,律师事务所要围绕"服务产品化"这个核心进行转型,把应用于传统市场中产品开发和营销规则引入法律服务业,全力打造从防范法律风险到控制法律风险再到化解法律风险的整个链条的多条产品线。

法律服务产品化是律师业产业化的核心要义。律师业产业化,是指在市场经济条件下,律师业以市场需求为导向,以追求经济效益驱动力,兼顾政治效益、社会效益,以产权清晰、管理科学、分配合理的律师事务所法人制度为载体,以法律服务产品为依托,通过不断优化法律服务水平和扩大法律服务市场,逐步使律师业向着规模庞大、分工明细、管理科学、服务优化的优质高效产业系统前进的发展过程和发展趋向。[①] 法律服务产品化是律师业市场化的重要标志,是律师业专业化的表象特征,是律师业规模化的必由之路。

标准化是衡量某种法律服务能否产品化的关键因素,因为,只有标准化才能批量生产该法律服务产品,形成规模经济,降低研发和营销成本。同时,针对客户可能提出的个性化服务要求,应当在标准化产品的基础上灵活配置特色服务。

法律服务产品化与律师事务所市场营销是两个紧密联系的概念。产品需要营销,营销以产品为核心。法律服务产品市场营销应包含以下因素:一是法律服务市场预测与市场分析;二是选择正确的服务定位;三是营销策划与广告宣传;四是进行客户关系管理。法律服务市场营销具有特殊性,其应当以知识营销为核心。法律服务不同于其他服务,专业性极强,当事人希望通过律师在知识和能力方面高于他人,能够给自己指点迷津,甚至从法律纠纷困扰中解救出来。知识营销,通过与当事人的法律知识传递和沟通,引导和改变当事人既有观念,从而满足当事人对律师的期望。然而,律师的知识体现在哪些方面?法律服务产品是一个重要载体,它以有形化、标准化、规范化、多样化的优势,展现了律师的专业水准和服务创新。当然,法律服务产品不是越复杂越好,相反,简单、实用、易懂为标准,能更好地满足当事人情感、法律、经济上的需要。

5.4 法律服务产品生命周期管理

法律服务产品极易被模仿和复制,如果发生这种情况,原有的法律服务市场份额会受到一定冲击。为此,只有对法律服务产品进行生命周期管理,不断通过产品创新才能维持和扩大竞争优势,通过拓展产品生命周期,增强产品生命力。

5.4.1 法律服务产品生命周期

企业有生命周期,产品也有生命周期。产品生命周期(Product Life Cycle,简称 PLC),是指产品从投入市场开始,直到退出市场所经历的市场生命循环过程。

[①] 李玉福等:《中国律师业产业化发展理论研究》,载《政法论丛》2004 年第 2 期。

如同人的生命一样,产品也会经历从诞生到成长再到成熟,最终走向衰亡的过程,其销售量和利润会随着时间的推移而发生改变。因此,要深入研究法律服务产品的生命周期规律,塑造法律服务产品生命周期管理模式。

一方面,要持续研发,尽量保持产品旺盛的生命力,拓展生命周期。另一方面,要尽可能快的找到法律服务产品升级换代的途径,推进法律服务产品升级换代,扩到和巩固法律服务产品对市场的适应性,从而争取更大的市场空间,赢得更多的市场份额。再一方面,各法律服务产品之间要形成价值链条,形成合力,即把律师事务所涉及的法律服务业务进行系统的产品规划,构建产品链、价值链,进行资源配置。

产品化是法律服务广度和深度的拓展。从广度上讲,法律服务产品化意味着服务对象的增加和服务领域的扩大;从深度上讲,法律服务产品化意味着服务方式的改进、服务内容的丰富、服务质量的提高和服务层次的增加。法律服务产品化之后,应当加强产品全生命周期管理,推广产品费用标准化和市场营销标准化。

5.4.2　律师事务所产品创新路径

随着律师业的不断发展,律师事务所的竞争逐渐从以客户服务为中心转向以法律服务产品为中心。法律服务产品化对于转变律师业经营模式、促进服务营销具有重要意义,往往能够为律师事务所带来长期竞争优势。律师事务所向以法律服务产品化为核心的商业化转型,是一次从经营观念到管理模式再到服务行为的根本性变革,其目的在于应对律师业持续发展的挑战,其关键点在于运用法律服务产品化方法,落脚点在于创新和发展法律服务产品、完善法律服务产品管理和业务管理体系,从而建立、保持和发展律师事务所核心竞争力。

现今法律服务市场的主体虽然具有多元性,但律师事务所是法律服务的主要提供者。基于此,对于律师业务的拓展,笔者的基本观点是,以律师事务所为主体,以专业、规范、特色的服务为基础,以科学营销为手段,这就需要律师事务所而不是律师个体扮演业务拓展的主角。

现阶段我们的律师最缺少什么？是知识、经验、案源、客户还是名气？不同的律师可能有不同的选择,我们认为,我们最缺少真正的律师事务所,缺乏内在有机联系,管理规范有序,自有资源丰富的律师事务所,缺少能给自己的律师生存提供保障,能为自己的律师发展创造空间的律师事务所。

看看当前律师事务所的现状:就外表,装修豪华气派,个人衣着光鲜,业务应接不暇,究其实质,房子是租来的,律师是聘来的,行辅人员是雇来的,客户是各自带来的,真正属于律师事务所的是什么？再看看律师的内部关系:合伙人之间虽有合同,但不过是费用分摊的约定;律师与律师之间虽然是合作,但更多的是客客气气的竞争,律师与律师事务所之间虽有联系,但实质上是支票换发票、大票换小票。我们的律师事务所能为我们的律师做些什么？我们的律师又为自己的律师事务所做了些什么？现阶段律师事务所的业务拓展要从解决以下六大问题入手。

第一，重树理念，强调整体优先。现在应该到了确立律师事务所法律服务市场竞争主体地位的时候了，"个体户联合办公"的经营方式，个人利益、眼前利益、经济利益的最大化的执业心态无法使律师事务所走向市场，展开竞争。所以当前谈律师事务所的业务拓展必须摒弃发展中的个人本位思想，重树发展理念，强调律师事务所的整体优先。重视事务所的根本利益、整体利益和长远利益，重建真正的律师事务所。

第二，准确定位，重视超前谋划。定位就是要找到具体的目标。有了目标才能在管理上找到方法、找准方法，并不断地完善方法。笔者认为当前律师事务所的新一轮发展所应找准三个定位：一是目标定位。就是要在规模所、专业所、个人所中做出选择。当前的律师事务所，大的不强，中的不专，小的不特，应该注意三种类型所的区别不止是在人数上。规模所固然人多，但专业所也可以做大，个人所也不会没有发展，关键是把握各类所在管理上的差异。规模所对规范要求高，需要推行规则主义，必须防止创始合伙人把所当成各人所，个人利益当头，个人思想主导，个人意气用事；专业所对业务要求高，需要强化专业优势，防止急功近利，急于事功，避免为眼前利益所动而轻易改变专业方向，个人所对主任要求高，需要个人的大度包容，必须防止陿隘的个人主义，避免老板与员工的不和谐甚至对立。二是特色定位。就是要有自己的个性特征。专业所固然有特色。规模所、个人所也应有自己的优势。律师事务所就如同一个企业，要有自己的品牌、自己的特点、自己的形象，要善于培育和利用差异优势。特可以特在机制上，也可以特在管理上，也可以特在业务上。通过特色的机制吸引人，壮大队伍；通过特色的管理，整合资源，树立形象；通过特色的业务拓展市场，提高效率。三是阶段定位。就是要认清律师事务所所处的发展阶段，洞察律师事务所所情，把握律师事务所脉搏，结合律师事务所实际。无论是设定目标、制定思路、调整机制还是加强管理，都要从律师事务所实际出发，因势利导、对症下药、务实创新、追求实效。阶段定位的意义在于，在设定或调整事务的发展目标时（譬如与其他所合并，壮大规模），要深入分析律师事务所现状，集中主流团队的诉求，掌握主要人员的心态，确定全所人员的价值取向；在设立或调整事务所机制时（譬如实行全员薪水制），要评估各个律师的心态，评价各个律师的承受力，评判对各个律师的影响；在制定或调整管理措施时（譬如律师坐班制），要考察管理对象接受度，考量措施的执行力，考验措施的执行效果。

第三，优化机制，增强整体实力。我们认为，律师事务所的管理机制完全可以借鉴公司制的合理成分，把事务所变成一个有机整体，改变体制上的各自为政，松散联合，改变决策上的泛泛民主、牺牲效率，管理上的就事论事、简单无序，分配上的单一提成、分光用光。当前探讨事务所的运行机制，应关注三大问题，这就是决策、分配和积累。首先，要以效率优先为原则，改进决策方式。我们可以从三个方面提高决策效率：一是制订章程时除法律、法规明确规定外，尽可能避免设立全体合伙人一致表决的事项,尽可能多地赋予管理合伙人、主任管理权和决策权;二是支持管理合伙人在分管事项范围内,按章行使决定权,减少不必要的中间环节;三是确立主任在事务所中的核心地位,对主任实行民主推举、任期限制、目标管理。其次,要以薪水制为主体,调整分配模式。事务所应结合律师事务所情况,根据律师的不同种类,改革分配办法,逐步摒弃提成制,促进分配模式由单一的提成制逐步向薪水制、分红制。分配制度是事务所机制的中枢,事务所内部矛盾的产生、恶化,事务所的分分合合,多由分配引起,事务所健康稳定发展离不开合理的分配制度。当前应下决心解决合伙人费用简单分摊制、专职律师单一提成制和事务所分光用光制三大问题。再次,要借鉴公司化模式,改进合伙架构,照实说,现在大多数律师事务所仍是个体户联合,出租柜台式运作。一纸合伙协议解决的是费用分摊问题,合伙人权利一样,义务均等,责任相同。这种平行的结构,永远不可能形成合力,但事务所如同一个企业,股权要有差异,团队要有核心,员工要有成绩,这就需要改变现有的合伙框架。我们认为事务所的合伙人必须分级,有级别才有秩序,才能形成合理的平衡,才能建立金字塔式的稳定结构。

第四,规范管理,重视服务品质。应当说,具体的业务拓展过程也是展示服务品质的过程。律师服务的品质如同企业产品的质量,最终将决定律师和律师事务所的生存和发展。现阶段,很多律师事务所的业务管理还处于一个行辅人员兼职管,一本出庭证随时开,一枚公章任意盖的状态,这已严重影响对客户的巩固和发展。提高律师的服务质量,应主要抓好三个方面工作:一是制定业务规程。诉讼业务、非诉业务、法律顾问业务都应制定相应的操作规程。诉讼业务要侧重对庭前的准备工作提出具体要求,非诉业务要侧重对尽职调查和层级把关提出具体要求,法律顾问业务要侧重对服务及时性、规范性、深入性提出要求。所有规程,主任、合伙人要带头模范遵守,执行情况要与事务所的考评体系及相应的奖惩制度相衔接。二是实行流水线作业。法律服务的特征之一是过程性,我们应该理清业务环节,逐步把各类业务划分成研究、开发、谈判、指导、操作、协调、监督、总结等多个环节,分段实施,分工负责,扬长避短,优势互补,形成合力。三是建立管理体系。事务所的业务管理要设独立部门,配备专业人员,对事务所业务实行全方位、全过程监管,对事务所定期、不定期地进行分析、评估,对事务所业务规范进行科学的设计。

第五,科学营销,创新拓展方式。律师虽然不能定位为商人,但律师的业务拓展需要引入市场营销理念,把法律服务视为产品,主动营销、团队营销、科学营销。一要主动出击。主动走向市场,走近客户,不断巩固老客户,发展新客户,要适时建立客户管理体系,要相信客户是找来的,而不是等来的;二要团队作战。要以事务所整体而非律师个体拓展业务,共同设计产品,共同开发市场;三是科学拓展。要借鉴市场营销的方法,设立专门机构,分析市场,把握市场先机,引导市场发展,扩大市场份额。

第六,培育文化,营造发展氛围。一个企业的核心竞争力,从根本上讲,并不仅仅在于其服务质量、管理制度和市场占有率，还在于企业内在的文化品质、理念和伦理。律师事务所的核心竞争力也是如此。但律师事务所的文化与一般企业文化不同。事务所的文化体系，需要将职业价值观和道德观念作为核心内容，并在此指导下制定和完善事务所的团体行为准则、个体行为准则，以及事务所不同阶段的发展战略和工作目标，将这些静态的、抽象的价值信条和道德法则贯彻于事务所经营和管理的过程中，体现在每个成员的工作和生活中，使事务所获得积极进取、团结互助、诚实守信的优秀品格和良好形象，增强事务所的核心竞争力。当前，培养事务所文化可从三个方面入手：一是核心理念的提炼。究竟是突出个人本位还是强调整体优先；究竟是同质竞争还是创新执业；究竟是赚钱为要还是事业为重，我们必须做出选择。二是发展氛围的营造。事务所应在共同的目标下，努力营造积极向上的氛围；团结和谐的氛围；敢为人先的氛围。三是外部形象的树立。通过所刊、网站、媒体以及行为，张扬律师事务所的个性，传递律师事务所的信息，宣传律师事务所的业绩，固化律师事务所的传统。

小　结

　　长期以来，我国律师业商业化程度不高，律师事务所业并没有真正地将自己视为一个企业，缺乏对市场的深入研究，很多律师事务所在业务拓展方面仍处于"坐商"阶段，没有向积极的"行商"方向转变，没有意识到法律服务产品化和市场营销在自身发展的作用。法律服务市场可分为低端市场、中端市场和高端市场三个层次，针对不同层次的法律服务市场，应采用不同的产品研发策略、市场推广策略和服务保障策略。与其他服务市场相比，法律服务市场具有专业性、地域性、信任性、差异性等特征，应依据科学标准有效细分法律服务市场。本部分借鉴 Wind 提出的以管理任务为导向的细分标准选择模型，提出法律服务产品开发 RMTP 理论框架。只有对法律服务产品进行生命周期管理，通过产品创新维持和扩大竞争优势，通过拓展产品生命周期，增强产品生命力。

第6章 法律服务产品化与律师

> 一旦法律丧失了力量,一切就都告绝望了;只要法律不再有力量,一切合法的东西也都不会再有力量。
>
> ——[法]卢梭

"律师兴,则法治兴;法治兴,则国家兴。"律师作为法律职业共同体中的重要组成部分,对于构建社会主义和谐社会意义重大。然而,不可否认的是,我国律师的功能发挥、角色定位更多地还处于应然层面,律师业整体仍处于较低发展阶段,律师的价值尚未充分彰显。究其根源,既有理论认识的误区,还有制度建设的滞后,更有律师自身的原因。在迈向"法治中国"的进程中,律师应当有所作为,而且必须有所作为。本部分从反思律师本质谈起,探究律师的职业属性,重新认识律师的价值,以期更好地发挥律师在我国法治建设中的作用。

6.1 律师本质再思考

6.1.1 何谓律师的本质

前文对律师、律师业相关问题进行了一定探讨,然而,究竟什么是律师?或者说,律师到底是什么呢?这个问题看似简单以至于容易被我们所忽略。其实,这是一个关乎律师本质、律师业本源的问题,对该问题的解释直接决定了整个律师业的发展方向。即是在今天,我国已经提出了"律师是社会主义法律工作者"的命题,但这并不意味着我国关于律师本质的探讨已经尘埃落定。相反,更应当结合我国律师业的现状,从理论和实践两方面阐释律师应当是什么,在法治中国建设中应担当何种重任。

(一)律师本质的内涵

也许基于"定义是一种冒险,而描述却可以提供帮助",[1]现有著述中,对律师进行外在客观特征描述的居多,对律师进行抽象概括定义的少见。我们认为,探讨

---

[1] [美]本杰明·N.卡多佐:《法律的成长法律科学的悖论》,董炯、彭冰译,中国法制出版社2002年版,第16页。

律师的本质,首先要把握"本质"与"定义""性质""属性""特征"等词语的关系。

所谓"定义",是指通过某事物纷繁复杂的表象进行抽象加工,从而概括出该事物本质属性的过程。"性质"是"指事物所具有的特质",[①]即"一种事物区别于其他事物的根本属性"。[②]"特性"是指"某人或某事物特有的性质,特殊的品质、性质",[③]强调"对象所具有的特殊性质、性格或性能"。[④]而"属性"则是指"事物本身固有的性质,指对象的特性、特征,包括状态、动作关系",分为"本质属性和非本质属性"。[⑤]可见,上述几个词语内涵相近,相对而言,"属性"外延较广。本文中的"本质"侧重于律师的本质属性,即律师作为一个群体与其他职业相比,其所蕴含的最根本特性。

马克思指出:"人的本质不是单个人所固有的抽象物。实际上,它是一切社会关系的总和。"[⑥]律师的本质即律师的角色定位,属于社会学范畴。角色,又称社会角色,是指"人们在社会生活中形成的、与人们在社会关系体系中所处的地位相一致、社会所期望的一套行为模式"。[⑦]角色是社会地位的外在表现,是人们的一整套权利义务的规范和行为模式,也是人们对处在特定地位上的人们行为的期待。[⑧]相应地,律师的本质是对律师自身或自身以外的某人或某团体的社会地位、社会身份以及由此而应对社会承担的责任和享有的权利的理解、认同和预期。[⑨]简言之,律师的本质即是律师应充当的社会角色和职业定位,是社会各界对律师的概括与期望。律师本质是律师社会群体存续的基础,具有普遍性、复杂性、具体性和表现性等特点。

需要说明的是,律师的本质更多是一种应然层面的探讨,而非律师的实然状态。本文把律师界定为法律的信仰者、法治的实践者、正义的守望者,并不是说我国律师已经或正扮演着这一角色,相反,在我国法治建设中律师要以此为目标定位自己,完成自我蜕变。

(二) 探讨律师本质的价值

随着社会的发展,律师的功能和作用呈现出多元化发展趋势,但关于律师的本质和角色定位不应发生根本性的变化,相反,应当日渐明晰。探讨律师的本质具有重要意义。

---

① 《辞海》,上海辞书出版社1989年版,第866页。
② 中国社会科学院语言研究所词典编辑室:《现代汉语词典》(第5版),商务印书馆2005年版,第1528页。
③ 《汉语大词典》(6卷),汉语大词典出版社1990年版,第262-263页。
④ 《现代汉语同义词词典》,天津人民出版社1987年版,第445页。
⑤ 《新华词典》(1988年修订版),商务印书馆1997年版,第829页。
⑥ 《马克思恩格斯全集》第26(1)卷,人民出版社1972年版,第368页。
⑦ 王思斌:《社会学教程(第二版)》,北京大学出版社2003年版,第99页。
⑧ 郑杭生:《社会学概论(第三版)》,中国人民大学出版社2003年版,第107-108页。
⑨ 孙文胜:《论我国律师角色的定位》,载《河北法学》2005年第4期。

首先,探讨律师的本质,有利于准确定位律师角色,从而有利于提升律师的社会地位。在中国古代,律师被称为"讼棍",这一侮辱性、歧视性的称谓反映出律师的社会地位低下。即使在今天,我国关于律师的社会地位仍然没有认识清楚,律师在社会中的角色定位依然十分尴尬。正如有学者所言:"人们羡慕律师,又排斥律师;需要律师,又防范律师;政府发展律师,又不信任律师;企业需要律师的帮助,同时又怕律师帮倒忙;外国人说中国律师只是政府的摆设,而律师在政府中却并无摆放的位置;法院开庭需要律师出庭,而出庭律师却得不到起码的重视;律师在法官、检察官眼中地位低下,而许多法官、检察官却纷纷加入律师行列……这种种令人费解的现象,使律师成了一种难以捉摸的'怪物'。"[①]这一评价真实地刻画出当今中国律师的现状,而这一现状根源于对律师的本质——这一本源性问题认识不清,并进而成为困扰律师业发展的深层次原因。

其次,探讨律师的本质,有利于我国法律职业共同体的建立。律师是法律职业共同体重要的组成部分,其与法官、检察官应当有着共同的历史使命即实现法治社会,有着共同的社会责任感即维护当事人的合法权益。在此基础上,律师在法律信仰、法治理念、法律思维、职业道德、职业精神、法律语言等方面与法官、检察官高度一致。然而,在我国法治实践中,律师的角色地位与法官、检察官相去甚远,缺乏与法官、检察官平等有效沟通的平台,甚至被法官、检察官视为"异类",游离于国家正统司法体制之外。法治社会的实现,必须借助律师的力量与其他国家司法机关形成合力。因此,必须重新检视律师的本质,必须正视律师的社会现状,必须重视律师的角色定位,促成法律职业共同体的建立,消除律师与法官、检察官之间的隔阂和冲突,发挥律师的独立价值。[②]

再次,探讨律师的本质,有利于增强律师的责任感、使命感和荣誉感。部分律师在执业过程中存在"唯利是图""钻法律的空子",甚至"颠倒黑白""弄虚作假"等现象,这极大地损害了律师的形象。其根源在于,律师对自己的本质认识不清,把自己视为商人,忽略了律师在维护社会正义、促进社会和谐的重要作用和应有位置。所以,探讨律师的本质,有利于律师本身准确定位自己,以自己的言行树立良好的职业形象。

最后,探讨律师的本质,有利于推进国家法治建设。律师应当是法治社会的"棋手"和社会民主法治发展进程中的稳定剂,[③]是促进"民主法治"、实现"公平正义"的主力军。譬如,在西方国家,律师是令人羡慕和敬仰的职业,他们以自己高度的责任心和娴熟的专业知识,成为当事人合法权益的守护者和司法机关的辅助者,

---

① 田文昌:《关于律师职责定位的深层思考》,载陈卫东主编:《"3R"视角下的律师法制建设:中美"律师辩护职能与司法公正"研讨会论文集》,中国检察出版社2004年版,第40页。
② 申敏:《构建我国法律职业共同体的思考》,载《铁道警官高等专科学校学报》2006年第1期。
③ 尹长年,袁晓勇:《浅析律师角色的社会定位——兼谈律师法对律师权利义务的设计》,载《湛江海洋大学学报》2006年第10期。

成为制约国家公权力的重要力量。在我国的法治建设中,律师的作用也正日益凸显,要发挥其在国家法治建设中更大的作用,必须解决律师的本源问题,探讨其应担当的社会责任。

(三) 律师本质的多面分析

律师应当扮演什么样的角色?评价主体不同,对律师的期望也不一样。既包括国家对律师的期望,也包括当事人对律师的期望,还包括律师本身对自己的期望。我们认为,律师的本质是一种应然性的理论探讨,律师的角色是多元的,可以从政治、社会、文化、经济等不同的角度进行全面分析。

1. 律师的社会本质

法律人是律师的首要角色。律师以法律为职业,以特有的法律知识、技能、经验、思维为当事人提供法律服务,这是律师存在与发展的根基。"法律人"的角色认定,直接决定了律师在整个法律职业共同体和国家法治建设中的作用。"律师作为一种高度专门化的法律职业类型,也是现代国家的极为重要的'法律专家'或法律专业人员。他们一方面为政府、法律操作者、个人、企业(公司)及各种各样组织防止发生法律难题提供帮助,另一方面律师在难题发生时又为解决这些难题提供帮助,而其根本宗旨则在于保障实体权利、自由和程序正义的实现。"[1]律师的工作过程就是普及法律知识、宣传法治理念、维护社会正义的过程,就是使当事人相信法律、信仰法律进而崇拜法律,使法律至上的观念深入人心。[2]

2. 律师的政治本质

政治人是律师扮演的另一重要角色。律师本身就是法治的产物,反过来,律师诞生后,又极大地促进了民主政治的发展和法治国家的建设。尤其是,律师是一个自由职业者,即律师享有独立的地位,有着独立的利益追求,其不依附于法官,不依附于当事人,更不依附于政府。这种独立性在某种程度上保证了律师能够排除一切非法干扰,从专业的角度做出独立的判断。"律师是以一种中间的独立的立场参与诉讼的特殊职业,他是当事人的代理人,但其利益或立场并不完全等同于当事者本身;他与法官一样从事法律专门职业,但又不是司法机关的附属部分。作为从事'专门职业'的人员,他接受这种职业团体特殊的伦理规范的制约。"[3]

3. 律师的文化本质

文化人是律师扮演的另一重要角色。"要做一流的律师,首先必须成为一流学者",[4]此言并不夸张,深厚的文化底蕴是成为一名出类拔萃的律师的前提。对此,米尔思也曾言:"一个律师若不具有文学方面的意识,他头脑里没有贮存下伟大文

---

[1] 孙艳华:《法律职业化探微》,载《法学论坛》2002年第4期。
[2] 王凤敏,刘新影:《关于中国律师职业时代特征的思考》,载《行政与法》2007年第3期。
[3] 李建华,曹刚:《法律伦理学》,中南财经政法大学出版社2002年版,第273页。
[4] 揭明:《中国律师的角色探讨》,载《律师世界》2000年第2期。

学遗产之宝藏并且能够自如地加以引用,那么,他就不可能成为伟大的辩护士。"①所以说,律师不应是一个技工,而应当是一名对法律文化有着深刻理解的学者,并通过自身的法律服务向他人、向社会传递法律文化。"在律师试图通过诉讼来从事一种特殊的事业和实现某种政治目标时,他超越了律师与委托人关系的传统界限。但他也因为为他活动于其中的法律文化输入了一种新的尺度。"②当然,律师本身又是法律文化的缔造者、传播者。1969年,弗里德曼提出了"法律文化"这一概念,用以揭示社会发展与法律变革之间的内在联系。③ 律师文化是法律文化的重要组成部分,是律师这一社会职业群体在社会主义政治经济制度下,在法律服务实践中形成的,为广大律师认可并共同遵守的价值理念和行为规范的总称。④ 律师文化作为法律文化和法律文明的重要组成部分,在文化发展和传承中具有重要价值。

4. 律师的经济本质

经济人是律师同时扮演的另一个角色。与法官、检察官不同,律师具有较强的商业性,收入来源于当事人而非国家。因而,在某种程度上看,律师类似于商人,追求一定的机会、案源、业务量和收入,谋求生存和发展。当然,评价律师的价值大小、成功与否,不能仅仅以收入的多少作为标准,而且还要以法律信仰、职业精神、公平正义等价值关系进行衡量。所以,在处理经济价值与其他价值之间的关系时,律师应当谨慎对待,努力在二者之间实现均衡。

6.1.2 律师是法律的信仰者

(一) 何谓法律信仰?

《辞海》把"信仰"解释为:对某人或某种主张、主义、宗教极度相信和尊敬,拿来作为自己行动的榜样或指南。⑤ 法律信仰是个舶来品,究其原因,梁治平先生认为:"我们并不是渐渐失去了对法律的信任,而是一开始就不能信任这法律,因为它与我们五千年来一贯尊行的价值相悖,与我们有着同样久长之传统的文化格格不入。"⑥

关于法律信仰的概念,谢晖认为,所谓法律信仰是两个方面的有机统一:一方面是指主体以坚定的法律信仰为前提并在其支配下把法律规则作为其行为准则;另一方面是主体在严格的法律规则支配下的活动。⑦

---

① [印]米尔思:《律师的艺术》,刘同苏、侯君丽译,中国政法大学出版社1989年版,第52页。
② 张文显:《法理学》,高等教育出版社2003年版,第463页。
③ 付子堂:《法律功能论》,中国政法大学出版社1999年版,第194页。
④ 宋占文:《论律师文化》,载《中国司法》2007年第10期。
⑤ 《辞海》,上海辞书出版社1999年版,第299页。
⑥ 梁治平:《死亡与再生:新世纪的曙光》,(译者前言),[美]哈罗德·伯尔曼:《法律与宗教》,三联书店1991年版,第16页。
⑦ 谢晖:《法律信仰的理念与基础》,山东人民出版社1997年版,第17页。

我们认为,法律信仰是人们对于法律规则及其精神内心服从并把其作为行为准则和精神寄托的心理活动。正义的法律是法律信仰的对象、基础和前提,法律权威是法律信仰生成的客观机制。需要说明的是,法律信仰意味着尊重法律,但尊重法律不是迷信法条本身,而是尊重法律在满足人类社会自身生存和发展需要方面的价值。易言之,法律信仰更代表一种超越法律条文自身的法治精神,这种至高无上的法治精神即是人类对公平、正义的永恒追求。

(二)法律能否被信仰?

法律能被信仰吗?以及法律应该成为信仰的对象吗?有学者持否定意见:"将一个在中国根本没有任何可操作性、哪怕就是在西方实际上都不可能存在操作性的理念引进中国并希望在中国得以生根是一时心血来潮的冲动和不理智的表现。"[1]因此,在中国社会转型期语境下,法律信仰是一种"善良的杜撰"。[2] 还有学者认为,法律信仰的论证策略存在错误,并认为顺应一个理性的批判的社会的法律观念只能是建立在人们感性生活基础上的法律信念,任何超验的东西都是不可能的。[3]

当然,更多的学者持肯定态度:"只有当法治作为一种制度获得该民族在文化上的认同的时候,在日常的法律生活中深刻体验的时候,才可能成为其生活的有机部分,成为一种现实的法律秩序。"[4]卢梭曾言,法律不是铭刻在大理石上、铜表上,而是"铭刻在公民们的内心里"。[5] 伯尔曼也曾说过:"法律必须被信仰,否则形同虚设。"[6]苏力先生甚至认为,当法律职业者把法律当作一种追求个体利益的资源而诉诸、利用之际,他们的活动已经展示着他们的全身心都已经卷入、沉溺于这种法律实践的话语,已无法解脱。他们已无须声称自己是否信仰法律,但这却是一种更为深刻的尽管似乎不那么崇高的对于法律的信仰。[7]

我们认为,法律可以被信仰,而且应当被信仰。"一个社会的真正改革,不在换个国旗,也不在换个宪法,而是在每个人的心上。"[8]法律信仰作为一种法律生活态度和行为样式具有精神激励功能、文化整合和凝聚功能、内在约束和填补漏洞功能。[9]

当然,法律可以被信仰而且被信仰中"法律"的范围需要探讨。是不是所有的

---

[1] 张永和:《法律不能被信仰的理由》,载《政法论坛》2006年第3期。
[2] 张永和:《法律不能被信仰的理由》,载《政法论坛》2006年第3期。
[3] 魏敦友:《理性的自我祛魅与法律信念的确证——答山东大学法学院谢晖教授》,载《广西大学学报(哲学社会科学版)》2001年第2期。
[4] 叶传星:《法律信仰的内在悖论》,载《国家检察官学院学报》2004年第3期。
[5] [法]卢梭:《社会契约论》,何兆武译,商务印书馆,2003年版第73-74页。
[6] [美]伯尔曼:《法律与宗教》,梁治平译,中国政法大学出版社,2003年版,第8页。
[7] 苏力:《法律如何信仰——〈法律与宗教〉读后》,载《四川大学学报(哲社版)》1999年(增刊)。
[8] 费孝通:《英雄和特权》,载《费孝通散文》,浙江文艺出版社1999年版,第160页。
[9] 许娟:《法律何以能被信仰?——兼与法律信仰不可能论者商榷》,载《法律科学》2009年第5期。

法律都应该被遵守甚至被信仰,显然不是。法律可以分为不同层次,包括实在法、应然法、自然法,实在法是不足以支撑整个法律信仰体系的。相对而言,实在法属于低限道德,应然法和自然法属于更高的伦理要求。"真正的信仰是对美好生活方式的选择,是对一种价值的认同,而法律外在的规范特征并不能保证其被信仰,法律的规范性特征反而由其内部的价值观念所决定和支持。"①因此,可以说,实在法是法律信仰的外在形式,应然法是法律信仰的内在形式,自然法是法律信仰的本体形式。

(三)法律职业者法律信仰的价值

法律信仰是人们对法律发自内心的虔诚信任和崇拜,它包括对法律的神圣情感,对法律的科学态度和对法律活动的积极参与。②法律信仰是法律制度和法律精神的内化,是主体在法律实践的基础上对法律规则和法律价值的确认,是人们了解法律、掌握法律、运用法律最终达至法治状态的必然方式。

法治社会的实现离不开法律职业共同体,更离不开法律职业共同体的法律信仰。法律职业共同体是沟通民众与法律的中介,其在国家法律与社会群体之间架起了一座桥梁。法律职业共同体承担着解读法律、宣传法律并通过法律实践活动应用法律的责任。法律职业共同体是否信仰法律,对民众对法律的认识和看法以及能否树立法律信仰有直接的导向作用。因为,社会普通民众对法律的认识是陌生的、模糊的、感性的,法律职业共同体的法律实践使得静态的法律制度得以动态化。法律职业共同体对法律的看法和解读,对当事人影响巨大。我们很难期望一个自身对法律就不相信、对司法不信任的法律职业者,能通过其法律实践帮助当事人从抽象的法律制度中感受到公平、正义、权威,进而带动其身边的人信仰法律。所以说,法律职业共同体的法律信仰对社会大众法律信仰的树立具有积极作用。

法律信仰是法治的灵魂和精神基础,而我国当前面临着严重的信仰危机,法律信仰的缺失是建设法治中国的最大障碍。道德危机、文化危机、信仰危机是我国在社会转型期面临的三大问题。解决信仰问题,从法治的角度看,应当树立法律信仰。如何树立法律信仰呢?法律职业共同体的指引须臾不可少,促成社会对法律的信仰是法律职业共同体的责任和使命。

(四)律师是法律的坚定信仰者

法律信仰是"根源于人类对人性和社会生活的科学分析和理性选择,进而所形成的对社会法的现象的信任感和依归感,以及对法的现象的神圣感情和愿意为法而献身的崇高境界"。③从这个意义上讲,法律信仰是理性选择结果,更是一个批判反思的过程,也即是说,法律信仰必须借助于法律实践、社会经验和个体感受,并不断强化对法律的信任和追崇,直至不再怀疑。

---

① 熊伟:《法律信仰何以可能》,载《广东行政学院学报》2004 第 6 期。
② 石茂生:《论法律信仰》,载《南都学刊》2007 年第 3 期。
③ 许章润:《法律信仰——中国语境及其意义》,广西师范大学出版社 2003 年版,第 8 页。

作为法治先锋,律师应当是法律的坚定信仰者。一方面,职业要求律师信仰法律。律师是实务性职业,律师执业过程中需要专业的法律知识、娴熟的辩论技巧、较强的说服能力等等,这一系列的素质和能力的发挥归根到底取决于律师的世界观、方法论,即取决于他是否具有法律信仰。另一方面,与法官、检察官等其他法律职业共同体相比,律师不享有国家公权力,必须依靠法律。侦查预审人员代表公安机关享有立案、拘留、侦查等公权力,检察官代表检察机关享有(部分)侦查、批捕、起诉或不起诉、监督等公权力,法官代表审判机关享有查实证据、判处刑罚、作出裁定等公权力。律师有什么呢?唯有对法律的信仰。只有对法律高度信任,才能调动自身潜能,凭借巨大的工作热情、专业技能和敬业精神,在对法律负责的同时实现对当事人负责。

律师应当是坚定的法律信仰者。其一,律师要把维护当事人的合法权益和法律秩序作为自己的职责所在;其二,律师要有坚定的法律信念,相信法律并把法律规则作为自己的行为准则;其三,律师要敢于追求公平正义,敢于同违法行为作斗争。

法律信仰是建设法治国家的内在基础,而律师对法律的信仰则是社会公众树立法律信仰的关键力量。反观我国现实,法律仍然靠政府强制推行,而非靠人们内心对法律的遵从,很多律师并没有充分意识到律师职业在建设法治社会、促进全民法律信仰中的积极作用,没有在执业过程中自觉地把法律精神和原则贯穿于法律条文之中,并应用于法治实践,更多的是僵化的解释法律、应用法律,做不到不畏强权、坚持正义。

6.1.3 律师是法治的实践者

"徒法不足以自行。"[1]仅仅有法律制度,哪怕是再完备的法律体系,也不能称为法治,而只是为法治奠定了制度基础。"法律是实践性的,只有实践的法律才具有最终的意义,因此法律研究的最终归宿在于实践。"[2]那么,如何让法律贯彻于社会生活中呢?在中国古代,强调人的作用,即靠人。"有治人,无治法。"[3]其意思是说,只有治理国家的人才,而没有自行治理的法制。虽然,中国古人这里的"人"指的是"贤人",即贤人之治,但毕竟指出了问题的关键所在,即法律的实施要靠人。亚里士多德也曾经说过,"法律能见成效,全靠民众的服从","邦国虽有良法,要是人民不能全部遵循,仍然不能法治"。[4]那么,如何调动广大人民群众的积极性,来贯彻落实法律?就需要发挥法律职业共同体的作用。律师作为法律职业共同体的

---

[1] 《孟子·离娄上》。
[2] 程卫东:《论主体法律实践准则的构建——现代西方法理学的一个共同缺漏》,载《法律科学》1998年第5期。
[3] 《荀子·君道》。
[4] [古希腊]亚里士多德:《政治学》,吴寿彭译,商务印书馆,1965年版,第99页。

重要组成部分,以提供法律服务为宗旨,是法律与社会、国家司法机关与当事人之间直接的连接点,其通过实施法律、解释法律、宣传法律、完善法律,成为法治的重要实践者。

(一) 律师是法律的实施者

按照法律规定,接受当事人的委托,维护其合法权益和法律秩序,是律师的本职工作。律师的实施是一项专业性极强的活动,需要专业的知识、专门的技能、特殊的伦理等,而律师恰好满足了这一素质要求。在英美法系国家,律师基于共同的职业精神、职业理念与职业思维,形成了强大的"同盟",这一同盟在国家的经济生活、政治革新和社会变革中,都发挥着至关重要的作用。马克思曾评价法官道:"法官除了法律,没有别的上司。"[①]实际上,对律师而言,除了服从于法律之外,没有其他的上司,更是"法律的职员"。在我国,促进和维护法律的正确实施是律师的一项职责,也是我国律师法的基本要求和指导思想。具体而言,律师要通过刑事活动,为当事人进行辩护,提出当事人无罪、罪轻、从轻、减轻、免除刑事处罚的理由,并监督国家司法机关的刑事审判活动;通过民事、商事、行政、劳动等诉讼活动,为当事人收集证据,参加庭审,维护合法权益;通过非诉活动,为当事人提供咨询意见、合同审查、调查取证等,维护法律的正确实施。

(二) 律师是法律的解释者

首先需要讨论的问题是:法律是否需要被解释?答案是显而易见的。滞后性、僵化性是法律的固有特性,即使是在成文法国家,法律也有抽象性、模糊性和不周延性,法律需要被解释。其根源有二:一是语言文字本身具有多义性,在不同的语境下可能有不同的含义,容易引起歧义;二是任何法律都是以前生活经验的总结,不可能预见今后生活中出现的情形。在现实生活中,对某种行为作出模糊甚至互相矛盾的规定以及没有作出明文规定的情况并不少见。那么,司法实践中,无疑义地直接运用的情形是一种理想状态,对法律的进行解释就成为必须。法律运用者"不仅必须从成文法的语言方面去做这项工作,而且要从考虑产生它的社会条件和通过它要去除的危害方面去做这项工作。然后,他必须对法律的文字进行补充,以便给立法机构的意图以'力量和生命'"。[②] "法律解释备受关注还有一个原因,那就是没有法律解释的社会就可能是一个专制的社会。从这一命题的反对解释来看,法律解释问题之所以在今天兴盛,得益于我们这个时代正是一个呼喊法治或者说正在萌动中的法治社会正是法治的兴起,才使法律解释问题真正勃兴。"[③]为了弥补法律的漏洞,就需要法律的精神、原则、公平正义观念、法律学说甚至民俗、习

---

① 《马克思恩格斯全集》(第一卷),人民出版社1995年版,第181页。
② 谢冬慧:《实现公正:法律及其职业的崇高追求——解读丹宁勋爵的司法公正思想》,载《比较法研究》2010年第3期。
③ 陈金钊:《法律解释及其基本特征》,载《法律科学》2000年第6期。

惯、公理,对法律作出解释和说明,使之与社会生活相适应。甚至可以说,法律解释直接关系到法律实施,司法裁决的正确与否通常体现为对法律的解释是否正确。

接下来的问题是,应当由谁或者说谁有能力对法律作出解释呢?法律是一类专业性极强的知识,对法律作出解释也只能由那些精通法律知识、深谙法律原理的人即法律职业共同体,才能对法律作出解释。在我国,根据法律解释的法律效力,把法律解释分为有权解释和无权解释;根据解释者的身份,把法律解释分为司法解释、裁判解释、学理解释等。① 律师作为熟悉、精通法律业务方面的专家,在法律解释中具有重要地位。一方面,实施法律是律师的法定职责,为了正确的履行这一职责,律师必须对法律进行超前研究,依据科学的方法对法律作出解释,进而预测相关案件或主体行为的法律后果,向当事人解答法律问题。另一方面,律师本着忠于法律、对当事人负责的精神,提出代理意见或辩护意见,有利于法官对相关事实和法律的判断。即使律师基于种种动机对法律作出的解释是偏向性解释,也为法律解释提供了一种新思路,满足了诉讼职能。"律师提出的有偏向性的解释意见则在很大程度上开阔了法官的视野,丰富了法官的解释活动,使法官在解释过程中能够对法律产生新的认识和理解,提高法官的法律解释水平。"②

可以说,解释法律是律师的重要使命。准确、明确、严谨、具体的法律规范在纷繁复杂的社会生活面前,往往表现得界定不明、含义不清、界定不准,迫切需要律师向当事人解释,以展示法律之本意;向司法机关解释,以廓清法律之精神。

(三) 律师是法律的宣传者

法治国家的重要标志,是社会全体都能自觉地以法律指导自己的行为。人人守法是法治的本质,而人人懂法是人人守法的前提。因此,国民法律意识的增强、法律素质的提高,对于法治国家建设意义重大。律师的重要职责之一,就是通过言传身教,通过各种法律行为,向当事人和社会公众倡导法治理念、传播法律知识,进而促使当事人和社会公众相信法律、尊崇法律。从当事人的视角看,其寻求律师的帮助的原因就在于,自己不懂法律并相信律师能帮助其解决问题。实际上,当事人聘请律师的目的,不仅仅在于维护其合法权益,而且还包括需要律师向其宣传法律、释明法律,并将社会生活经验与国家的法律法规相结合,预防法律风险,修正自己的行为偏差。从律师的视角看,其通过参加庭审、法律咨询、出具法律意见、开展法制讲座等隐形或具象的形式,让当事人在关心自身利益的同时感知法律,而这种感知法律的效果是潜移默化的、润物细无声的,也是持久的、长效的。所以,律师是法律知识的宣传者,是法律文明的传播者。

(四) 律师是法律的完善者

健全的法律体系是国家法治建设的重要内容,完善法治通常是立法者的任务。

---

① 陶广峰:《法理学》,兰州大学出版社 1996 年版,第 200 页。
② 魏胜强:《法律解释中的法官与法律职业共同体》,载《法律方法》2006 年第 00 期。

然而,不能忽视律师在完善法律方面的作用。首先,律师在执业时能发现法律漏洞;其次,律师能通过提出立法建议启动法律修正程序;再次,律师合理利用法律漏洞会引起社会媒体、司法机关和立法部门的重视;最后,律师在直接参与立法活动中以自己的法律知识、法律思维、法律技巧等促进法律的完善。反过来,律师也有推进立法、完善立法的义务。律师在执行业务时,不能仅仅僵化的适用法律而忽略了法律自身可能存在的缺陷,而要从法律适用角度提出法律完善的新思考,司法人员和立法者也要律师对法律修改的合理预期。从现实看,现代立法日益民主,立法机关普遍采取开放立法举措,包括向律师征求立法意见、进行立法听证甚至直接委托律师立法,让律师等实务部门参与到立法工作来。因为,律师是法律法规最直接的体验主体,是法律规范的主要实践者,对国家的法治环境和法律现状最有发言权。因此,律师以自己的职业优势,在促进国家立法严谨性和前瞻性方面,作用非常明显。

总之,律师是法治的实践者。一个国家的律师水平与国家的法治水平成正相关关系,国家法治水平较高,律师职业发展水平比较高;律师职业的发展水平也会对国家法治水平有很大促进作用。

6.1.4 律师是正义的守望者

(一) 正义及其理论

何谓正义?正义的本质是什么?是世俗的还是神圣的?是道德还是法律?是整体的还是个体的?是和平还是战争?是权利还是义务?是人为的还是自然的?古往今来,从哲学到政治学到伦理学再到法学,从亚里士多德到罗尔斯到弗雷泽再到罗德,许多思想家对此孜孜以求。[①] 正义已构成了世界文化最为重要的也是一贯持之的叙事方式之一。

然而,正如博登海默所说:"正义有着一张普洛透斯似的脸,变化无常、随时可呈不同形状并具有不相同的面貌。当我们仔细查看这张脸并试图揭开隐藏其表面背后的秘密时,我们往往会深感迷惑。"[②]正义是一个开放性的研究课题,正义原则和正义理论总是处在不断发展和嬗变之中。正义的标准具有多样性,理论界从形式正义与实质正义、程序正义与实体正义、机会正义与分配正义、自由主义正义与

[①] 相关研究可参考:[美]罗尔斯:《正义论》(修订版),何怀宏等译,中国社会科学出版社2009年版;[法]让-吕克·南希《不可能的正义:关于正义与非正义》,简燕宽译,新星出版社2013年版;[印]阿马蒂亚·森:《正义的理念》,王磊、李航译,中国人民大学出版社2012年版;[英]巴利:《社会正义论》,曹海军译,江苏人民出版社2012年版;[美]弗雷泽:《正义的尺度》,欧阳英译,上海人民出版社2009年版;郭卫华:《正义的尺度:自由裁量与司法公正》,中国法制出版社2012年版;[英]艾伦:《法律、自由与正义——英国宪政的法律基础》,成协中、江菁译,法律出版社2006年版;[美]罗德:《为了司法/正义:法律职业改革》,张群等译,中国政法大学出版社2009年版;[美]鲁本:《律师与正义——一个伦理学研究》,戴锐译,中国政法大学出版社2010年版;周谨平:《机会平等与分配正义——经济伦理》,人民出版社2009年版;姚大志:《何谓正义:当代西方政治哲学研究》,人民出版社2007年版;陈瑞华:《看得见的正义》(第二版),北京大学出版社2013年版;等等。

[②] [美]博登海默:《法理学、法律哲学与法律方法》,邓正来译,中国政法大学出版社1999年版。

社群主义正义等多角度进行了探讨。近年来,全球化思潮蔓延,文化多元主义向各方渗透,多元正义理论成为主流。①

从法律尤其是从司法的角度来看,正义主要涉及司法正义。实现司法正义是法治建设的重要目标,也是法治社会的主要标志。通说认为,司法正义分为实体公正和程序公正。实体公正是司法公正的基础,主要通过设计并遵循一些立法价值原则来实现,程序公正是司法公正的实现途径,主要通过设计并遵守一定的合理程序来实现。程序公正长期受到忽视,如今,程序的独立价值日益受到重视,成为与实体公正同样地位的价值目标。

(二) 律师是司法公正捍卫者

律师作为最有法律智慧、最具民主精神的社会群体,在增进社会公平正义方面发挥着不可推卸的至关重要的作用。

从西方法治国家的实践经验看,实现社会正义是律师制度的核心价值。譬如,日本《律师法》第1条开宗明义:"律师以维护基本人权、实现社会正义为使命。"我国2007年制定的新《律师法》第二条第二款,把"维护社会公平正义"与"维护当事人的合法权益""维护法律的正确实施"一起确定为律师的社会责任,这也是新《律师法》的亮点之一。虽然,这一提法受到部分人的质疑,譬如,有人认为"维护法律正确实施,维护社会公平正义是司法人员的责任,将其赋予律师是戴高帽子",②有人认为"律师是为当事人服务的,让律师做到维护社会公平和正义,在现实生活中是很难实现的",③但是,律师在提供法律服务时义不容辞地承担着维护社会公平正义的社会责任已成为共识,并被立法所确认。

进而言之,强调律师在维护社会公正方面的使命具有特殊的背景和现实的意义。传统上,上至统治阶层下至普通百姓,对律师都有偏见,律师职业形象不佳。在我国法治建设中,必须发挥律师的作用。如果律师业自身与社会公众都能把"维护人权、实现正义"作为律师的重要职能和价值取向,势必会极大地激励律师参与国家政治、经济、社会生活,捍卫法治和正义。

律师是正义使者。律师并非泥瓦匠,简单地、机械地、僵化地适用法律、打官司,而是要有大道德、大智慧、大胸怀,成为建筑师,在看到细微技术瑕疵的同时更关注到建筑的结构、布局以及与周边环境的和谐。换而言之,律师除了要直接服务于当事人、维护个体正义外,更要捍卫社会法治和整体正义。因此,维护社会公平,实现司法公正,是律师应有的职责,也是律师业的历史使命。

(三) 律师促进司法公正之途径

纵观法治发展历程,不难发现,律师的角色也发生了相应转变,即从早期的单

---

① 相关内容可参见:张秀:《多元正义与价值认同》,上海人民出版社2012年版。
② 王勇文.律师之法仍不美——关于律师法修改的建议和思考. http://www.fayang.com,访问日期:2013年12月7日。
③ 顾永忠:《论律师维护社会公平和正义的社会责任》,载《河南社会科学》2008年第1期。

纯的维护当事人合法权益转变为促进司法改革和实现社会公正的参与者。律师产生的基本基础和首要价值在于维护当事人合法权益,辅助当事人正确行使权利。由于律师的辅助,使整个司法程序得以顺利进行,对司法公正提供了有力支撑。

从宏观上看,民主与法治本身体现了社会的公平和正义,同时也为公平正义的实现提供了可能。[①] 而国家的民主建设需要法治的保障,需要律师的支撑;律师维护公平正义,也即是推动国家法治建设。从微观上看,律师通过个案为当事人提供法律服务,解决法律纠纷,实现个体正义。"实现法律的目的光靠裁判所的努力,显然是不够的。无论如何,它是需要律师协助的,特别是在诉讼外的事件中,有助于实现法律目的的法律工作者,只能是律师。"[②] 另外,不容忽视的是,律师作为"民间"力量,在捍卫司法公正时更容易得到普通民众的肯定与支持。

在国外,律师的触角已深入社会的各个领域,如"总统竞选、租赁房屋、买卖住宅、订立遗嘱、处理财产、设立公司、银行信贷、国际贸易、文化教育等,都有律师活动"。[③] 在我国,律师业作为社会服务业,其所提供的刑事辩护、民事诉讼、行政诉讼等诉讼服务,以及担当法律顾问、参与调解仲裁、商务谈判、合同审查、资本运作、商标代理、专利申请、用工方案设计、法律意见书出具等非诉讼服务,都包含了当事人的合理期待:或者充分保护自己的既得利益,或者防止他人侵犯自己合法权益,或者确认某种法律事实或行为的合法性,这些从本质上而言都是属于公平正义的范畴。[④] 我们很难想象,没有律师的参与,法律事务将如何处理,法律秩序将如何维护,社会公正将如何实现。

在某种程度上,社会公正体现为良好的法律秩序。而法律秩序是由权利义务关系构成的、充满生机活力的、互动的有机体,法律秩序的形成是建立在社会主体正确行使法定权利、履行法定义务的基础之上的。社会主体不一定了解法律即自身的权利义务,即使了解自身权利和义务,也不一定能有效地、正确地行使权利、履行义务。实践表明,律师的专业服务对于公民正确行使权利、履行义务具有重要作用。

当然,对律师业的道德素质、专业水平、职业精神都提出了较高的要求。尤其是在当事人的合法权益和公共利益受到侵害时,律师必须充当正义的化身挺身而出,据理力争,敢于挑战国家公权力。律师要真正成为司法公正的捍卫者,必须具有"社会正义感和勇于坚持真理的精神。坚持真理伸张正义是律师重要的政治品质。律师应当是正义的代言人,富有正义感,才能够仗义执言,维护真理。富有正

---

① 张承根、李永林:《论律师维护公平正义的社会责任》http://www.xblaw.com/news.asp?hid=7666,访问日期:2013年3月22日。
② [日]河合弘之:《律师职业》,康树华译,法律出版社1987年版,第89页。
③ 陈卫东等:《中国律师学》,中国人民大学出版社1990年版,第26页。
④ 顾永忠:《论律师维护社会公平和正义的社会责任》,载《河南社会科学》2008年第1期。

义感,律师才能抵制各种不正当利益诱惑,公正无私,坦坦荡荡"。①

6.2 律师职业再定位

我国学者李学尧先生在《法律职业主义》一书中,对律师职业的定位进行了理论划分:国家主义、职业主义和商业主义,并进行了系统的梳理和比较,②对于研究和认识律师的本质具有重要的参考价值。本部分仅针对律师的属性——这一事关法律服务产品化但理论界仍分歧较大的问题展开论述,以期对重新定位我国律师职业有所裨益。

6.2.1 关于律师职业属性的理论认识

关于律师的职业属性,学界着墨颇多,看法亦差别很大。其中代表性的观点有以下几种。

1. 二性说

该观点认为,律师的职业属性包括阶级性和职业性两方面。律师的阶级性,是指律师制度作为国家法律制度的组成部分而呈现出来的政治属性,即必然体现统治阶级的意志,服务、服从于统治阶级的根本利益。律师的职业性,是指律师职业作为一个特殊的职业群体而呈现出来的区别于其他职业的本质特性,具体包括独立性、自主性、社会性、自律性、专业性等内容。③

2. 三性说

该观点认为,律师的职业属性包括政治性、社会性和职业性三个方面。律师的政治性即阶级性;律师的社会性是指律师作为一种面向社会的职业在服务身份、服务领域、服务对象等方面呈现出来的社会属性;律师的职业性是指律师以自己渊博的法律知识和高超的辩论技巧为社会提供专业服务,属于社会结构中的知识阶层,这种独特的职业性体现在人格独立、知识渊博、任职严格、品德高尚等方面。④

3. 四性说

该观点认为,律师的职业属性包括专业性、有偿性、独立性和维权性四个方面,以王进喜先生为代表。⑤ 王进喜先生在其主编的《律师职业行为规则概论》一书中提出,律师服务的有偿性是律师职业区别与国家司法机关和行政机关公职人员的

---

① 陈金钊:《法治与法律方法》,山东人民出版社2003年版,第186页。
② 李学尧:《法律职业主义》,中国政法大学出版社2007年版,第273页。
③ 司莉:《律师职业属性》,中国政法大学出版社2006年版,第114页。
④ 张耕:《中国律师制度研究》,法律出版社1998年版,第39页。
⑤ 王丽在《律师刑事责任比较研究》一书中则将律师的执业活动概括为专业性、独立性、服务性和自律性四个方面,参见王丽:《律师刑事责任比较研究》,法律出版社2002年版,第4页。

一个表现,独立性是律师的根本特征。律师的专业性、有偿性、独立性,从本质上讲,都是为了维护当事人的合法权益。①

4. 五性说

该观点认为,律师的职业属性包括阶级性、民主性、社会性、独立性、商业性。五性说在二性说和三性说的基础上提出来的,增加了律师职业的民主性和商业性,代表人物是谢佑平先生。谢佑平先生在《社会秩序与律师职业——律师角色的社会定位》一书指出:"律师是'辩论专家',辩论,意味着民主,在没有民主的制度下,是不允许辩论的。因此,律师制度是一种民主制度。"②其进而认为,律师产生于统治阶级民主管理国家的需要,是专制的对立物,律师服务活动本身亦包含民主技术要素。"因为通过律师活动,统治者能直接了解公民的不同意见和心态,了解法律在公民中的执行和遵循情况,并且,通过律师法律服务进一步完善法律,发挥律师在管理社会中的作用。"③对于律师及律师职业的商业性,谢佑平先生认为,其是指"律师为社会主体当事人提供的法律服务原则上是有偿的","律师与当事人之间达成双向合决的社会契约并付诸实施,实质上是一种商业行为"。④律师职业的商业性体现为:律师服务双方当事人的契约性、律师服务内容的有偿性、律师服务产品的市场引导性和律师行为的监督约束性。

5. 八性说

该观点认为,律师的职业属性包括边缘性、民间性、服务性、诚信性、自律性、独立性、复合性和风险性八个方面。该观点主要是针对中国律师当前的生存状态所进行的角色地位分析。其边缘性和民间性是指中国律师长期远离政治中心的状态,其复合性是指律师兼有法律人和经济人的双重角色。⑤

6.2.2 国外律师职业属性

《美国律师职业行为示范规则》把律师定位为:"是当事人的代理人,是法制工作者,是对法律的顺利实施和司法的质量负有特殊责任的公民。"日本《律师法》把律师定位为:"维护基本人权,实现社会正义"⑥德国《德意志联邦共和国律师法》把律师定位为:"律师是独立的司法人员。"⑦1990年国际社会通过的《联合国律师作用的基本原则》第11条规定:"作为维护正义的根本代言人,律师在任何时候都应当维护该职业的荣誉和尊严。"通过西方国家和组织对律师的定位,我们可以发现,

---

① 王进喜,陈宜主编:《律师职业行为规则概论》,国家行政学院出版社2002年版,第2页。
② 谢佑平:《社会秩序与律师职业:律师角色的社会定位》,法律出版社1998年版,第28页。
③ 谢佑平:《社会秩序与律师职业:律师角色的社会定位》,法律出版社1998年版,第30页。
④ 谢佑平:《社会秩序与律师职业:律师角色的社会定位》,法律出版社1998年版,第32页。
⑤ 刘武俊:《解析中国语境的律师角色》,载《律师文摘》,时事出版社2004年版,第249页。
⑥ 日本律师协会编:《日本律师联合会关系法规集》,郑根林,译,中国政法大学出版社1989版,第2页。
⑦ 司法部法规司组织编译:《外国律师法选编》,法律出版社1992年版,第1页。

这些国家对律师寄予了很高的期望,同时,律师在西方社会享有崇高的荣誉。总体来看,西方国家对律师的定位主要包含以下要义。

首先,把律师定位为提供法律服务的自由职业者,具有独立性和商业性。律师需要生存和发展,以自身的专业知识、服务手段和服务技能为手段,通过法律服务来获取一定的利益是其生存和发展的经济基础,因而律师具有商业性。同时,虽然律师接受当事人的委托并接受国家行业的监督,但并不意味着律师依附于当事人或国家机关,相反,除了服从于法律之外,律师无须服从任何人,因而律师具有独立性。

其次,律师是司法辅助者,具有社会性。律师追求经济利益不能"唯利是图""不择手段",律师还肩负着增进社会公正的重担,因而律师不同于一般的商人而具有社会性。在西方国家,律师虽然提供商业性的法律服务,但同时倾向于把律师视为一个法律机构——司法协助者,担负起法律正确实施的使命和责任。例如,在加拿大,律师属于司法辅助人员系列;在日本,律师则被称为"在野法曹"。

最后,律师要服务政治,具有政治性。在西方国家,律师的活动范围不仅限于法律事务,而常常跨入政界。以美国为例,律师通常是进入政界的重要捷径,为政界输送了大批人才,历届总统、议员、部长、州长及其他政府官员、顾问当中出身律师的比例非常高,甚至把美国的政府说成是律师的政府而非人民的政府都不为过。律师除了进入行政系统外,进入司法系统更是司空见惯。由于律师与法官的天然的"血缘"关系,美国法官通常是从律师中遴选而来。

从律师业发展的未来趋势看,两大法系国家律师的地位都在不断上升,律师业务不断拓展,律师事务所开始向公司化、规模化、大型化发展,非诉讼律师业务比重持续上升,专业化律师日益突出,跨国律师服务业务不断增多等。[①] 其中,关于律师职业角色方面,有两点值得关注。一是律师角色定位向多元化方向迈进。这是由律师角色定位的风向标——社会需求的多样化决定的,即律师角色从法治方面,向政治方面、经济方面、社会方面、文化方面等领域拓展。二是律师的社会地位越来越高。曾有学者给予律师高度评价:"西方法治先进国家的发展进程表明,法治如果说是'法官之治'更毋宁说是'律师之治'。"[②]其根源在于,律师在监督和制约国家公权、促进社会管理创新等方面的重要作用。当然,律师地位的提高则有利于律师赢得社会公众的信任和支持,增强社会对律师角色的认同和信任,从而减少因社会公众对律师角色心存芥蒂产生的隔阂矛盾,进而为律师业发展提供一个坚固的后盾支持和宽松的社会环境。

---

① 陈卫东:《中国律师学》,中国人民大学出版社2008年版,第17页。
② 刘海涛:《司法改革与律师业》,http://www.studa.net/sifazhidu/030622/2003622143029.html。访问日期:2013年12月10日。

6.2.3 我国律师定位的发展

1949年新中国建立后，我国模仿苏联律师制度对清末修律运动中引进的完全西化的律师制度进行了修改。1980年颁布了《律师暂行条例》，将律师与法官、检察官一同定位为"国家法律工作者"，首先维护国家集体的利益，其次才是人民公社、公民的合法利益。应当说，这种职业定位是与当时的社会环境相吻合的。此时，我国刚刚结束十年动乱时期，百废待兴，迫切需要律师作为司法的组成部分拨乱反正，也因此需要赋予律师一定的国家公权力，从而促进律师业在短时间内迅速发展。

1993年出台的《关于律师工作进一步改革的意见》提出，要把律师作为第三产业对待。1996年通过的《中华人民共和国律师法》明确把律师定位为"社会法律服务工作者"。作为我国第一部律师法，走出了国家权力支配律师的误区，将律师从国家公权力的束缚中解放出来，大大扩展了律师的社会参与作用。然而，此时刚刚确立市场经济体制，处于社会转轨初期，并没有赋予律师必要的权利保障，因而也就无法实现律师职业定位由"国家化"转向"社会化"，律师身份转型过快、过急。

1997年，党的十五大将律师界定为"社会中介组织"，即具有商业性，当时，相当一部分律师已脱离了公务员身份。相应地，律师事务所性质也发生了明显变化，合伙律师事务所比例已经占多数了。2001年，对《律师法》进行了修订，把律师与民营企业家、注册会计师等职业一样，定位为"新社会阶层"，这是在社会法治发展背景下，对律师定位和权利作出的微调。律师因而被统战部门规划到了同一个平台，很大程度上限制了律师执业和公民获得法律服务的空间。[①] 张明楷先生认为，律师本是法律真实含义的发现者，是法律规范的构建者，是形成正确解释方案的一种重大力量，而2001年《律师法》中这样的定位并不利于律师在建设社会主义法治国家中发挥更大的作用。[②]

2007年，通过了新修订的《律师法》，该法第2条规定："本法所称的律师，是指依法取得律师执业证书，接受委托或指定，为当事人提供法律服务，维护当事人合法权益，维护法律正确实施，维护社会公平和正义的执业人员"。这一定义虽然没有改变律师的职业性质，但是把律师服务对象改为"当事人"，即律师是为当事人提供法律服务的执业人员。因而，与以往相比，这一定位有理性的提升。

可见，我国对律师的职业定位上，从"国家法律工作人员"到"为社会提供法律服务的执业人员"再到"社会中介组织"最后到"三个维护'的法律服务执业人员"的身份嬗变。这反映出我国对律师职业的价值定位发生了重大转变，即从"国家本

[①] 傅达林：《律师职业定位与公民权利回归》，http://www.china.com.cn/xxsb/txt/2007-10/10/content_9029226.htm，访问日期：2013年3月22日。

[②] 张明楷：《律师的定位》，载《律师文摘》2006年第五辑，卷首语。

位"演变到"社会本位"再演变到"当事人本位",越来越接近于律师的本质。

回顾一下我国及其他国家律师职业发展的历史脉络,不难发现,律师制度是国家法制的重要组成部分,因而,各个国家不同阶段的律师职业定位与当时该国的经济、政治、文化等社会客观条件相适应。就我国而言,在市场经济体制确立前的相当长的一段时间内,当时的律师任务、队伍、职责等方面决定了,律师的核心职责是协助国家实施法律,而不是最大限度地保护当事人权利,因此,律师应享有国家公权力。随着改革开放的深入,市场经济体制逐步确立,需要发挥律师在市场服务中的作用,但毕竟处于社会转型初期,因而把律师定位为"社会法律工作者",并用了大量篇幅限制律师权利。在2007制定新《律师法》时,社会环境已经发生了根本性变换,法制建设逐步完善,民主建设积极推进,因而,律师的职业定位确立为"三个维护"的法律服务执业者。

6.2.4 律师的职业属性

前文我们从律师职业属性的理论争鸣和国内外立法界定两个方面进行了探讨,发现"以学者的冷静和理智在中国语境下全方位地解构律师这一角色",并努力对"律师角色作出科学界定"。[1] 然而,由于划分标准和研究视角的不同,无论是理论界还是实务界关于这一问题都有不同的看法,甚至差异很大。笔者认为,要想科学、准确的界定律师的职业属性,首先要从确定律师职业属性的考量因素出发,即确立考量标准和出发点是定位律师职业的逻辑起点。

(一)律师职业属性的考量因素

我们认为,定位律师职业属性时应从以下几个因素综合考量:

1. 要考虑"职业属性"的定义

"律师职业属性"属于"职业属性"的一种,所以,定位律师职业属性,首先要了解"职业""属性"以及"职业属性"基本含义。《现代汉语词典》把"职业"解释为:"社会个体成员在社会中所从事的作为其获取主要生活来源的工作";[2]把"属性"解释为:事物本身所固有的性质,是物质必然的、基本的、不可分离的特性,又是事物某个方面质的表现;一定质的事物常表现出多种属性,有本质属性和非本质属性的区别。而职业属性是指某种职业在一个社会得以产生、存在及发展的社会基础、条件和价值,也可以说它是一个职业在社会上的立足之本。[3] 所以,律师职业的属性,从一定意义上讲就是探讨律师作为一种职业,它在一个社会得以产生存在和发展的立足之本。[4]

---

[1] 司莉:《律师职业属性》,中国政法大学出版社2006年版,第122页。
[2] 《现代汉语词典》,商务印书馆出版社2005年版,第18页。
[3] 《现代汉语词典》,商务印书馆出版社2005年版,第1208页。
[4] 顾永忠:《论律师的职业属性》,载《中国司法》2008年版,第49页。

2. 要正确对待律师职业的阶级属性和政治属性

阶级性以及政治性是否是律师职业的本质属性,或者,是否必须把阶级性作为律师的首要属性来考虑,这是一个我国相当长的时间内敏感、长期争论且难以回答的问题。一直以来,坚持律师职业的阶级性和政治性成为学界通说。社会发展到今天,我们认为,律师的阶级性不是不可以谈,律师也应当具有政治功能,但从职业属性角度来看,律师职业的阶级性和政治性不应过分关注。

3. 要把律师职业属性与律师的价值、律师的功能相区别

律师的价值、律师的功能是与律师的职业属性密切相连但又有显著区别的两个概念。律师的职业属性需要通过律师的价值和功能来实现,但律师的价值和功能不能是律师职业属性本身。律师职业属性是体现律师这一职业之中的本质特点。譬如,律师与法官、检察官在维护社会正义和当事人利益方面可能价值和功能相同,但很明显他们之间的职业属性并不相同。

4. 要把律师的职业属性与法官、检察官的职业属性相区别

从古至今,律师都与法官、检察官关系密,共同构成了法律职业共同体。那么,研究律师的职业属性尤其需要把其与法官的职业属性和律师的职业属性进行比较分析,即在法律职业共同体内进行研究,而不是把律师职业与新闻、医生等其他职业相比较。[①] 在我国,自从2002年国家司法考试统一后,律师与法官、检察官在任职起点、知识条件、行为目标、行为后果等方面存在千丝万缕的联系。因而,必须把律师的职业属性与法官、检察官的职业属性区别开来。

5. 律师自身因素的制约

律师职业作为一种特殊的职业,在业务活动中要与普通的个人、国家以及同行等发生种种的关系。因此,这一职业就需要更加严格的自律,需要建立起良好的律师职业道德体系。[②] 在我国现实中,由于律师管理体制的滞后,导致律师内部分工不明,律师专业性不强,"万金油"式律师普遍,律师市场上鱼龙混杂。因此,要界定我国律师职业属性应当充分考虑律师在当地的利弊因素。

律师属性是一个综合概念。前述学者各种解说可以分为两类:第一类是包含阶级性的学说,包括二性说、三性说和五性说;第二类是不包含阶级性的学说,包括四性说和八性说。这两类观点的最大区别就在于是否包含阶级性,前者包含阶级性,后者则单纯地从律师的职业特性入手,不考虑阶级性问题,八性说更是专门针对中国律师的现状提出的看法。在阶级性的问题上,三性说与二性说基本观点是相同的,且混淆了性质与功能的概念。换句话讲,律师职业具有政治功能,但不能认为其具有在政治属性。四性说虽然抛弃了"阶级属性论",相对比较合理。我们认为,从某种程度上来说,律师职业服务活动具有一定的商品性,但其又不能完全

---

① 李瑜青:《法治与律师职业的使命》,载《学术界》2005年第4期。
② 陈卫东:《中国律师学》(第三版),中国人民大学出版社2008年版,第56-57页。

等同于普通商品。

（二）我国律师职业定位的基本方向

能够准确定位律师的职业属性，不仅关系到律师能否提供更有效的法律服务，而且关系到国家法治建设能否顺利进行。在当下的中国，传统中律师是"国家公职人员"和"法律服务中介"观念根深蒂固。在市场经济的冲击下，社会公众认为律师"唯利是图"、商业色彩过于浓厚，与其他服务业并无不同，对律师执业的合法性、正当性认识不足，这显然不利于我国律师业的健康持续发展。我们认为，定位我国律师的职业属性，应把握以下基本原则：

首先，律师的职业属性要以满足社会需求作为出发点和落脚点。社会需要什么样的律师，要其完成什么样的使命，是对律师角色定位的关键一步。[1] 在市场经济看来，社会大众是需求方，律师是供给方，提供的产品就是法律服务。因此，社会需求直接决定了律师应以何种角色、提供何种服务和产品来满足。反过来，律师只有提供满足社会需要即适销对路的服务和产品才能实现律师最大限度的社会价值。律师的根本使命在满足社会需求，服务社会大众，维护公平正义。这一点是律师职业定位的决定性要素。

其次，律师的职业属性受制于律师的本质属性。在一定程度上，律师的本质属性制约着甚至决定着律师的职业属性，譬如律师的经济本质决定了律师服务的独立性、有偿性。易言之，律师的职业属性是律师的本质属性在职业领域的外在表现，律师的本质属性是律师职业属性的内在尺度。所以，律师职业属性定位要以律师本质属性为基石，充分反映律师的本质属性。

最后，律师的职业属性定位离不开要我国的政治经济背景和律师业发展水平。有些学者完全以西方国家律师的标准来定位我国律师职业角色，这是不合时宜的。前文已经述及，律师制度是一国政治制度的重要组成部分，受制于该国经济发展水平、历史文化传统、政治民主架构等客观环境。所以，在界定我国律师职业属性时，应实事求是，既要有前瞻性又要有现实性，既要"仰望星空"又要"脚踏实地"。

（三）律师的职业属性

基于以上分析，我们认为，律师的职业属性体现在以下几个方面。

1. 律师职业具有社会性

律师职业的社会性是指律师是为社会公众提供法律服务和产品，以满足社会的需要。与法官、检察官依靠国家公权力提供法律服务不同，律师提供法律服务是凭借自己的专业知识和能力，完全从社会公众的需要出发。这是律师产生的原因，也是律师业发展的根基。

---

[1] 尹年长，袁晓勇：《浅析律师角色的社会定位——兼谈律师法对律师权利义务的设计》，载《湛江海洋大学学报》，2006年第5期。

2. 律师职业具有专业性

律师职业的专业性是指律师提供的法律服务和产品要以专业性的法律知识为依托。法律服务不同于一般的社会服务,具有很强的专业性。律师提供法律服务不仅需要娴熟的专业技术,而且需要一种"卫道精神"和职业敏感性。也正因为律师职业的专业性,古今中外对律师职业准入都有严格的明确要求,比如我国的司法资格统一考试制度。

3. 律师职业的有偿性

律师职业的有偿性,即律师职业的商业性,是指当律师服务属于有偿服务,律师有权取得合理报酬。律师职业的社会性决定了律师所提供的法律服务和产品应遵循市场的逻辑,符合价值规律。律师和当事人之间的关系属于平等主体关系,律师为当事人提供法律服务和产品是等价有偿的交换关系。律师也只有获得一定的报酬,才能为当事人提供更有效的法律服务,才能为社会提供更好的法律产品。这也是律师与法官、检察官的不同之处,[1]只是律师职业在多大程度上具有有偿性,或者说律师能否完全商业化,则需要进一步探讨。

4. 律师的独立性

律师职业的独立性,即律师职业的自由性,是指律师提供法律服务是建立在双方意愿基础之上,律师不依附于法官和当事人,独立提供法律服务。"司法独立和律师自由是实施法治原则必不可少的条件",[2]离开律师自由,法治便徒有虚名。双方当事人之间的意愿是律师法律服务活动的建立基础,而能否取得当事人的信任则是律师能否开展法律服务的关键。律师取信于当事人的前提是律师高度的独立性,具有自己独立的利益与地位,不受其他国家机关与个人的干涉。[3] 同时,律师在提供法律服务时,有自己独立思考,不依附于当事人,不屈从于公权力。律师的独立性决定了律师依法开展活动、提供法律服务,不受非法干涉。在西方国家,正是由于律师独立自主、不卑不亢的职业形象才获得了当事人的信任与尊重,才博得了公权力的赏识,才赢得了崇高的社会身份与地位。当然,律师自由不是绝对的自由,是以律师的职业精神、职业道德、职业纪律、职业责任作为后盾的。尤其是在社会问题日益突出的今天,律师的公共性和社会责任日益重要。

5. 律师职业的自治性

律师职业的自治性,即律师职业的自律性,是指律师职业主要依靠行业自治、自律,而非国家公权力。律师职业的独立性决定了律师职业的自治性,决定了律师

---

[1] 公检法机关对当事人的服务实际上是一种政府行为,是公权力的行使,所以即使收取了当事人一定的诉讼费用,也并不能因此认定公检法机关也是有偿服务的。

[2] 王人博、程燎原:《法治论》,山东人民出版社1989年版,第97页。

[3] 王全章:《律师角色的分析》,http://www.sdlawyer.org.cn/001/001002/001002002/65678353102.htm. 访问日期,2013年3月22日。

必须实行自治管理。① 律师与法官、检察官的一大区别在于,律师没有国家公权力背景,甚至还要站在国家机关对立的一方,以保护当事人的合法权益,维护社会正义。这决定了律师的管理模式与政府管理模式不同,而是采用行业自治、自律模式。律师的主要组织"律师协会"是行业自律组织,实行行业自治管理。当然,律师职业的自治性,并不意味着律师不受任何约束,属于社会的离心力量,也要受到国家司法机关、社会媒体、当事人的监督,保证其成为维护民主与实现法治的重要力量。

6.3 律师功能再认识

关于律师的功能和作用,学界着墨颇多,我国 2007 年《律师法》也进行了明确规定,即"维护当事人合法权益,维护法律正确实施,维护社会公平和正义",此不赘述。就我国而言,改革开放以来,律师队伍不断壮大,律师作用不断增强。我们需要思考的是,在我国全面建设小康社会的时代背景下,在社会主义法制已经健全的语境下,律师应如何发挥更大作用价值。本部分从律师与社会转型、律师与法治中国建设、律师与社会管理创新、律师与和谐社会等角度进行探讨。

6.3.1 律师与社会转型

(一)社会转型基本理论

"社会转型"范畴源自西方社会学的现代化理论。在中国,关于社会转型问题的研究,一般认为是由李培林发表在《中国社会科学》1992 年第 5 期的《"另一只看不见的手":社会结构转型》一文最早提出并系统阐述的。随后,"社会转型"问题一直是学界探讨的一个热点问题。

从不同的学科可以对社会转型作出不同的解读。从社会学角度出发,社会转型就是从一个社会形态转变为另一个社会形态,现代社会转型主要是指从乡村社会向城市社会、从农业文明向工业文明、从封闭性社会向开放性社会的变迁和发展,这是社会转型研究的主要维度。② 从历史学角度出发,社会转型是一种全面的整体的结构性变动,其中,经济结构的转换具有根本性和决定性意义,这主要是马克思主义的研究维度。③ 从哲学角度出发,社会转型标志着人类社会的全面发展和全面进步,体现着社会结构及社会形态的变迁,以及人们生产方式和生活方式的

---

① 孙建:《律师惩戒职能分工改革研究》,载《中国司法》2004 年第 2 期。
② 荆学民:《现代社会转型的性质、运演和趋势》,载《上海行政学院学报》2001 年第 4 期。
③ 郭德宏:《中国现代社会转型研究评述》,载《安徽史学》2003 年第 1 期。

改变，①也即是说，社会转型不仅在于社会结构的转变，更重要的在于实现人的现代化，这主要是方法论的研究维度。

本文语境中的社会转型特指中国社会转型，其起点是1978年党的十一届三中全会。② 也即是说，社会转型主要指改革开放以来中国社会结构的变化，即是指完成经济、政治和文化等领域全面性的社会变革，由传统农业社会向现代工业社会转变，由高度集中的计划经济体制向社会主义市场经济体制转变，由政治国家向公民社会转变，实现中国特色的社会主义现代化，意味着经济市场化、政治民主化、文化多样化的万象图景。③ 至于近代中国社会转型至今是否完成，大多数学者持否定的态度。④"中国近代社会转型，已持续了150年之久，至今尚未最后完成。"⑤实际上，我们今天所关注的社会转型，实质上与现代化是同一个问题，是传统型社会向现代型社会过渡的过程。在此过程中，传统因素与现代因素此消彼长，社会的结构发生整体性变革。

西方社会学家普遍认为，20世纪70年代以后的人类社会发生了（着）深刻的变化，即由传统工业社会向另一种社会形态变革（变迁），丹尼尔·贝尔称之为"后工业社会"，马尔库塞称之为"单向度的社会"，吉登斯称之为"现代性社会"，利奥塔称之为"后现代社会"，更多学者称之为"信息社会"或者"知识经济社会"。

中国社会转型是在特定的国际、国内背景下进行的，受到历史、现实等诸多因素的影响。它不是孤立进行的，离不开国际社会转型的大环境，更离不开中国的特定时空。中国社会转型，从空间上看是全方位的、多角度、多层次的，⑥从时间上看是加速度的，从程度上是看则是深层次的，从难度上看具有复杂性、艰巨性，从动力上看具有自觉性、计划性、系统性和配套性，从性质上看具有非同源性。⑦

我们可以把世界各国的社会转型可以分为三类："早发内生型""后发外生型"

---

① 王雅林：《中国社会转型研究的理论维度》，载《社会科学研究》2003年第1期。
② 关于我国社会转型原点结构及起始点的判定，我国学界主要有四种观点：第一种观点认为中国社会转型始于是清前期，参见高翔：《论清前期中国社会的近代化趋势》，载《中国社会科学》2000年第4期。第二种观点认为中国社会转型始于鸦片战争，这也是大多数学者的观点，参见马敏：《有关中国近代社会转型的几点思考》，载《天津社会科学》1997年第4期；郑杭生：《中国社会大转型》，载《中国软科学》1994年第1期。第三种观点认为中国社会转型始于1860年的洋务运动开始的，参见陈国庆：《中国近代社会转型刍议》，载《华夏文化》2001年第2期。第四种观点认为中国社会转型始于1978我党的十一届三中全会。夏东民：《我国社会转型起始点论析》，载《南京林业大学学报》(人文社会科学版)2006年第3期。
③ 朱志萍：《首届"社会转型与社会心态"学术研讨会综述》，载《哲学动态》2000年第5期。
④ 当然，也有学者提出不同的见解。如有的学者认为，至1949年，在中国社会经济结构呈现"非新非旧、新旧混合型"的社会转变时，"资本主义近代工业虽未能与传统农业和家庭手工业平分天下，但它已成为整个经济结构中异质的对立因素和不可忽略的子系统。这种二元化、混合型经济结构的成型，标志着中国近代社会转型的完成。"参见陈曼娜等：《论近代中国社会结构的转型》，载《河南大学学报》，1996年第4期。
⑤ 马敏：《有关中国近代社会转型的几点思考》，载《天津社会科学》1997年第4期。
⑥ 王永进、邬泽天：《我国当前社会转型的主要特征》，载《社会科学家》，2004年第6期。
⑦ 戚攻：《社会转型·社会治理·社会回应机制链》，载《西南师范大学学报》(人文社会科学版)2006年第6期。

和"后发内生型",西方发达国家的社会转型属于"早发内生型",中国近代社会转型属于"后发外生型",中国改革开放以后开始的当代社会转型应当属于"后发内生型"。中国当代社会转型不仅仅是对外现代化挑战的一种自觉的回应,而且是本社会内部现代性不断成熟和积累的结果。相对于"后发外生型"的近代中国社会转型而言,它的被动性和防御性降低,社会转型的急功近利色彩淡化,社会转型的自觉意识增强,呈现出自主性和统一性的特点。中国社会转型表现为现代因素由外到内、由表及里、由名到实的生成和发展过程。①

当今中国的社会转型是以经济、政治体制改革为先导,在实行社会主义制度的自我发展与自我完善的基础上,通过政治、经济、文化、社会认同等层面的互动,不断推进与加速社会结构的其他方面转变。其内容包括经济转轨即由高度集中计划经济体制向市场经济体制转型;政治民主化,即由传统权力高度集中的政治体制向现代民主政治体制转型;文化现代化,即由过去封闭、单一、僵化的传统文化向开放、多元、批判性的现代文化的转型。

(二) 社会转型需要社会整合

在社会转型期,社会关系发生分割重组,社会结构发生重大变革,利益多元化、冲突普遍,最终导致社会分化。一方面,在经济领域,劳动分工更加深入、细致,并导致经济关系发生相应变化;另一方面,在政治、社会、文化、思想等领域亦相继出现了分化过程,整个社会结构呈现出从同质性向异质性的变化。②

社会分化既可能产生积极后果,比如有助于提高社会的整体功效,伴随着各个结构要素的功能互补和耦合,从而促进社会的协调发展;也可能带来消极后果,比如造成冲突、降低社会整合性、压抑社会成员的积极性。③ 那么,为了避免社会转型中断,防止社会断裂和失衡,应当进行社会整合。

所谓社会整合,是指运用政策、法律法规等手段调整或协调社会中不同利益群体之间的矛盾和冲突,消除社会的不稳定因素,重建社会的共同价值观,使之成为一个和谐统一的体系的过程。④ 从本质上而言,社会整合是一个形成共识、求同存异、和睦共处的过程,也即"借以调整和协调系统内部的各套结构,防止任何严重的紧张关系和不一致对系统的瓦解的过程。"⑤ 可见,制度和规范,尤其是法律是社会整合最有力的工具,需要发挥法律的强制作用对社会进行调整。

(三) 律师在社会整合中的作用

拾级而上,法律系统如何才能发挥社会整合功能呢?一方面,通过立法活动分

---

① 刘祖云:《社会转型:一种特定的社会发展过程》,载《华中师范大学学报》1997年第6期。
② 郑杭生:《社会学概论新修》,中国人民大学出版社2000年版,第288页。
③ 同上。
④ 郭国坚:《转型社会中律师业的结构变迁》,载《武汉科技大学学报》(社会科学版)2011年第1期。
⑤ 转引自[美]安东尼·奥勒姆:《政治社会学导论——对政治实体的社会剖析》,董云虎、李云龙译,浙江人民出版社1989年版,第114页。

配、确认、规范利益,预防利益冲突;另一方面,通过执法和司法活动,化解矛盾,解决纠纷。进一步考察,不难发现,整个法律整个功能发挥过程中,除了制度因素外,人的作用至关重要。即是说,法律职业共同体的执业活动是法律社会整合功能的承载者。

法治观念是法律职业共同体重要价值图景。法官、检察官、律师等或通过提供法律咨询和法律意见,防范不法行为的发生,避免引起法律诉讼;或通过解决法律争端,化解已发生的法律纠纷,引导犯罪分子重新走上社会。从精神病理的角度看,律师对当事人的倾听和帮助,法官的听讼解纷,时常使当事人精神上的压力缓解或减轻;更确切地说,法律职业在社会结构中的地位是一种间质,是立法机关、行政机关与普通公众之间的缓冲器。①

不容忽视的是,在社会发展过程中,法律职业共同体也在逐步分化,其中一个重要标志就是律师业的诞生。事实证明,律师在社会整合中发挥着不可替代的作用。其一,以法律为依据,为当事人提供法律服务,有效防范和化解法律风险;其二,以"公共利益的维系者"面目,制约国家权力,实现权力制衡,对国家和社会负责。其三,参与国家政治生活,推进社会民主进程。譬如,成为政府顾问、参与公共决策、提出立法建议等。

6.3.2 律师与法治中国建设

改革开放的四十多年,是中国社会主义市场经济法治逐步完善的四十多年。以法律制度为核心的制度建设是支撑改革开放四十多年的关键因素之一,执法和司法状况大大改善。尤其是党的十五大以来,依法治国成为国家治国方略,并纳入宪法。中国特色社会主义法律体系已经形成,经济、政治、社会等领域都有了相关法律,解决了有法可依的问题;执法和司法朝着更公正、更高效、更清廉、更文明的方向发展。

法治是政治文明发展到一定历史阶段的标志,是当代治国理政的基本方式,是为当今世界各国人民所向往和追求。在建设法治中国的过程中,离不开律师作用的发挥。这些作用概括起来有以下几点。

第一,律师有利于维护法律的尊严。法律作为一种行为规范,能得到人们的普遍遵守,是法治的重要标志。然而,事实证明,法律时常遭到破坏,法律的尊严遭到践踏亦不鲜见。维护法律的尊严和权威,不仅需要依靠公检法等国家公权力,而且要依靠律师力量。律师维护当事人合法权益免受他人侵害,这是律师最基本的职责,从根本上讲,也维护了法律的尊严。

第二,限制公权力滥用。法治国家的一个重要特征就在于形成了有效的国家公权力制约机制,这一机制包括两方面:一是公权力制约公权力,即以权力制约权

---

① 李学尧:《法律职业主义》,中国政法大学出版社 2007 年版,第 65—71 页。

力；二是私权利制约公权力，即以权利制约权力。律师作为精通法律的专业人士，除了享有普通公民所享有的监督权外，而且还享有诸多法定职权，比如辩护权，这些权力（权利）的行使，极大地限制了国家公权力的滥用。

第三，律师通过推动立法、参与执法、鼓励守法、实施监督等方式，促进国家法治建设。律师参与国家法治建设的方式方法多样，作用的范围非常广泛。同时，律师在推动法治建设方面有着天然的职业优势，包括职业精神、专业知识、法定权利等。从利益驱动角度看，律师服务通常是有偿服务，其价值的大小是由其服务的质量决定的。所以，律师为了实现自己的利益，会不断拓展服务范围，提高服务质量，更好地保护当事人的合法权益。其结果，自然而言地促进了法律的实施。

结合法治实践来看，律师业的兴衰与国家的法治建设"一荣俱荣、一损俱损"。历史上重视律师作用的时代和国家，都是法治比较文明的国家，比如古罗马时期，历史上忽视律师作用的时代和国家，都是法治比较落后的国家，比如欧洲中世纪。可以说，律师是一个国家法治化程度的晴雨表，是衡量国家法治化建设水平的重要标志，是国家法治建设的重要力量。也可以说，一个没有律师，或者把律师仅当作一种摆设、可有可无的角色的社会肯定不是法治社会。

"罗马不是一天建成的"，法治中国的实现也不是一朝一夕成就的，需要发挥社会各界的作用。随着律师参与国家事务渠道日益完善，律师队伍必将进一步发展壮大，律师在法治中国建设中的作用必将更加凸显。"不积跬步，无以至千里；不积小流，无以成江海。"律师的法律服务可能是点点滴滴，但其对法治中国的建设能"积万众之私，成天下之公""至千里之远，成江海之势"。

6.3.3 律师与社会管理创新

律师一般不属于国家工作人员行列，不享有公共管理权，因而也不具有管理公共事务职能。然而，从法治发达国家经验来看，律师无时无刻不在对政治活动施加影响，这种间接管理社会的作用可以称为辅佐社会管理。"在西方国家中，律师都是作为社会政治结构中的重要的力量，直接参与并实际影响着西方国家的民主政治制度运作过程……把律师理解为平衡民主的最强大的一种力量。"[1]马丁·梅耶指出："在整个美国，律师常常是社会的领导人物：他们受托对教育机构、博物馆、教堂、医院等进行管理（通常作为领导者）；他们无偿地向慈善团体提供服务，进行公民自由权诉讼，替惹上麻烦的穷人辩护。"[2]所以，律师虽不直接参与社会管理，但在社会管理中发挥着重要作用。2011年5月31日胡锦涛总书记主持召开的中共中央政治局会议指出，加强和创新社会管理，事关巩固党的执政地位，事关国家

---

[1] 顾培东：《中国律师制度理论检视与实证分析》，载《中国律师》1999年第10期。
[2] [美]马丁·梅耶：《美国律师》，胡显耀译，江苏人民出版社2001年版，第9页。

长治久安,事关人民安居乐业。① 要牢牢把握最大限度激发社会活力、最大限度增加和谐因素、最大限度减少不和谐因素的总要求,积极推进社会管理理念、体制、机制、制度、方法创新,完善党委领导、政府负责、社会协调、公众参与的社会管理格局。这就为我国律师参与社会管理提出了明确要求。因此,律师作为社会主义法律工作者必须坚决按照中央的要求和司法部、全国律协的部署,在大局中定位、在机制上创新、在行动上作为、在体系中配合、在素质上提升,主动参与社会管理创新,结合社会大势和行业特点,积极探寻创新社会管理的路径和方法。

(一)重树理念,做服务大局的律师

律师事务所的全面脱钩改制,推动了律师行业的快速发展,也促生了律师的自我意识、经济意识和独立意识。面对现阶段我国社会转型的深化、社会矛盾的凸显、社会形势的严峻,律师需要重新思考自己的职业定位,审时度势,与时俱进,把好方向,融入大局。

1. 走出个体,做社会人

多年来,一些律师曲解自由执业的行业特性,奉行单打独斗、自我实现、自由表达,使自己脱离社会整体、远离国家政治,这不仅违反事物的发展规律,也直接影响行业自身的发展。在当前加强和创新社会管理的背景下,律师应深刻理解马克思关于"人的本质是社会关系总和"的论断,主动融入立体的、多元的、变化的社会关系中,不断调整自己的角色,做社会管理、建设、发展的一分子,与党委政府、社会组织、社会公众紧密联系、密切配合、分工协作,履行作为社会成员应尽的责任,在国家政治社会经济发展中发展自己,在应对各种矛盾危机事件中锤炼自己,在社会转型变革挑战中展示自己。

2. 走出客户,做公正人

维护委托人的合法权益,固然是律师的职责所在,但超出法律规定、打破公平、违反正义则有违律师的本质属性。《律师法》规定律师的职责是:"维护当事人合法权益,维护法律正确实施,维护社会公平和正义。"② 但近年来,律师维权有简单化、具体化、功利化的趋势,个别律师为了迎合客户需要,不惜玩弄法律、违背道德、违反良知,甚至怂恿当事人上访闹事,妨碍社会管理,破坏社会稳定,这有违于律师执业准则。参与社会管理创新要求律师走出狭隘的利益圈,正确扮演法律人的角色,辩证处理"三维护"之间的关系,不仅要做好当事人权益的维护者,还要切实做好法律正确实施社会公平正义的维护者。

3. 走出业务,做管理人

社会管理离不开社会组织的配合和社会公众的参与。律师行业组织、执业机构以及律师个人不能把社会管理置之度外,要在做好自身业务的同时,胸怀全局,

---

① 见胡锦涛总书记2011年5月30日在中共中央政治局会议上的讲话。
② 《中华人民共和国律师法》第二条。

担当职责,注意在业务工作中洞察社会问题,了解公众诉求,捕捉动态信息,发现制度漏洞,主动介入管理;要在做好自身业务的同时,转变观念,调整定位,注意把握与普通民众的区别,既遵纪守法,做高素质的公民,又参与管理,做党和政府的助手;要在做好自己业务的同时,提高素质,树立形象,注意以自己思想、言论、行动引导普通民众,弘扬社会正义,构建社会和谐。

4. 走出利益,做政治人

毋庸置疑,把法律服务归入服务贸易,把律师事务所推向市场,把律师定性为社会提供法律服务的人员,极大地促进了律师业的快速发展。但与此随之而来的律师执业的商业化,使得许多律师把追逐经济利益作为执业的目的和归宿,忘记或淡化自己应承担的社会责任。律师执业应溯本求源,回归理性,强化政治属性,回归理性,逐步担当起社会建设、国家管理的重任,在执业中拥护党的领导,维护法律权威,维护社会稳定,促进社会和谐,努力在社会生活中扮演积极的角色。首先律师应积极参与立法,参与到法案的起草或对法案提供法律意见中来。其次律师可以通过从事政府机关工作或者以担任政府律师的方式间接辅助政府的行政工作,积极参与国家政治生活。通过参与政治生活,律师一方面客观上可以在全社会提高自身的整体地位,另一方面可以促进政府工作的法律化。律师除了完成其特有的职业属性,实现社会正义,维护法律秩序之外,在立法、行政、司法领域之外,也将在经济、文化、教育等领域中发挥自己的特殊作用。

(二) 构建体系,做协调行动的律师

律师参与社会管理创新,不应是自发的、松散的、无序的,要形成党委政府领导、主管机关管理、行业组织负责、执业机构落实、律师个人参与、有关部门配合的工作体系,保证律师参与社会管理创新工作的组织性、计划性、协调性和有效性。

1. 党委、政府领导

党和政府历来重视律师工作,把律师工作作为中国特色社会主义法制建设的重要组成部分,把律师队伍作为落实依法治国基本方略、建设社会主义法治国家的重要力量。在社会管理创新中,各级党委政府也把律师队伍作为社会管理和公共服务网络的一部分,着力发挥律师群体的特殊功能和作用。广大律师要在社会管理创新中,主动按照党委政府的部署,在主动服务社会上有作为,在维护社会和谐稳定上有作为,在促进司法公正上有作为,在保障和改变民生上有作为。

2. 司法行政机关管理

司法行政机关作为主管部门应加强对律师参与社会管理创新相关工作的组织、管理、引导、监督、协调,要有计划地安排律师参与社会管理创新的各项重点工作,要注重发挥律师协会和律师事务所的基础管理和组织落实职能,要重点把握好法律服务、法律介入的方向、方法和尺度,要引导律师正确处理维护当事人合法权益、维护法律正确实施和维护社会公平正义三者之间的关系,要把律师参与社会管理创新纳入行业考核、监管和服务的范畴,在对法律服务行业的管理上更突出政治

性,实现法律服务政治效果、社会效果和法律效果的统一,确保法律服务在推进社会管理创新工作中始终坚持正确的政治方向。

3. 律师协会组织

律师协会作为行业自律组织,要认真组织广大律师学习中央领导同志重要讲话精神,深刻理解党和国家加强和创新社会管理取得的重大成绩和宝贵经验,深刻理解新形势下加强和创新社会管理的重要性和紧迫性,深刻理解中央关于加强和创新社会管理的指导思想和总要求,深刻理解加强和创新社会管理的基本任务和重点工作。把加强和创新社会管理作为当前工作的重中之重,精心组织、周密安排、狠抓落实。在协会工作中增加参与社会管理创新的内容,在所属机构中,明确创新社会管理的职责,在各项活动中,突出创新社会管理的主题,同时,要重视组织各律师事务所和广大律师,结合业务实践,立足职能,发挥优势,更加积极主动地投身到社会管理创新活动中。

4. 律师事务所落实

律师事务所作为律师参与社会管理创新的基础平台应重点抓落实。一是要把业务工作与创新社会管理有机结合,在业务工作中植入社会管理的意识,把握社会管理创新的要求,分解社会管理创新的任务。二是要把队伍建设与创新社会管理有机结合,在队伍建设上重党性教育,重大局意识的培养,重服务服从观念的强化,重业务素质的提高和工作方法的改进。三是要把内部管理与社会管理创新有机结合,在内部管理中,加强收案审查,防止对社会敏感案件和群体性案件的不正确参与;加强对服务过程的监督,引导律师改进办案方法,积极化解纠纷,妥善解决矛盾,做到案结事了;加强业务统计分析,从具体法律事务中找到社会矛盾的热点、社会管理的难点、社会稳定的要点和参与社会管理创新的切入点。

5. 律师个人参与

法律服务工作是促进经济社会发展、推进社会管理创新的重要手段,广大律师要围绕中国特色社会主义法律工作者的定位,坚持职业操守,遵守职业道德,端正职业理念,积极履行社会责任,维护群众合法权益,为党委、政府和群众提供优质法律服务,努力使各种矛盾纠纷在法治轨道上得到妥善解决。律师参与社会管理创新关键是找准定位、找好路径、找对方法、找到重点,要理性看待自由执业,做社会稳定的促进者,要科学对待个体维权,做公平正义的守护者,要坦然面对经济利益,做法治进步的推动者,要清楚判断大势时局,做管理创新的参与者。

(三)创新机制,做充满活力的律师

胡锦涛总书记在2011年2月19日省部级主要领导干部社会管理及其创新研讨班开班仪式上讲话指出:"强化各类企事业单位社会管理和服务职责,引导各类社会组织加强自身建设、增强服务社会能力,支持人民团体参与社会管理和公共服务,发挥群众参与社会管理的基础作用。"①按照这一要求,各级党委政府、有关部门和行业组织,应不断改进机制、提供机会、打开通道、做好保障,为律师参与社会管理创造良好环境。

首先,要明确律师在社会管理创新中的地位。律师工作是中国特色社会主义法制建设的重要组成部分。近年来,我国律师制度不断完善,律师队伍不断壮大,律师在经济生活中发挥的职能作用日益凸显。从传统的代理诉讼到办理非诉讼法律事务,从参与人民调解、信访工作,为困难群众提供法律援助,到为党委、人大、政府提供法律服务,都充分体现了律师的作用。社会管理创新不能偏离法律轨道,社会管理创新离不开法律服务,社会管理创新的重点工作都与律师工作有关,对律师这一新社会组织的管理也是社会管理创新的新课题,因此,律师是保证社会管理创新依法进行,有效推进的重要手段,是社会管理创新中的主要参与者和重要依靠力量。

其次,要构筑律师参与社会管理创新的平台。要建立起律师参与社会管理创新的平台,一是要提高律师对政府决策、政府管理的参与度,让律师以法律顾问形式全面参与到政府决策和管理中,保证政府依法行政、依法管理,增强政府行为的公信力和公正性;二是要疏通律师对社会问题的反映渠道,让律师利用职业优势掌握的公众诉求、群众意愿和社会信息及时顺畅地传递到党委和政府;三是要打开律师参与社会管理工作的通道,让律师参与接访信访,预防和化解社会矛盾,让律师参与调解,减轻司法机关的压力,让律师参与突发事件的处理,避免危机的连锁效应,让律师参与流动人员和特殊人群的服务、帮教,分担相关部门的工作;四是要协调好与有关部门单位的关系,帮助建立律师与法院、信访等部门、单位多层次、经常性的沟通合作机制。

最后,要保障律师参与社会管理创新的权益。权利和义务是相适应的,在要求律师应当承担相应的政治、法律和社会责任的同时,也应给予律师相应的保障。要以发挥律师在参与社会管理创新的作用为契机,完善律师的生存保障、利益保护、权益维护机制,重视培养、选拔、任用律师队伍中的优秀人才,为律师参政议政、政治上进步创造条件。要不断提高律师的社会地位,规范律师与法官、检察官、警察以及其他国家公务员之间的行为,努力形成互相尊重、互相支持、互相监督,平等交流的良好关系,保护律师参与社会管理的积极性和创造性,提高社会对律师参与社会管理创新的认同感。要明确律师参加社会管理创新的权利、责任和利益,理顺法律关系,落实政策保障,通过政府聘请法律顾问,购买专项服务和量化、统计、考核律师参与事项,保障律师参加社会管理创新的相关权益。

---

① 见胡锦涛总书记 2011 年 2 月 19 日在省部级主要领导干部社会管理及其创新研讨班开班仪式上的讲话。

(四) 强化职责,做敢于担当的律师

当前我国经济、社会、政治发展处于重要战略机遇期,但也面临着世界格局加快转换产生的外部影响、社会经济急剧转型引发的心理失衡、科技技术飞速发展带来的信息多元,社会结构调整引发的社会不适、收入差距变化导致的社会分化以及快速城市化、高速流动性滋生的社会风险等很多挑战。律师作为社会建设和管理创新的重要力量,要与党和政府同呼吸、共命运,坚决捍卫国家发展大局,共同迎接各种复杂挑战,勇于担当社会管理创新的重任。

第一,反映公众诉求及时。作为奋战在民主法治第一线的法律工作者,律师能深入社会生活的各个方面,各个环节,了解社会现状和社会矛盾,以敏锐的洞察力,深入的理解力,专业而理性的分析能力,探究到不同阶层和人群的利益诉求,并通过自己的专业知识,对这些利益诉求进行界定,对不同的利益诉求进行区分,找到最适合的表达渠道。在现阶段,政府和群众矛盾呈现增长态势,畅通的利益诉求表达途径十分重要。律师作为社会诉求表达的喉舌,要敢于在个案中表达当事人的合法权益,使得当事人的合法要求能够得到充分表达;要敢于在执业活动中,总结社会公众的诉求、剖析社会公众的心理、把握社会公众的态势,及时向社会管理部门反映;要坚持在社会生活中,保持敏锐性,关注社会热点,了解社会动态,警惕突发事件,在第一时间向政府有关部门传递。

第二,处理社会矛盾稳妥。构建和谐社会,必须要疏导社会矛盾,努力达到社会各种利益的平衡。作为社会管理的第三方,律师要充分促进矛盾纠纷在法治框架内妥善解决。当前社会矛盾日趋于复杂化和多样化,建立和完善多元化的纠纷解决机制的要求日趋强烈。调解、仲裁等非诉讼手段逐步被人们所重视,对抗式的解决方式如诉讼已不再是解决矛盾和纠纷的唯一途径。在法庭调解和社区调解工作中,律师要充分发挥调节器和减压阀的作用,将法治精神和人文精神有机地结合起来,顺应和谐社会矛盾纠纷预防和解决方式多元化的发展趋势,充分发挥法律咨询、法制宣传、法律顾问等非诉讼活动的作用,预防减少矛盾,引导当事人通过调解、仲裁、和解等非诉讼手段解决纠纷。

第三,预防化解各类纠纷有效。预防各类纠纷发生,将社会矛盾消除在萌芽,促进社会和谐是推进社会管理创新的根本目的。律师要将预防纠纷,化解社会矛盾纠纷贯穿于执业始终,在执业过程中要充分运用调解理念化解纠纷,积极参与维稳和涉法信访工作的各个环节,要积极参与社会风险评估机制和应急管理体系建设,拓展律师工作向社会管理创新延伸的领域和方式;要善于运用调解、和解的方式,以实现案结事了为目标,预防和化解各类社会纠纷,切实有效地把问题解决在基层、解决在萌芽状态;要将调解优先贯穿于律师执业全过程,主动参与"大调解"体系建设,探索有效途径,充分引导当事人更多地通过调解和其他非诉讼手段消除纷争。

第四,参与社会管理积极。"好的律师,如良医救死扶伤,如侠客锄强扶弱,如

良师启蒙开愚,他的职业比其他任何知识性职业更便于获得社会声誉,在公众中树立良好的形象。"[1]律师团体作为社会精英群体,应当将其才能和智慧投入到社会管理、社会改革建设中来。在律师保持其自身职业独立性的同时,有节制、有限度、有理性地参与政治。在做好社会法律服务的同时,积极参政议政,坚持科学发展、社会和谐的理念,通过各种方式参加社会管理,推进我国社会主义立法进程,参与司法实践,完善行政管理、监督公共权力,采用各种方式推动社会建设,促进社会有序管理。

第五,维护社会稳定坚决。改革开放四十多年来,我国政治稳定,积极发展,党的惠民政策顺民心,合民意,得到了人民群众的衷心拥护。民心思稳,民心思安,民心思发展,这是大势所趋,民心所向。维护稳定是全国人民的共同心愿和心声。应当说,律师职业的发展和律师个人的成长进步,也直接得益于国家的政治稳定和社会发展。社会稳定,人人有责。律师作为社会法律工作者,应走在维护社会稳定的前线,坚决要同党和政府各部门一道遏制影响社会稳定的苗头,坚决不参与影响社会稳定的事件,坚决不被恶意破坏社会稳定的势力利用,坚决不辜负党和人民的期望,努力做好社会和谐稳定的促进者。

(五)贴心服务,作人民满意的律师

转变政府职能,改进管理方式,建设服务型社会是社会管理创新的重要目标。律师的主要职能是法律服务,在建设服务型社会、参与管理创新中,律师应立足本职,发挥优势,在为人民服务中体现行业价值,在为人民服务中分担政府职能,在为人民服务中推动社会转型。

1. 服务民众

构建社会主义和谐社会的关键是把最广大人民的根本利益作为一切工作的最终目的,实现好、维护好、发展好。在社会管理过程中,律师必须牢固树立人民群众的主体地位意识,坚持服务为民宗旨,一定要坚持自己工作的出发点、立足点、着眼点,要让老百姓放心、信任。要意识到律师不是法律商人,而是为人民群众服务的社会法律工作者。人民群众的需求要装在心中,只要他们需要帮助,就应到伸出援助之手,热情为他们服务。律师要不断改进服务方式,提高服务质量,树立良好的社会形象,使自己成为人民群众喜爱、信任和拥戴的法律职业队伍。律师要时刻不忘服务意识,将民众的愿望、社会的要求放在第一位,舍小我,为大我,在个人利益和民众利益相冲突时,人民利益优先,时刻反映民众的诉求,时刻代表人民的利益。律师要努力为群众最关心、最直接、最现实的利益问题提供法律帮助,积极法律援助工作等多种形式的便民惠民法律服务活动,不论案件大小都要一视同仁努力办案,切实维护人民的合法权益。

---

[1] 范忠信:《法性:律师从政的职业基础》,http://review.jcrb.com.cn/ournews/asp/readnews.asp?id=46670,访问日期2013年3月22日。

2. 服务基层

基层、乡村、边远地区是律师服务社会管理创新的重要阵地。要推动律师面向基层，做好群众工作，推动法律服务向基层、向乡村、向边远地区延伸。律师可以通过开展专项法律服务活动，为群众解决就业、就学、就医、社会保障等民生问题提供法律服务。在我国，基层社区和广大农村，人民法制观念淡薄，法律知识相对匮乏，但是随着社会的发展，人民生活水平的提高，广大基层群众对法律服务的需求越来越迫切。律师应当深入社区，发挥专业优势和身份优势，深入社区活动为群众排忧解难。律师应当面向农业、农村、农民，送法下乡、进村入户、结对帮扶，引导广大农民工学法律、讲权利、讲义务、讲责任，以理性合法的方式和途径表达利益诉求，从而预防和减少侵犯农民工合法权益现象的发生，为农村经济和社会发展营造良好的法制氛围。

3. 服务弱者

服务弱者，保护社会弱势群体的基本利益，是平稳社会利益、缓解社会对抗、避免社会分化、最终促进社会和谐，实现社会稳定的重要工作。任何社会都存在着各种弱势群体，他们的合法权益能否得到维护，是衡量社会公正的关键性指标。律师的职业在社会参与中的优势，注定其应该对社会弱势群体有更多的人文关怀。为弱势群体提供法律援助，为公益事业提供法律支持，在当前社会转型期有着特别重要的意义。律师可以通过更为专业、更为深入的帮助，使弱势群体更容易实现法律意义上的公正。因此，律师要加强社会责任感，积极参与专项法律帮助活动和法律援助工作，积极帮助困难群众解决就业、就学、就医、社会保障等民生问题，努力开拓面向低收入家庭、失业人员、困难群众等社会弱势群体和特定群体的律师惠民法律服务，通过减免服务收费，切实让困难群众通过律师的贴心服务，感受到政府的关怀和社会的温暖。

（六）加强自律，做组织信赖的律师

社会管理创新，固然需要社会组织的配合和社会个体的参与，但首要的是服从和自律。律师作为社会机制中的一员，在加强和创新社会管理中，首要应做到自律、自强、自爱，要坚定信念，服从管理，协调行动，争先创优，不给社会添乱，不让组织操心，让党和政府信赖。

首先，要坚定信念。律师必须始终坚持以科学发展观为统领，把依法维护国家利益、社会公共利益和人民群众根本利益作为工作的根本出发点和落脚点；始终坚持中国特色社会主义法律工作者的本质属性，做中国特色社会主义的建设者、捍卫者；律师要始终忠诚履行中国特色社会主义法律工作者的职责使命，切实做到拥护党的领导、拥护社会主义制度，维护宪法和法律尊严。律师要始终牢记自己"是法律人，不是企业家，更不是法律商人。我们工作的出发点、立足点就是要运用法律知识，去服务国家、服务社会、服务人民"。

其次，要服从管理。参与社会管理中，必须增强组织观念，将执业活动纳入社

会管理的中,服从管理,克己自律。与党和政府及其他社会组织,分工负责,有机配合,协调一致。要从修为上,努力加强对文化知识学习,提高业务能力,努力树立起行业的良好形象。要在观念上,树立大局意思,重大局,重团体,将国家利益、行业利益放在首位,遵守职业道德和执业纪律,自尊、自爱、自警,自觉规范执业行为。要在行动上,做到自觉接受司法行政机关的管理,服从司法行政机关的监督和指导,自觉遵纪守法,做维护社会秩序的典范。

最后,要创先争优。律师行业和律师事务所要加强党组织建设,发挥党组织的政治保障和政治核心作用。要增强党员的管理观念,增强服务社会、服务人民的使命感和责任感,用自身的模范作用感召群众。

要加强党对律师工作的领导,努力完善律师党建工作的领导和责任机制,为推进律师参加社会管理提供坚强的政治保证。要注重政治思想教育常态化,切实抓好社会主义法治理论教育,推行宗旨教育,增强诚信执业、廉洁执业、执业为民的服务意识。要抓好党性教育,增强拼搏进取、创优争先的竞争意识,发挥党支部委员、主任、副主任、合伙人的模范带头作用,激发创优争先的政治热情和进取精神,要切实抓好警示教育,增强杜绝违纪、违规、违法的风险意识。要注重开展"学、比、赶、超"活动,营造学习型队伍建设的良好氛围,坚持把创优争先活动与律师业务和自律性规范化管理工作有机结合起来,紧密围绕服务"三项重点工作",量化、硬化、细化创优争先的内容,并落实到创新工作机制,拓展全方位、多层次、高层次的律师业务领域。

6.3.4 律师在建设和谐社会中的作用

党的十六大提出了建设社会主义和谐社会的重大任务,并把它作为我党奋斗的一个重要目标。在此基础上,党的十六届四中全会进一步提出构建社会主义和谐社会的具体。如今,实现社会和谐已经成为"中国梦"的重要部分,社会各阶层都应为之努力。

建设社会主义和谐社会是一个复杂的系统工程,需要发挥律师的作用。律师作为一个特殊职业和群体,是建设社会主义和谐社会的生力军。通过化解当事人之间纠纷,起到息纷止争作用,促进社会和谐;通过担任法律顾问,起到规范行为作用,促进社会和谐;通过各种普法活动,起到增强全社会法律意识作用,促进社会和谐;通过帮弱济良,起到为弱势群体维权作用,等等。其中最为根本的就是在维持社会稳定和构建法律秩序方面的作用。

和谐社会必定是稳定的社会,必定是秩序井然的社会。社会稳定意味着社会肌体依照既定的目标和规则平稳、顺利地运转,意味着人与人之间的关系能够得到连续的、一致的、确定的调整。这种状态是社会和谐的前提条件,而法律是实现并维持这种状态的有效保障。查士丁尼曾言:"皇帝的威严光荣不但依靠兵器,而且须用法律来巩固,这样,无论在战时或平时,总是可以将国家治理得很好;皇帝不但能在战场上取得胜利,而且能采取法律手段排除违法分子的非法行径,皇帝既是虔诚的法纪伸张着,又是征服敌人的胜利者。"[1]如果法律作用能得到有效发挥,必定会形成良好的法律秩序。法律作用的发挥,既可以依赖暴力或强权,也可以通过理性。其区别在于,前者有可能使国家走向专横和暴政,最终危及法律秩序,后者则是持久的、真正的法律秩序。建立在理性基础之上的法律秩序,需要一系列行为安排和关系调整,需要发挥包括律师在内的法律职业共同体的作用。

律师在构建法律秩序、维护社会稳定方面的作用,主要通过两方面实现:一方面,律师每次执业活动都从某种程度上促进了社会稳定,成为社会稳定的引导力量。律师执业活动是在法律框架下进行的,律师引导当事人遵循法律,依法处理纠纷、维护权益。"法律秩序的形成是一个异常复杂的过程,它伴随和交织着自发性和自觉性、自愿性和强制性等多重特征。从根本上说,法律秩序是法律实现的结果,而这种实现往往受不同力量的引导和约束。"[2]另一方面,律师直接参与信访、和解等工作,直接消除社会不稳定因素,成为社会稳定的约束力量。[3] 实际上,西方发达国家从律师制度中受益匪浅。以美国为例,其虽然历经多次经济危机和两次世界大战,而始终能保持稳定、发展,与美国有一直庞大的律师队伍须臾不可分,因此,美国律师被尊称为"伟大的社会公仆",对此,哈佛大学校长埃尔文·格里斯伍德说,律师"承担了美国政府自律的很大一部分责任"。[4]

6.4 律师素质再提升

前述律师作用的有效发挥,是建立在一定基础之上的,比如国家法制的健全、司法环境的优化、一定数量的法律队伍等,其中,律师的素质是根基。然而,在本文第三章已经谈到,我国律师业还存在很多不足,包括个别律师弄虚作假、责任淡漠、恶意竞争、失信失范等。我们认为,我国律师亟待提升的素质有三个方面:树立法律信仰、提高法律解决能力、增强法律服务产品化能力。

6.4.1 树立法律信仰

改革开放以来,律师在我国法治建设中日益发挥着重要的作用。律师以自己的专业视角、丰富的实践经验、高尚的个人力量、高度的社会责任感,维护当事人的合法权益,促进社会正义的实现,取得骄人的成绩。然而,在商业化的浪潮中,个别律师没有尽到律师职责,甚至违法乱纪,极大地损害了律师队伍形象。

---

[1] [古罗马]查士丁尼:《法学总论——法学阶梯》,张企泰译,商务印书馆1996年版,第1页。
[2] 王人博、程燎原:《法治论》,山东人民出版社1989年版,第227页。
[3] 谢佑平、陈奋:《论法律秩序与律师功用》,载《河北法学》2010年第11期。
[4] [美]马丁·梅耶:《美国律师》,胡显耀译,江苏人民出版社2001年版,第9页。

卢梭曾言:"一切法律之中最重要的法律既不是铭刻在大理石上,也不是铭刻在铜表上,而是铭刻在公民们的内心里。它形成了国家的真正宪法,它每天都在获得新的力量,而其他法律衰老或消亡的时候,它可以复活那些法律或代替那些法律,并可以保持一个民族的精神。"①我国律师业存在的种种问题,归根结底就是信仰出了问题,即部分律师没有树立法律信仰,对律师本质属性认识不准确,把握不全面。②

任何行业、任何人都应当有着自己的职业精神、职业操守和职业原则,这些内容构成了职业信仰的主要部分。只不过,有些职业信仰是通过口耳相传得以延续,有些职业信仰是通过明文规定得以延续。法律信仰对律师而言至关重要,关涉律师的本质属性。然而,在我国社会转型期,各种思潮涌现,对律师法律信仰造成了冲击,个别律师突破了律师职业道德的底线。"我国的一部分律师,在执业过程中充当着几个奴隶的角色。"③其根源在于,除了经济和制度原因外,就是律师思想上发生了很大转变,即"自私自利"的"商业主义"又过早降临,律师阶层似乎在未成功塑造品位之前即已"堕落"。④

关于律师是否应当商业化,学界是有不同看法的。我们认为,律师的社会性、有偿性等特点决定了律师可以商业化,但是,律师的公共性特征又决定了律师商业化必须有一定的限度。如果采取纯粹的律师商业主义,势必会使律师业迷失方向,失去社会认同,律师的地位也就无从谈起。在很长一段时期里,我们都无法看到律师的神圣光环——令人尊崇和敬畏的职业。⑤ 因而,要想我国律师业作用进一步发挥,就必须帮助律师树立法律信仰。

在我国律师队伍建设过程中,重要的不是增加律师的数量,而是提升律师的素质,根本的是唤起对法治的崇高信念,培育法律信仰,以内在的法治精神指导自己的言行。塑造我国律师法律信仰,一是要通过学习,二是要通过实践,三是要加强道德修养,四是要加强队伍建设。其中,一个核心问题是,如何在律师的商业性和社会性之间达致平衡。

6.4.2 提高法律解读能力

前文述及,律师是法律的解释者、应用者和完善者。律师这一角色的实现,有一个基本前提,即律师能很好地解读、解释法律,充分把握立法的精神和实质,灵活地运用法律。

---

① [法]卢梭:《社会契约论》,何兆武译,商务印书馆2003年版,第70页。
② 缪晓宝:《和谐社会与律师职责》,上海书店出版社2007年版,第2页。
③ 陈金钊:《法治与法律方法》,山东人民出版社2003年版,第178页。
④ 李学尧:《法律职业主义》,中国政法大学出版社2007年版,第317页。
⑤ [法]亨利·柏格森:《道德与宗教的两个来源》,王作虹、成穷译,贵州人民出版社2000年版,第60页。

"大体说来,法律可以解释为一种一般规则。要把一般规则用在具体的事例上,有时就会出现麻烦的解释问题。"①法律,实际上立法机关向社会输送的法律文本,属于一般规则范畴,即事物的共性规定。这种共性规定要得到具体落实,必须进行个别化处理,即根据个案作出解释和运用。"一条法律将不能历史地被理解,而应当通过解释具体化于法律的有效性中。"②也正是在这一背景下,法律解释学发展成为一门独立的学科。

律师进行法律解释的目的是将抽象、无形的法律与具体、客观的事实相结合,清晰展现自己的法律论证,维护委托人的合法利益。律师业相较于其他服务业而言,服务领域非常宽泛,委托人认知度狭窄,使得委托人缺乏掌控,信息不对称,无法真正参与、感知法律服务,往往导致委托人注重对结果的追求。在诉讼业务领域中,需求方即当事人对结果的过分追求会导致在法律服务过程中不得不强调结果,从而忽略向当事人解释法律的重要性。

律师在提供法律服务时,要根据一定的经验,运用一定的方法,对案件所涉及的法律和事实作出解释。这里的事实不是案件的原始事实,而是根据法律加工过的具有法律意义的事实。"一个事实有无法律意义、有多大的法律意义,都涉及对法律的理解和解释,最终确认某些事实为法律事实后,还要对它的法律意义进行阐发。"③

因此,律师应努力钻研,增强自己解读法律能力,成为法律解释专家。为此,一方面,要充分理解和把握立法精神、立法目的和立法内容;另一方面,要掌握科学的法律解释方法,使自己对法律的解释合理、合法、合情。

6.4.3 增强律师创新法律服务产品能力

法律服务产品化将抽象、无形的法律服务变成具体的便于委托人感知、体验的产品形式,将传统的只提供结果的服务理念转变为注重固定服务过程,使委托人亲身参与、感知律师的法律服务,这样可以使委托人更加了解自己的权益及其所处的状况更有效维护自身权益,同时也是将律师的智力投入成本和渠道维护成本等被掩盖起来的价值体现出来。那么,如何才能增强律师创新法律服务产品能力呢?在个人层面:

首先,律师要转变观念。律师业发展到今天,竞争非常激烈,以往坐等业务上门的方式已难以适用,律师个人应当有开拓业务的意识,要主动出击,不断设定新目标、开发新业务、培育新客户。随着法律服务需求的日益多样化,"万金油""老中医"式的律师将逐渐失去生存的空间,律师业的专业分工会越发明显,律师个人需

---

① 刘星:《西方法学初步》广东人民出版社1998版,第341页。
② [德]伽达默尔:《真理与方法》,洪汉鼎译,上海译文出版社1996版,第396页。
③ 谢冬慧:《实现公正:法律及其职业的崇高追求——解读丹宁勋爵的司法公正思想》,载《比较法研究》2010年第3期。

要有擅长的领域,形成自己的特色,才能在竞争中立于不败之地。在律师业务模式变革的历史时期,不进则退,因此,我们每一位律师都应及时转变观念,与时俱进。

其次,律师要准确定位。我们每一个人在选择律师这一职业时,要试着问自己,是仅仅为了谋生,还是将其作为一生的事业?在明确了做事业的长远方向定位后,我们还要结合自身的情况进行阶段性定位,制订阶段性目标。在执业过程中,我们的律师应根据自己的专业特长、社会经验、知识能力等方面进行综合评价,积极地对未来执业方向进行专业定位和市场定位,增强自己在行业中的竞争力。

再次,律师要增强实干。实干是任何一个行业都需要的精神,律师要赢得当事人的认可也不例外。在为当事人服务之前,律师必须拥有专业的法律知识,了解司法实践,这就要求律师在执业中不断学习,不断实践,拥有法律服务的基本技能。在服务过程中,律师应当尽心尽责地对当事人负责,了解背景、熟悉案情、分析案件要点、提出解决方案并最终落实,每一步都应该全力以赴,这不仅是职业道德的要求,也决定了律师能否最终留住客户,赢得尊重。因此,增强实干是我们每一位律师在业务拓展过程中需要牢固树立的信念。

最后,律师要加强合作。虽然,我国部分律师所已经开始倡导合作,鼓励以团队的模式提供服务。但我们也应当看到,全方位、多层次的合作还没有完全展开。加强合作,一方面,要转变观念,要彻底摒弃以往的"个人单干""吃独食"的职业观念,认识到合作的重要性。个人在整体优先的理念下,视自身为事务所的一分子,共同努力、积极进取、敢于放弃、密切合作,把事务所打造成开发、制造优质法律服务产品的工厂,把事务所打造成律师们有机联系、规范有序、良性发展的有核心竞争力的市场主体,把事务所打造成律师个人实现根本利益、体现自身价值、成就人生理想的坚实平台。另一方面,要建立合作机制,培养律师团队精神。应充分认识到合作不是权宜之计,而是发展之本,使合作成为我们自主的和自发的选择。对此,可以借鉴英国律师学院的做法,学生在律师学院学习期间注重集体生活和参加各种社交活动仪式,通过参加各种奢华舞会以及社交活动来培养学员之间的一种相互认同和团队精神,养成良好的习惯。[①] 再一方面,要处理好合作办案后的利益分配问题,利益是促成合作的基础,也是合作良好进行的动力。在今后的工作中,要在业务研究、业务操作、业务管理、业务拓展等多个领域全面展开合作,同时,每一位员工也要关心事务所的发展,从我做起,积极推动全所各项合作的进行。

小　结

律师的本质是一种应然性的理论探讨,律师的角色是多元的,可以从政治、社

[①] David Lemmings, Professor of the Law-Barrister and English Legal Culture in the Eighteen Century, Oxford University Press, 2000, 1 - 2, 303.

会、文化、经济等不同的角度进行全面分析。律师应当是法律的信仰者、法治的实践者、正义的守望者。律师在执业过程中,实施法律、解释法律、宣传法律、完善法律。关于律师的职业属性,我国学界有二性说、三性说、四性说、五性说、八性说等观点。西方国家通常把律师定位为提供法律服务的自由职业者、司法辅助者,具有独立性、商业性、社会性、政治性。我国对律师的职业定位上,从"国家法律工作人员"到"为社会提供法律服务的执业人员"再到"社会中介组织"最后到"三个维护'的法律服务执业人员"的身份嬗变。这反映出我国对律师职业的价值定位发生了重大转变,即从"国家本位"演变到"社会本位"再演变到"当事人本位",越来越接近于律师的本质。定位律师职业属性时应从以下几个因素综合考量:要考虑"职业属性"的定义,正确对待律师职业的阶级属性和政治属性,把律师职业属性与律师的价值、律师的功能相区别;要把律师的职业属性与法官、检察官的职业属性相区别;还要考虑到律师自身因素的制约。基于此,律师的职业属性包括社会性、专业性、有偿性、独立性、自治性等方面。在新的历史时期,律师应在我国社会转型、法治中国建设、社会管理创新、和谐社会构建等方面发挥更大作用。当然,这有赖于律师自身素质的提升,律师要树立法律信仰、提高法律问题解决能力、增强法律服务产品化能力。

第 7 章　法律服务产品化与律师事务所

> 经验显示,市场自己会说话,市场永远是对的,凡是轻视市场能力的人,终究会吃亏的!
>
> ——[美]威廉·欧奈尔

律师事务所作为律师的执业机构,是连接当事人与律师、律师与司法行政机关和律师协会的桥梁。我国 2007 年修订的《律师法》规定,律师事务所可以采取合伙所、个人所和国资所三种组织形式,合作所退出了历史舞台。加入 WTO 十余年来,我国法律服务市场已非常开放,外国资本、律师事务所和服务大量进入,我国法律服务业面临着内部环境和外部环境双重变化带来的机遇和挑战。这种机遇和挑战是中国律师业从未碰到过的,可以用"国内市场国际化,国际竞争国内化"来概括。那么,我国律师事务所如何才能在日趋激烈的竞争中立于不败之地呢?如何才能实现可持续发展呢?唯有创新。包括战略创新、模式创新、组织创新、营销创新等。而所有的创新都应当围绕提供更好的法律服务产品展开。

7.1　我国律师事务所转型难题

现阶段,我国律师事务所的大量存在和不断涌现,很大程度上不是律师同行们的自愿选择,或行业发展的要求,而是现行机制运行的必然。因此,律师事务所的转型,不只是这些事务所自身发展需要解决的问题,更是事关全国 20 多万名律师队伍的作用发挥、力量整合、形象提升以及律师行业在新的起点上继续成长与进步的重大课题。事物发展不变的规律是变化。实现律师事务所可持续发展的关键是顺应行业发展趋势和社会政治、经济、文化特点,适时、适当、果断地对现行机制进行改进、改良、改革,或者转型。但很多律师事务所在转型中却受到各种难题的阻滞,或畏难不动,或举步维艰,或事与愿违。因此,必须剖析我国律师事务所转型中面临的难题,并努力寻求破解之策。

7.1.1　国内外律师事务所的发展趋势

专业化、规模化、公司化、品牌化和国际化是律师事务所的发展方向。随着互联网和电子商务等知识经济的兴起,目前世界经济的格局正在从传统经济模式向以优化资源配置、资本重组、发展规模经济、增强国际竞争力为主要内容的新经济模式转变。在这一转变过程中,国际律师业发展势头强劲。只有规模化,才能专业化;只有规模化,才能品牌化;只有规模化,才能国际化。

(一)律师事务所管理规范化

规范化,本意可以理解为制度化,它指律师事务所应有各项完善的制度,无论业务管理、工作流程、业务拓展还是人才的流动,均应有相应的制度来规范。目前,我国律师管理主要有三种形式:一是司法行政机关的行政管理,二是律师协会的行业管理,三是律师事务所的自律管理。在这三种体制中,律师事务所的管理是最直接、最基础也是最重要的管理。如果缺乏良好的律师事务所内部管理机制,单纯的行业管理和行政管理很难达到预期效果。那么,如何健全律师事务所管理机制呢?以下几个指标可以作为检验标准:人员稳定与否、人员素质能否得到不断提升、是否能吸引高素质人才、专业化程度、民主化和规范化程度、效益。其中,规范化、制度化是一个重要指标。没有规矩,不成方圆。实际上无论事务所规模大小,规范化均是一个重要的方面,它是事务所保持旺盛生命力的重要保障。

(二)律师事务所人才专业化

律师是一个专业性非常强的行业,它要求无论是律师还是律师事务所,都应该在某一或某几个方面执业领域成为专家型、学者型、能够为客户提供十分专业、快捷、准确的法律服务。应该说,这是市场经济进一步发展、社会分工进一步细化的必然趋势,律师事务所不断规模化的必然要求。那种面面俱到、无一精专的"万金油"律师或律师事务所是从根本上难以适应服务市场的,被市场淘汰也就成为其不可避免的命运了。从整体业务素质来讲,大型律师事务所由于各方面的优势,吸引了各层次的优秀人才,而小的律师事务所由于资金、业务量、硬件条件、未来发展等条件的限制,存在人力资源素质不尽人意的情况,如有的律师事务所存在案源不少,但是由于人员及人员素质有限,不专不精,存在有的案子做不了的情况。

(三)律师事务所规模化

由于律师行业的专业化内在要求,律师事务所必须有一定规模才能更专业化。律师事务所的规模化,其应有含义是指综合性、有一定的整体规模,内部设有专业部门或专业律师,管理严格科学规范,能集中一批专家为客户提供专业化优质法律服务的律师群体。也就是说,规模律师事务所应该覆盖所有能够提供法律服务的领域,对客户提出的、多方位、多层次的法律需求能够完全满足,是一个由各个专业的高水平的律师组成的团队,能够为客户提供完善的、精准的法律。如果一家律师事务所虽然人数很多,但所内的律师都是单打独斗,则不能提供专家型的、集团式的一流专业服务,就不能成为规模化的律师事务所,规模化的律师事务所必须是相互合作协调的一个智囊团。因此,规模化绝对不是简单的量的叠加。只有规模化,才有可能为国内外客户提供一站式的优秀服务,扩大市场占有量,有效地抵御市场风险,成为市场经济中的强者。

(四) 律师事务所品牌化

任何产品品牌化,都会为它带来更多的无形资产,也更能给客户充分的信任感。律师事务所的品牌化,是指作为律师事务所要扩大自己的业内外知名度,力争成为某一或某几个法律服务领域的行业领导者,在国内外客户中具有较高的声誉。在瞬息万变的国际经济环境和竞争激烈的市场中,一个律师事务所要始终屹立于不败之地,树立自己的品牌,走品牌化的发展道路是必然选择。只有良好的品牌优势,才能为更多的高端客户服务。对于规模化律师事务所而言,品牌化必然要与规模化发展相伴而行。一方面,规模化发展会扩大事务所的影响力和声誉,进而提升品牌的知名度和认知度;另一方面,品牌扩张又有助于巩固事务所的规模化经营,并推进其发展,它们是相辅相成,相互促进的。

(五) 律师事务所国际化

律师事务所要有放眼全球的胸怀,积极开拓国际法律服务市场,参加与国际同行的竞争,为国内外客户提供优质高效的法律服务,才能提升事务所的核心竞争力,同时提升事务所的品牌影响力。全球经济一体化和经贸往来更加的频繁,要求作为提供法律服务产品的律师事务所,不能局限于为本地区、本国的客户服务,而应有参与国际法律服务的勇气和能力,要能走出去、引进来,只有这样才能成为一流的品牌大所。目前,已有超过200家国外律师事务所在中国大陆开设分所或者开展业务,比如路伟国际律师事务所、奥睿律师事务所、瑞生律师事务所、欧华律师事务所、佳利律师事务所等。[①] 诸多中国大陆律师事务所走出国门,在国外开设分所或者与国外律师事务所合作开展业务。另外,目前世界上已有很多法律联盟组织,吸收世界各地律师事务所成为会员。所以,国际化是律师事务所发展的重要趋势,也是衡量一个律师所成熟与否的主要标志。

(六) 律师事务所服务产品化

律师事务所之间的竞争归根结底是法律服务的竞争,而法律服务产品化是对法律服务质量管理的必然结果。建立科学规范的质量管理及监控体系,对于提高法律服务质量意义重大,也是律师所完成品牌化的关键因素。对于律师事务所而言,质量管理的重要性已不言而喻。使客户满意是律师服务的根本目的,只有使客户满意才能提升客户对事务所的忠诚度,也才能谈得上律师事务所的生存与发展。从此意义而言,律师服务质量就是律师事务所赖以生存的基础与根本,也是律师事务所能够在竞争中立于不败之地的第一要素。特别是现在,一个法律服务项目可能涵盖多个法律领域,可能涉及工程技术、自然科学等多门学科。优质法律服务的

---

① 《外国律师事务所抢滩中国》,http://www.66law.cn/news/6629.aspx。访问日期:2012年12月30日。

提供已经不是一个、两个或三个律师精英所能做到，律师必须组成团队、分工合作，这就使律师事务所质量管理体系的建立显得日益重要。当然，这并不是说，质量管理体系只有在法律体系因发展而复杂到一定程度、律师数量达到一定规模时才能存在或者才有存在的必要。只是，法律服务的技术含量越高，法律服务质量标准要求越严格，对于高标准的质量管理体系的需求就越迫切。所以，建立一套科学系统的质量管理标准和评价系统，并通过该质量系统的运行来保证并提升服务质量，使事务所提供的服务质量不仅优质，而且具有长期稳定性，也就是事务所服务质量保证的必然要求，最终实现法律服务产品化。

7.1.2 我国律师事务所成长的烦恼

这些年，律师事务所快速成长。这不仅体现在数量的增加上、个体规模的扩大上、自身机制的优化上，还体现在对行业和社会的贡献上。正是在收获成长的喜悦和对进一步成长的期待中，善于思考的律师同行们都难免在内心深处陷入烦恼。

其一，走不出的怪圈。行业内常见的现象是，几位律师相约设立事务所，一年办，二年兴，三年壮。之后，问题出现，矛盾发生，骨干离所，轻则分立，重则解散。然后，再办所，再发展，再危机。于是，行业中，似乎只有不退休的律师，却难有不衰败的律师事务所。历数律师制度恢复四十多年来的律师事务所：第一个十年的律师事务所几乎不见，第二个十年的律师事务所仅剩寥寥，第三个十年的律师事务所大多又在飘摇。

其二，找不到的归属。律师事务所本应是律师执业的场所、发展的平台、理想的寄托、最终的归宿。但现阶段很多事务所仍只是个体联合的"卖场""两票"交换（支票换发票、大票换小票）的场所、个人奋斗的起点。内部多主体、对外非主体、发展无目标，人员无归属。合伙人、普通律师乃至行辅人员身无所托、心无所系。尤其年轻律师难以得到锻炼提高的机会，普通律师难以看到进步发展的希望，合伙人律师难以燃起成就事业的热情。

其三，理不顺的关系。事务所内部合伙人之间资历不同、贡献不同、责任不同，但往往权利相同、地位相同、处境相同，关系难以理顺；合伙人与普通律师之间在地位上有师徒关系、有雇佣关系、有平行关系，在利益分配上有约定分成、有私下给付、有规则计量，在合作方式上有简单交办、有分工承办、有统一指办，关系难以理顺；全体律师与事务所之间是成员与组织之间管理与被管理、个体与平台之间挂靠与非挂靠，还是小团队与大集体之间所中所？关系难以理顺。

其四，看不清的前景。很多律师事务所发展目标不明确，做综合律师事务所还是专业律师事务所？做真正的合伙律师事务所还是实质上的个人律师事务所？做谋生的场所还是事业的平台？目标不定，则思路不清，措施不力，前景不明。很多律师事务所空有目标，既不引领律师共同追求目标，也不分阶段分解细化目标，更不谋划实现的策略、制定实现的步骤。看不到路径、看不到计划、看不到方法，则看不到前景。很多律师事务所没有把律师事务所的发展目标与个人理想有机结合，没有释明律师事务所发展与个人进步的内在联系，没有及时将律师事务所的发展成果与个人共享。律师们看不到律师事务所发展与自身的关联，所以也不关心律师事务事务所的前景。

这些烦恼的根源在于律师事务所现行运行机制的不科学。合伙人之间各自独立执业、平均分摊成本，导致律师事务所松散联合、各自为政，难以走出设立、发展、再设立、再发展的怪圈；律师事务所没有科学合理的制度、没有促进合作的机制、没有不断积累的资源、没有积极向上的文化，导致事务所人心涣散，自我发展，难以找到归属感；律师事务所不能以资源为基础、分工为方法、管理为主线，导致律师事务所内部关系复杂混乱，各种关系难以理清；律师事务所没有集中全体律师的共同意志，形成共同目标，并带领全体律师为之奋斗，导致律师们看不清发展的前景。

7.1.3　我国律师事务所转型的方向

我国律师事务所四十多年来经历了三次大的转型。第一次是由全额拨款的事业单位，转为自收自支（或部分）的独立实体；第二次是部分国办所转为合作所；第三次是全面脱钩改制。这三次大的转型主要针对的是事务所的组织形式、分配模式、产权关系。现正在进行第四次转型，其核心是内部运行机制的改革创新，使事务所由事实上的多主体转向真正的单一主体，由简单粗放管理转向科学经营管理，由分配上提成制转向薪金制，由重经济效益转向经济效益与社会责任并重。

首先，个人为主体转向律师事务所为主体。律师事务所内部个人单打独斗，导致律师事务所事实上多主体独立运行，是制约律师事务所持续、健康、快速发展的症结所在。推动个人为主体向律师事务所为主体转变，就是要确立以律师事务所为竞争主体的市场定位，确立以律师事务所为单一主体的管理定位，确立以律师事务所为有机整体的体制定位。把律师事务所打造成律师间有机联系、规范有序、良性发展的有核心竞争力的市场主体，把律师事务所打造成开发、制造、销售优质法律服务产品的工厂，把律师事务所打造成律师实现根本利益、体现自身价值、成就人生理想的坚实平台。

其次，管理模式借鉴公司制。律师事务所的管理机制完全可以借鉴公司制的合理成分，把事务所变成一个有机整体。改变体制上的各自为政、松散联合，管理上的就事论事、简单无序，分配上的单一提成、分光用光。当前推动律师事务所管理模式的转变，应重点关注四个问题：一是合伙人"股份"的构成和测算，可综合合伙人对律师事务所的贡献，折算每个人的"股份"，并设计每个人动态"股份"的计算公式；二是治理结构的设计，可以效率优先为原则，理顺合伙人会议（股东会）、管理合伙人会议（董事会）和经营管理层之间的关系；三是整合业务资源，可逐步淡化业务来源的个人色彩，实行业务资源按专业统一分配、统一管理；四是调整分配模式，可以根据律师的不同类别，改革分配办法，逐步摒弃提成制，促进分配模式向薪水制、分红制、积累制过渡。

其三,简单粗放管理转向科学经营管理。律师事务所要以经营为本抓管理,经营与管理同举并重。通过加强业务、人事、行政、财务管理,提高服务品质,规范服务行为,铸造服务品牌;通过科学营销,建立营销团队,开发专业产品,拓展共有业务,增加律师个人对律师事务所整体资源的依赖性。实现这一转变,要求律师事务所改变过去的财务模式,增加发展投入;要重组过去的管理团队,引进职业经理人;要摒弃过去执业习惯,实行业务拓展与操作的必要分离。

其四,商业主义转向职业主义。商业主义的职业定位,通常会将律师与商人、中介机构、服务业联系在一起。其内在原理是法律服务产品由市场决定供需和价格,遵循等价交换的商业伦理。律师业在特权与地位方面与其他服务性行业没有本质的区别,所以无须承担社会责任。职业主义则要求律师既独立于国家,也独立于当事人,遵循技术性伦理,对公众利益和普遍正义负有特定的责任。实现商业主义到职业主义的转型,要求律师事务所走出法律商人集合体和过渡商业化的误区,做社会责任的承担者;要求律师事务所强化对律师的政治属性和社会属性的教育;要求律师事务所引导律师积极参与国家法治进程,服务社会经济发展,促进社会公平正义;要求律师事务所监督律师依法规范执业,恪守职业道德,严守职业纪律;要求律师事务所带领律师参与社会管理,为党和政府分忧,为人民群众解愁。在更多承担社会责任中提升事务所品质,改善事务所形象,占领发展制高点。

律师事务所之所以要朝着上述四个方向转型,一是基于法律服务市场对团队服务、综合服务、专业服务提出的越来越高的要求,二是基于律师事务所整合资源、提高效率,参与竞争的内在要求,三是基于律师作为社会精英群体所肩负的使命。

7.1.4 我国律师事务所转型遇到的难题

律师事务所转型中遇到的难题,虽因规模大小、所龄长短、人员结构、地域差异等有所不同,但以下四个难题可能是共性的。

第一,观念的转变。长期以来,由于我国法律服务市场的资源配置、利用、再生还没有遵循行业本身的内在规律,而是在权力、利益及其他潜规则作用下不规范、不透明、不公平的运行。无论诉讼还是非诉讼业务的承接、办理、收费,律师个人主导的空间和效率在现实状态下都远大于律师事务所。于是律师们在自身发展上习惯单打独斗,在职业追求上看重经济利益,在行为方式上崇尚自由自在,在事务所发展上认为事不关己。这些观念不仅根深蒂固,而且由于一批批据此找到成功感觉的律师的示范,使其不断发酵和效仿。

第二,利益的调整。机制转型的关键环节是利益分配。合伙律师成本分摊制、聘用律师收入提成制、全所收入分光制的特点是透明、简单、彻底。计点制、薪金制、积累制则需要模糊、复杂、留成。这一机制的转换直接触及的是独立能力强、业务收入高的律师的现实利益。在调整中既要保证其现实收入不能明显降低,还要让其可以透过制度预见到未来回报和增值的可能。分配制度改革对于起步或发展中的律师,则意味着自我发展空间的暂时缩小和机会成本的增加。他们虽然在一定时间内收入会得到保障,锻炼机会增多,但对看得见却又难以穿越的高层"天花板"必然心存疑虑。事务所的资金积累,将涉及积累的尺度、使用的方法。由一次分光到二次甚至多次、多渠道分配,合伙人难免会关注分配的权限、收益的公平性。

第三,风险的承担。改革需要付出代价、承担风险。律师事务所转型可能面临三大风险:一是人才的流失。改革所带来的利益调整,如不能使各方的利益平衡,则会引发人员流动;二是效率下降。事务所一体化运营需要高效的管理机构和执行团队。但长期重业务、轻管理的律师短时间内转向管理、适应管理都将影响管理效能;三是惰性增加。对拓展型律师的利益模糊化和对操作型律师拓展的限制,都将影响其主观能动性的发挥,甚至在内部产生吃大锅饭现象。

第四,方法的选择。是"改了才好,还是好了再改"?需要协调不同发展阶段的律师并做出决断;选择渐进式还是阵痛式?同样考验事务所决策层的智慧。从部分管理制度改起,还是从整体运行机制改起?也要从事务所现状和实际情况出发。以理顺合伙人之间的关系为切入点,还是以理顺合伙人与聘用律师之间的关系为切入点?确实也需要权衡。是先通过经营解决资源问题,还是先通过调整机制解决内部管理,仍需要辩证思考。

正视转型中出现的难题,才能成功实现转型。这些难题在转型前、转型中、转型后都会存在。如果转型带来的变化,不是立竿见影,低于人们的预期,有人会产生动摇,有人会借题发挥,有人会寻机离开。因此,破解好每一道难题,对改革者都是严峻的考验。

7.1.5 我国律师事务所转型突破的路径

破解律师事务所转型难题的根本方法是遵循事物发展规律,从各个所自身实际情况出发,抓住主要矛盾,找准切入点,把握个人心态,因势利导,循序渐进,适时果断,综合平衡,务求实效。转型的难题固然很多,且难易程度因所不同,但如果能抓住根源性问题,则所有难题可迎刃而解。事务所区别于公司的特征是人合,只要在制度设计上降低人与人之间的合作成本,增加人对资源的公平占有,理顺个体与整体之间的关系,辅之以改革者的自我牺牲和理性引导,转型的成功完全可以期待。

(一)积分制——理顺合伙人之间的横向关系

合伙人之间的利益衡平、精诚合作、志同道合是事务所持续发展的关键。现阶段很多事务所合伙人之间的关系仍停留在:发展上相互独立、管理上权力平等、分配上成本均摊。相互独立意味着松散联合、缺少合作,权力平等意味着难以集中、效率低下,成本均摊意味着忽视差别、没有积累。

积分制就是根据每个合伙人的学历、工龄、所龄、合伙时间、历年经济上的贡献、对事务所品牌的影响、在培养引进人才方面的成绩等,逐年计算其对事务所综合贡献值,并以此设定管理权限、分享公共收益。

合理的差异其实是实质的公平。计算合伙人对事务所的综合贡献,并与权利、利益直接挂钩,有助于合伙人扎根事务所,参与事务所发展;有助于事务所领导层集中行使权力,高效规范管理;有助于建立合伙人之间的连结点,密切合伙人之间的关系;有助于激发合伙人的事业热情,保持事务所旺盛的生命力。

(二)计时制——理顺合伙人与聘用律师之间的纵向关系

聘用律师的成长和对其有效管理事关着事务所的未来和一体化运行的有效长久推进。现阶段很多事务所的聘用律师或独立于合伙人自我创收,或附属于个别合伙人领取薪酬,或偶尔与合伙人合作分享收入。无疑,这三种方式都不利于事务所人力资源整合、收入规范分配和专业团队构建。

计时制就是根据全所聘用律师个人综合条件和管理层的主观评价,测算出其小时工资,按照实际工作时间由事务所统一发放薪酬。小时工资因人不同,由事务所确定。实际工作时间,则是根据计时指引,由交办律师初定,承办律师记录,管理部门统计,最后再由交办律师核定。

实行计时制的现实意义在于充分利用聘用律师自身业务以外的工作时间,参与合伙人的业务工作和事务所公益活动,同时使合伙人腾出更多时间用于业务拓展和事务所管理。其长远意义在于强化事务所的统一管理,加快事务所的专业化分工,建立聘用律师与事务所之间的相互依存关系。

(三)经营制——理顺个体与整体的依赖关系

事务所由简单管理型转向经营管理型是大势所趋。现阶段很多事务所基本无经营可言,营销个人自己搞,资源个人自己用,收入个人自己拿,整体无投入,整体无拓展,整体无资源。于是,整体与个体的依赖关系颠倒,人员流动频繁,凝聚力缺乏,持续发展困难。

经营制,就是要求事务所确立营销理念,强化竞争意识,组建拓展团队,配备专业人员,增加经营投入,以市场为导向,主动开发专业产品,大力发展潜在客户,不断提高市场占有率。实行经营制的基础是事务所一体化运行,关键是专业团队的组建和财务投入的落实,需要注意的是公共资源的合理分配、有效管理和维护挖潜。

事务所对公共资源的主动开发,解决的将不仅是业务收入问题,还将解决人心归属问题,更将从根本上增加事务所的核心竞争力。实践证明,通过经营增加事务所的资源积累,相对于整合调配律师个人的业务资源,更容易避免转型中的矛盾,增强转型的信心。

(四)引导制——理顺眼前与长远的利益关系

由于事务所转型遇到的诸多难题,根源于律师个人对既得利益的割舍和对未来回报的忧虑,因此多方面的配合,以及持续、策略的引导,必将贯彻转型工作的始终。现阶段,很多律师事务所在转型中的简单模仿、整体嫁接、急于求成,都可能使转型夭折或付出惨痛代价。

引导制就是针对律师在转型中出现的思想问题,进行心理疏导,结果演算、利益割舍、行业推动。心理疏导应着眼于引导律师真正把握行业发展规律,让其充分认识到,社会公众对法律服务的选择将逐渐从重视个人感情转向重视专业水平,从对名律师的选择转向对品牌所的选择。结果演算,是根据律师事务所历年积累的数据和对未来一定阶段的预测,对比利益得失,消除思想顾虑。利益割舍就是要求改革者适当放弃既得利益,尽量使其与参与改革的同层级律师站在同一起点上,通过牺牲部分现实利益,推进改革的进程,换取事业的成功。行业推动则需要司法行政部门和律师协会,站在律师业发展的高度,在事务所转型中积极作为。可以就基础管理出台诸如运行机制、管理架构、利益分配的强制性规范,强力推动律师事务所快速转型;可以通过财政扶持、税收优惠、业务机会,直接支持实现转型的律师事务所做大、做好、做强;可以进行典型推广、经验交流,积极辅导转型中的律师事务所突破瓶颈,渡过难关。

由于律师事务所现行机制长时间运行产生的惯性和行业主管部门、行业组织刚性规范的缺失、滞后和虚化,以及我国法律服务市场的不成熟,律师事务所以及整个律师行业的转型还将是一个长期的过程。

7.2 律师事务所发展战略选择

中国律师业的发展变革包括律师自身的发展变革、律师事务所的发展变革和律师法律服务市场的发展变革三层含义,而其中律师事务所又是中坚力量。律师事务所的壮大在于事务所经营理念、管理方式以及商业模式的转变。本文中的发展战略是指律师事务所在发展壮大过程中,通过对律师事务所内外资源、经营环境等一系列因素分析的基础上,制定出的适合律师事务未来发展的战略方案。战略选择是关于律师事务所未来发展的重要方面,科学的、可行的战略方案为律师事务所指明了前进的方向,能指导律师事务所不断向前发展。

7.2.1 战略管理过程理论

战略管理是律师事务所实施战略的基本前提。根据企业战略管理一般理论,我们把律师事务所战略管理概括为以下四个阶段。

1. 战略分析

战略分析是指对律师事务所内外部环境和资源进行分析。其中的内部环境和资源包括以下方面:(1)人力资源,即律师数量、素质、构成等;(2)律师事务所知名度;(3)律师事务所核心业务及产品;(4)律师事务所内部组织机构和管理;(5)律师事务所资金、地理位置等。其中的外部环境与资源包括:(1)律师业发展现状和未来发展趋势;(2)律师事务所所在地区的经济发展水平和法治环境;(3)律师事务所现有的竞争者;(4)律师事务所与司法部门的关系等。全面的、客观的、周密的战略分析是制定律师事务所发展战略的首要条件,只有对律师事务内外部各方面情况进行细致的分析,才能制定出符合律师事务所实际需要的战略方案。战略分析的主要内容是律师事务所在上述内外部各方面的优势、劣势、机会、成本、威胁等,通常采用的方法包括波特五力模型和SWOT分析模型。

2. 战略选择

战略选择是在战略分析的基础上,制定出若干套初步的律师事务所发展战略方案,并结合律师事务所实际情况,选择一套最适合律师事务所发展的战略方案。律师事务所战略方案包括专业目标、规模目标、行业目标、创收目标等方面。

3. 战略实施

战略实施是把选择律师事务所战略方案具体运用实施于律师事务所经营管理的过程。发展战略的实施首先要根据发展战略制定出具体的发展策略,比如人才策略、竞争策略、服务策略、产品策略、市场策略、文化策略等,通过策略的实施和实现,逐步达成战略目标。

4. 战略评价和调整

发展战略实施后,需要对实施结果进行评价,以确定是否与既定目标相吻合,是否与律师事务所实际相吻合,在此基础上,对战略方案进行适时调整和不断改进。

7.2.2 战略分析工具

战略分析是一项专业性极强的工作,需要依赖一定的方法和工具。波特五力模型和SWOT分析是最常用的两种战略分析工具,本部分即运用这两种工具对律师事务所发展战略进行分析,以期为我国律师事务所制定发展战略有所裨益。

(一)波特五力模型

波特五力模型是由美国著名管理学家迈克尔·波特(Michael Porter)于20世纪80年代初提出的企业制定竞争战略时的分析工具,在管理学和产业经济学之间架设了一座桥梁,广泛应用于企业管理,产生了全球性深远影响。波特认为,任何行业中都存在着决定影响企业竞争规模和竞争程度的五种力量,即行业壁垒、现存竞争、替代品威胁、买方议价能力与卖方议价能力,这五种力量影响着产业吸引力和企业发展战略。波特五力模型将影响这五种力量的不同因素汇集在一起,来分析某行业的竞争态势。[①]

---

① 徐二明:《企业战略管理》,中国经济出版社2002年版,第18页。

根据波特五力模型,对律师事务所战略分析方法如下表(表 7-1)。

表 7-1　律师事务所战略分析方法 1

波特五力模型内容	律师业应用	律师事务所战略分析要素
现有竞争者威胁	意义:现有竞争者威胁是律师事务所当前面临的最大威胁 对象:国内律师事务所尤其是当地律师事务所以及进入国内的外国律师所	法律服务和产品 法律服务价格 法律服务市场 法律服务人才
潜在进入者威胁	新开办的律师事务所和国外的律师事务所新进入本地市场	律师事务所的开办条件宽严 律师业市场化进程 律师业国际化程度 律师事务所自身品牌 律师事务所专业化的人才
替代品威胁	律师业是一种专业的知识性服务行业,具有特色性,替代品不应太多,但"擦边球"事实会对律师业构成一定影响	法律服务所 法律援助机构 国家法律服务 上述替代品的规范程度
供应商威胁	主要为专业的律师人才	国家律师教育和培养水平 当前律师的通常水平 精通某一行业的律师数量 专业的知名律师数量
客户威胁	律师行业服务的对象同一时点一般针对单一的客户,客户(当事人)不可能联盟起来形成强有力的价格联盟	律师业通常服务价格 本律师事务所服务价格

(二) SWOT 分析

SWOT(Strengths Weakness Opportunity Threats)分析法,又称为优劣势分析法或态势分析法,是将企业战略与内外部资源有机结合起来,通过调查将企业自身的竞争优势(strength)、竞争劣势(weakness)、机会(opportunity)和威胁(threat)列举出来,并依照矩阵形式排列,运用系统分析理论,把各种因素加以分析,得出一系列相应结论。如果说波特五力模型是从产业结构对企业战略做出的分析,而 SWOT 分析方法属于企业内部分析方法,具有结构化平衡系统分析特征,使得企业战略更加科学全面。SWOT 方法自形成以来,已广泛应用于企业战略研究与竞争分析,成为一种常用的战略分析工具。[①]

根据 SWOT 分析模型,对律师事务所战略分析方法如下表(表 7-2)。

---

① 徐二明:《企业战略管理》,中国经济出版社 2002 年版,第 19 页。

表 7-2　律师事务所战略分析方法

SWOT 分析模型矩阵	具体内容	律师业应用
竞争优势	核心技术 资金 品牌知名度 人力资源 企业文化 市场营销	律师等人才 律师事务品牌 律师事务所服务和产品
竞争劣势	同上	同上
面临机会	行业发展 国家政策的支持 经济发展 市场变化 人民生活水平	国家法治环境变化 国家律师业政策 国内律师业市场化进程 国内律师业国际化程度
面临威胁	人们消费习惯的变化 国家政策的改变 经济危机	社会公众法律意识 百姓维权习惯 政局稳定性 经济稳定性

7.2.3　律师事务所战略制定

律师事务所在制定发展战略时要根据波特五力模型和 SWOT 分析法，对律师事务所战略宏观环境、行业环境、竞争环境、内部环境等进行分析，在此基础上选择适合自己的发展战略。

（一）律师事务所外部环境波特五力模型分析

律师事务所要长期发展，必须制定发展战略，以确定自己的目标体系。而律师事务战略的制定不能仅靠律师事务所管理者的主观意见和个人观点，需要根据律师事务所内外部环境做出准确判断。

从战略高度，律师事务所需要思考以下关键问题（表 7-3）。

表 7-3　律师事务所战略制定关键问题

关键问题	具体内容
行业和竞争条件	• 律师业主要经济性特征是什么？ • 律师业竞争态势如何？ • 律师业各种竞争力量强度如何？ • 哪些因素引发律师业竞争结构和商业环境发生改变？ • 哪些律师事务所的地位最强、最弱？ • 竞争对手下一步可能采取哪些竞争行动？ • 关键性的成功因素包括哪些？ • 律师业是否有吸引力？

(续表)

关键问题	具体内容
律师事务所自身状况	• 律师事务所当前战略的运行如何？ • 律师事务所自身的优势是什么？ • 律师事务所自身的劣势是什么？ • 律师事务所面临的机会有哪些？ • 律师事务所面临的威胁有哪些？ • 律师事务所成本方面是否有吸引力？ • 律师事务所的竞争地位有多强？
律师事务所战略标准	• 律师事务所实际的战略选择是什么？ • 律师事务所是集中精力完善当前战略还是做出战略变革？ • 律师事务所最优战略是什么？ • 战略是否与律师事务所所处的形式密切匹配？ • 战略是否有助于建立竞争优势？ • 战略是否有助于提高律师事务所的绩效？

从律师事务所潜在进入者威胁角度看，目前我国律师业进入壁垒比较低，资金、技术限制不严，只要具备一定资历和相关工作经验要求的从业人员即可以创办律师事务所(包括合伙所和个人所)。特别是在国内市场逐步开放的环境下，国外大律师事务所很容易进入国内律师市场，所以目前我国律师业进入者威胁相对比较大。那么，律师事务所如何才能有效抵制潜在的进入者呢？只有走专业化道路，走服务产品化道路，通过专业深耕，形成产品优势，产生品牌效应，培养忠诚客户。

从律师事务所同行竞争者威胁角度看，同行业之间的竞争是最直接的竞争，其他律师事务所是最大最直接的威胁，因而也是律师事务所最需要关注的对象。律师事务所关注其他竞争对手的动态包括服务产品、服务战略、营销策略、产品价格等。更为重要的是，律师事务所要研究律师业中的标杆，总结其在服务、产品、人才、管理等各方面信息，借鉴加以利用。通常情况下，以下几种情况会加剧竞争：(1)律师事务所数目增加；(2)竞争律师事务所规模和能力等方面逐渐接近；(3)法律服务需求增长放缓；(4)律师业环境发生变化以至于律师事务所降低服务价格或者增加服务；(5)当事人转换律师事务所成本较低；(6)其他律师事务所采取非正常竞争手段；(7)退出律师业务成本较高；(8)律师事务所并购发生。

从律师事务所供应商威胁角度看，律师业不同于制造业，不需要上游供应商提供诸如原材料、机器设备之类的有形物品等，其上游供应商威胁主要是人才缺乏，尤其是中低层次律师人才基本饱和的今天，高端专业律师人才的缺乏成为律师事务所最主要的供应商威胁。在现有律师人才格局不变的情况下，律师事务所可以采取培训、晋升机制能来弥补这一缺陷。

从律师事务说买者威胁角度看，市场竞争型原则同样适用于律师业，如果当事人转向其他竞争品牌或法律服务替代品成本较低，当事人在与律师事务所谈判中就有更大的空间。如果当事人对律师事务所服务、产品、价格和成本等相关信息了解得越详细,其所拥有的谈判能力就越强。

从法律服务替代品威胁角度看,在律师业的专业性、特殊性决定了律师法律服务被可替代品替代的可能性比较小很小。从西方成熟的律师业市场看,这种可能性除非以后国家政策有新的变化。但从国外成熟的律师事务所市场来看,律师事务所是一种专业机构,几乎没有明显的替代品威胁。

(二) 律师事务所 SWOT 分析

SWOT 分析是从律师事务所内部视角进行战略分析,主要分析律师事务所当前的竞争优势和竞争劣势。其主要标准包括:法律服务和产品;执业经验、规模大小;服务网络;核心资源;人才优势等。上文已经对此进行了探讨,此不赘述。

(三) 律师事务所的战略方案选定

在战略分析的基础上,律师事务所应当根据自身情况,选定战略方案。战略方案主要包括战略愿景、目标体系、战略资源等。

律师事务所的战略愿景和使命是律师事务战略目标的概括化和抽象化,对一个律师事务所发展前景和发展方向的总结性描述。战略愿景能够激发律师事务所全体员工的工作热情,是律师事务所的灵魂所在。战略愿景由律师事务核心价值观和主要原则构成,代表着律师事务所未来展望。有些律师事务所把战略愿景定位为创建百年百人强所,有些律师事务所把战略愿景定位为引领法律服务新方向,有些律师事务所把战略愿景定位为成为国际化品牌所,等等,不一而足。

在进行市场定位后,律师事务所要制定产业竞争战略,比如总成本领先战略、产品差异化战略、服务专一化战略等。对律师业而言,未来的发展趋势应当是差异化战略为主。因为,只有进行差异化竞争,才能使律师事务所在竞争中脱颖而出,让当事人认可其独特品质。即使是综合性律师事务所,也不可能提供所有的法律服务,要根据不同行业、不同领域提供专业化、差异化服务和产品。同时,律师事务所应当制定蓝海战略,[①]即不能仅仅关注现有市场竞争,而要超越现有律师业务范畴,开拓新的市场空间,抢占市场先机。

另外,律师事务所还有制定品牌战略、营销战略和人才战略。品牌是一个律师事务所核心竞争力的组成部分,也是律师事务所竞争能力体现、延伸和扩大。律师业提供的是特殊商品,即法律服务,而法律服务具有过程性、无形性、异质性和复杂性,因而,律师事务所品牌的树立难度较大,需要律师事务所软硬件来体现,需要律师提供的点点滴滴服务来体现。市场营销战略对律师事务所而言也须臾不可少。因为营销意识、营销水平、营销手段在很大程度上决定了律师事务所的案源、生存

---

① 2005年2月,在 W. 钱·金和勒妮·莫博涅教授合著的《蓝海战略》一书中第一次提出了蓝海战略。根据蓝海战略,企业不能仅仅关注在现有的市场上打败竞争对手和扩大市场份额,而是要把重点放在超越现有的业务范畴,寻求到新的战略发展路径方面,从而摆脱"红海"——已知市场空间的激烈竞争,开创"蓝海"——新的市场空间。蓝海既是无竞争领域,同时也是市场先机。

和发展。同时,人才实是律师事务所的第一资源,未来律师事务所所的竞争归根结底就是律师人才的竞争。因此,律师事务所应当制定人力资源战略,培训和引进高端专业化律师人才。

7.3 律师事务所经营模式确立

律师事务所经营模式与发展战略紧密相关。发展战略决定了律师事务所经营模式,经营模式体现出律师事务所发展战略。本部分首先总结了国内外精品律师事务所发展模式,然后探讨了几种典型的律师事务所经营模式:集团化经营、电商模式和个人律师事务所。

7.3.1 精品律师事务所模式分析

总结国内外发展比较好的精品律师事务所经营模式,我们发现,具有以下规律。

其一,诉讼业务标准化。诉讼业务是律师事务所传统业务,也是目前我国绝大多数律师事务所的核心业务。为了提高办案效率,许多律师事务所形成标准化诉讼模式,在每个关键点都有相对应的处理预案。然而,与非诉讼业务相比,诉讼业务具有高对抗性特点,要求律师具备很强的灵活性和创造性,以面对有可能出现新情况的复杂局面。然而,传统诉讼律师往往会形成简化案件关系、抽离法律焦点、重点论证分析的思维方式,即单一诉讼思维,可能忽略了案件背后复杂背景,增加了办案的风险。

其二,案件管理流程化。为了提高办案质量和增加案件可控性,许多律师事务所对案件进行流程化管理,即摒弃个案细节操作上的差异,寻求办案过程中的共同点,把案件办理分为不同的阶段,在每个阶段设定相应的配套制度,从而规范案件办理,确保法律服务达到精良标准。这些控制措施包括利益冲突检索、案件难度评估、出具初步意见、磋商代理方案、详细分析案情、建立委托关系、律师联席会议、书面化案件办理、律师工作时限要求、律师服务计时等,案件管理流程化有利于改变传统粗放式律师服务模式,提高服务质量。

其三,工作模式团队化。传统律师事务所服务模式是粗放型、松散型服务模式,在这一模式下,律师单兵作战、散兵游勇,其结果不可避免的会导致效率低下、服务质量差、风险增加。精品律师事务倡导以团队为核心的经营模式,即发挥团队配合优势,整合律师事务所优质资源,以团队的知识和经验提供法律服务。形成主任合伙人、业务主管合伙人、主办律师、协办律师辅助、秘书互相分工、密切配合的工作模式。

其四,项目研发专业化。法律服务产品的研发是建立在一定的分工基础之上的,专业知识和技术是法律服务项目研发的前提。无一例外,精品律师事务所都走了一条专业化研发道路,比如刑事辩护、知识产权、资本运作、劳动用工、交通赔偿、医疗侵权、婚姻家庭等,以缔造专业品牌,增强其核心竞争力。

7.3.2 律师事务所集团化发展模式

当律师事务所发展到一定规模,通常会发生两种结果。一是"分家",即律师事务所合伙人之间产生了意见分歧,在律师事务所经营理念和发展模式上发生偏差,部分律师团队另外成立律师事务所或者加入其他团队。二是走规模化、集团化道路,即律师事务所不满足于已取得的成就,不满足于仅为某一地域或领域提供法律服务,而谋求利用整体优势组建律师集团,做大、做强律师事务所。

走集团化道路应是律师事务所大势所趋,也是律师业发展现实之需。集团化意味着规模化、规范化、现代化和国际化,有利于发挥律师事务所的资源优势、信息优势和整体优势,有利于快速提升律师事务所的知名度和美誉度,从而促进律师事务所持续、稳定发展。

我国律师事务所集团化发展主要有三种模式,一种是律师事务所之间联合形成"联合型律师集团"。在这种模式下,每个律师事务所都是一个独立的个体,同时又是律师集团内部的一员;其优势在于,能充分发挥每个律师事务所的地域优势,实现强强联合、优势互补和资源共享;其劣势在于,这种模式更多是一种松散型联合,其凝聚力和战斗力有限,容易各自为政,协调性不够。因此,这种模式下的律师集团难以持久。另一种是一个律师事务所经过长期经营和在国内外设立分支机构而逐步成长为"成长型律师集团"。在这种模式下,律师集团形成了自己独特的律师事务所文化,制定了完善的管理制度,积累了丰富的管理经验,因而稳定性较高、整体信用较好、抗风险能力较强。再一种是兼顾上述两种模式特点而发展起来的"灵活性的律师集团"。在这种模式下,律师集团既有自己国内外的分支机构,又有其他律师事务所的加盟,因此更具有优势和竞争力,因此是律师事务所集团发发展的常见路径。

律师事务所走集团化发展模式,不仅是名称的改变或者律师人数的增加,更重要的是观念、思想的转变,是管理机制的变革,是整体优势的发挥。我们认为,律师事务所走集团化道路应考虑以下要素(表7-4)。

表7-4 律师事务所集团化考量要素

要素	内容
律师数量质量	应有一定的规模(通常执业律师100人以上),律师有专业优势,有较强的思考力、执行力和学习力,这是律师集团的核心竞争力所在。
资产资金	应拥有雄厚的资金实力(通常在1000万以上),律师集团能够有足够的固定资产和流动资金开展开设分所、招聘人才和市场营销等活动。

(续表)

要素	内容
律师事务所品牌	应有自己的品牌,有较好的口碑,能以专业服务和产品求生存,以律师事务所品牌求发展,能够发挥整体优势。
规章制度	应有健全的规章制度,以制度约束人、规范人、激励人、成就人。
管理体制	应有丰富的管理经验、超前的营销理念、科学的运作机制,以管理促发展,以管理取效益。其核心在于律师事务所管理层和业务层分离,实现业务独立、管理自治,培育一批管理型律师和业务型律师。
用人机制	应以人为本,以科学的机制留人、用人,形成科学的竞争机制、分配机制和淘汰机制,使人才成为律师事务所最大的优势和生产力。
律师事务所文化	应培育健康的律师事务所文化,形成律师事务所软实力。

7.3.3 法律服务电商模式

电子化、网络化为标志的信息技术革命对传统律师业带来了很大冲击,也提供了很多机遇。一些律师事务所开始提供在线法律服务,通过法律服务网站寻求法律帮助。下面简要介绍美国几家法律服务在线服务商。

一是 Legal Zoom。Legal Zoom 是一家专门提供法律文书服务的网站,以帮助人们起草简单的法律文书,比如合同、遗嘱等。目前,Legal Zoom 已为超过 200 万的用户提供法律服务,并获得了投资基金,正筹划上市。

二是 Rocket Lawyer。Rocket Lawyer 是一家专业的在线法律服务提供商,其核心竞争力在于帮助用户定制法律文件以及提供高效、便捷、低廉的律师委托服务。Rocket Lawyer 网站目前每月制订的遗嘱超过两万份,制定的商业合同超过四万份左右的商业合同,这些文件可以网络签署、即时共享、下载打印,企业和律师事务所可以通过该网站整合业务、寻找目标客户。

三是 Law pivot。Law pivot 是一个面向企业的法律咨询服务平台,企业尤其是科技公司和新创公司可以在这一平台提出包括公司法、合同法、知识产权法、税收法、劳动法等在内的法律问题。

除了以上三家,美国还有很多在线法律服务提供商。相比之下,我国国内在线法律服务商仍处于刚刚起步阶段,网络法律服务内容单一、不规范、恶性竞争严重。随着法律服务需求的增加,以及人们法律服务消费意识的转变,电商法律服务模式应该有很大的发展空间。

7.3.4 个人律师事务所

2008年6月1日我国修改后的《律师法》施行后,个人律师事务所数量骤增,呈现出井喷之势。这与《律师法》关于个人所门槛设定较低有关,更与律师业发展模式变迁有关。

我们认为,个人律师事务所有着自身的优势,同样也存在不可避免的弊端,是否成立个人律师事务所,应考虑以下几个因素:

首先,定位是否准确。个人律师事务所与合伙律师事务所只是组织形式和所有制不同,个人律师事务所也可以做强做大,定位准确是个人律师事务所生存的基础。因此,个人律师事务所要根据自己的专长、能力、喜好,在某个领域内做深、做专、做强,做出特色,实现品牌化。

其次,优势是否明显。优势是个人律师事务所发展的前提。与合伙律师事务所不同,个人律师事务所的效益与律师个人的信誉和口碑密不可分,个人律师事务所要想持久发展,必须发现并保持自己的优势,包括专业特色优势、效率优势等。

最后,如何突破困境。目前,我国个人律师事务所规模普遍较小,在案源管理、人力资源管理、营销战略、分配机制等方面都存在诸多问题。这些问题的得不到有效解决必然会阻碍个人律师事务所的发展,因此,如何解决这些问题,需要个人律师事务所深入思考。

7.3.5 律师事务所商业模式创新

律师事务所商业模式创新,应以拓展法律服务为目标。拓展法律服务,从广度上讲,即是服务领域的扩大以及服务对象的增加;从深度上讲,即是法律内容的丰富、服务层次的提升、服务质量的提高和服务方式的改进。那么,律师事务所商业模式创新,有哪些路径选择呢?我们认为,应当以客户(当事人)为中心,考察律师法律服务市场商业模式创新的影响因素,可以从以下四个角度探寻。

首先从"目标客户需求"角度,律师事务所需要创新满足客户需求路径。譬如,制定差异化战略,提供差异化律师服务,形成律师事务所特有的服务产品、经销网络、品牌形象等;再譬如,制定目标集聚战略,主攻特定或特殊法律消费群体,更好地更专业地为该特定目标提供法律服务。

其次从律师业竞争角度,律师事务所需要提升市场竞争优势。律师事务所竞争优势,归根结底,是律师事务所在"可竞争性市场上"向当事人(客户)提供的服务和产品胜过或超越其他竞争对手,并在一定时期内掌握市场主导权的能力。提升律师事务所市场竞争优势,可以从创新服务产品入手,也可以从创新营销管理入手。

再次从价值链角度,律师事务所需要提升价值链创造能力。价值链概念首先是由波特于1985年在《竞争优势》一书中提出的,其要义是:任何企业的价值链都是由一系列相互联系的活动组成,并不断实现价值增值过程的一个系统,但并非只有价值链上的"战略环节"才创造价值。[①] 就法律服务市场而言,创造价值的"战略环节"主要包括:律师人才资源、合伙人管理能力、团队精神等。律师事务所整合内

---

① [美]迈克尔·波特:《竞争优势》,陈小悦译,华夏出版社2005年版,第50页。

外部资源,提升价值创造能力,可以走专业部门分工合作模式,也可以走传统法律服务延伸增值模式。

最后从律师业供求关系角度,提升律师事务所服务市场能力。具体而言,可以尝试以下创新路径:第一,对那些经常性、大宗性、基础性法律服务领域,可以实行集体打折模式;第二,通过与保险、信访等结成消费联盟,建立协作网络,实行网络营销、联合营销商业模式;第三,可以通过聘请专家顾问的方式,与高校、政府部门等建立协作关系,加强信息交流;第四,成立律师事务所联盟,整合律师业力量,实现价值传递。

7.4 律师事务所营销策略转变

如今,律师已不再是一个坐而论道的行业,而是一个需要投资、需要营销的行业。相应地,法律服务市场对律师事务所营销也提出了更高要求。律师事务所需要转变守株待兔的传统观念,主动寻找市场,从单纯业务索取型营销转向价值贡献型营销,在市场贡献中寻求生存和发展机会。

7.4.1 法律服务营销的特点

随着建设社会主义法治国家的逐步推进,社会对律师服务的需求总体呈现上升趋势,潜在需求市场很大。同时,市场竞争日益加剧,呈现出区域市场全国化、全国市场区域化、国内市场国际化新特点。

其一,从卖方市场转向买方市场。目前,我国律师业竞争已趋于多元化、白热化、全面化,沿着规模化、品牌化、专业化、国际化等方向纵深不断推进。总的来看,全国市场竞争主要集中在上市、金融、兼并收购、知识产权、证券等专业性极强的高端业务领域;区域竞争仍集中在传统业务领域。从地域上看,高端业务主要集中在北京、上海、深圳等地的律师事务所,其他地区仍以中低端业务为主。20世纪80年代初期,我国律师被定位为"国家法律工作者",律师事务所属于"国家行政事业单位",律师数量较少,且主要来源于公、检、法公职人员,这一现实决定了当时的法律服务市场只能是卖方市场,可供选择的律师和律师服务较少。从1986年开始实行律师资格考试以来,律师事务所体制逐步改革,大量的律师涌入法律服务市场,分割律师服务这块"蛋糕",当事人对律师、对律师服务有了越来越到的选择权和谈判余地,法律服务市场相应发生了重大变化,逐步由卖方市场转向买方市场。

其二,从个人网络转向社会商业网络。在律师业发展的初期,当事人选聘律师通常依靠亲戚、朋友、领导、同事、同学等相对封闭的"熟人社会"个人网络。随着市场经济的发展,人们法律意识的增强和国家法治环境的改善,社会对法律服务的消费朝着更为理性的方向发展,委托律师业务主要依靠更为广泛的商业网络。尤其是一些大型法律服务项目,往往会采用公开招投标制度,需要律师组成团队,制定详尽的法律服务方案和合理的服务费用。可以预见,这种更为广泛的社会性的商业网络对传统律师服务模式产生越来越大的冲击。这对律师的服务水平和律师事务所的营销能力都提出了更高要求,当然,有助于我国律师事务所转型升级,推动我国律师业向更高层次发展。

其三,从单一型关系营销转向复合型市场营销。在我国律师法律服务市场发展得初期,律师选聘标准和程序不公开透明,当事人尤其是企业客户的领导有很大决定权,律师只要和当事人搞好关系,就可以承揽到法律业务。然而,时至法律服务市场日趋成熟的今天,这种单一型的关系营销已越来越不适应。企业包括法律服务项目在内的重大项目都要集体讨论,律师事务所特长、律师服务团队、法律服务方案、法律服务流程等成为选聘律师的重要标准。因此,律师事务所需要从单一型关系营销转向复合型市场营销,不断提升服务质量和专业水平。

其四,从价格竞争转向价值竞争。所谓价格竞争,即当事人在选择法律服务时以价格作为主要甚至唯一的考量因素;所谓价值竞争,即当事人在选择法律服务时以法律服务质量作为主要的考量因素。在律师服务市场发展初期,律师业规模较小,律师专业分工不明显,价格差异是当事人选择法律服务时最容易比较和作出选择的决定性因素,因而价格竞争成为律师事务所主要的竞争手段和形式。然而,随着律师服务市场的完善,律师专业分工日益细化,律师事务所的专业特色和服务质量成为当事人最为关心的因素。当事人在选择律师时,更加看重律师服务的质量,即满足需求的价值比。从而,律师事务所之间的竞争逐步从简单的价格竞争向复合的价值竞争转变。

其五,从认可律师转向认可律所再转向认可法律服务产品。名律师往往是专业、能力、正义、信心的代表,在名人效应下,名律师往往是法律服务市场的"宠儿",是当事人竞相聘请的对象。但是,名律师毕竟精力、时间有限,无法处理好所承接的日益增多的案源,不能给予所有当事人同样的关注,引起了一些当事人的不满。同时,由于法律服务市场日益开放,律师团队模式越来越显示出在专业特长、分工合作、质量保证中的作用。当事人在追求服务质量的理性需求下,不在盲目追求名气大的律师,转向整体实力较强的律师事务所。在未来的律师业发展中,法律服务产品应成为当事人首要关注的对象。可以说,早期律师业的竞争是律师水平的竞争,现在律师业的竞争是律师事务所实力的竞争,未来律师业的竞争是法律服务产品的竞争。

7.4.2 当前律师营销的现状

律师业的上述转变,客观上起到了指引我国律师业良性发展的作用。目前我国律师业,已经实现了由买方市场向卖方市场转变,从生存阶段竞争向发展阶段竞争转移。市场营销,也正在逐步被国内律师事务所认知和接受。然而,传统上,我国律师事务仍主要依靠人脉和关系寻求案源。在广告业兴起的背景下,通过广告宣传战进行恶性竞争。

首先,职业理想与商业主义并存。一方面,我国律师仍坚守维护公平正义的职业理想,不完全接受商业主义;另一方面,在实践中,律师服务表现出较强的商业化特征。其次,认可法律服务营销。我国绝大部分律师虽然不认为自己是商人,但大都认同市场营销的正当性,认同市场营销对律师法律服务的重要性。再次,我国律师事务所的组织形式大都是松散型的合伙制,律师集中于办理案件和业务拓展,市场营销工作主要由律师事务所承担,主要营销方式是广告。最后,从结果上看,律师事务所营销通过广告宣传获得了一定的回报,获得了一定案源。然而,这种付出与回报之间的因果关系并不稳定,案源稳定性差,杂乱无章,签约比例较小。而且,大客户少,小客户多;重点客户少,普通客户多。

律师业务主要是通过个人关系还不是通过律师事务所整合资源后获得的。与国内多数律师事务所一样,我们所开展业务更多地仍是依赖个人关系,极少依靠整个所的经营运作机制去争取业务。传统单兵作战的工作模式在业务拓展领域依然盛行,部分律师往往从自身利益的角度出发,在业务开拓上各自出击、排斥合作。目前,这种狭隘的拓展方式在业务承接上已充分暴露了弊端,产生了很多失败的教训。这就导致在业务承接上的盲目性、成功率上的不确定性和业务收入上的不稳定性。即使是在法律服务市场竞争激烈的今天,一些律师还或多或少地存在"好酒不怕巷子深"的观念。他们认为只要办案水平高,胜诉率高,律师的口碑自然会好,当事人就会主动找上门。这种缺乏市场营销意识的观念,显然已经陈旧过时。我们必须清醒地意识到,能与时俱进的律师及律师事务所必须重视市场和营销,正所谓"酒好也要勤吆喝"! 可见,虽然我国律师业已普遍接受市场营销理念,但与我国律师业整体发展水平相适应,在法律服务营销理论、方法、措施等方面仍处于起步阶段。

因此,对我国律师事务所而言,一方面,要打破传统思维,重视市场营销价值,拓展营销思路,靠整体策划,通过团体实施市场营销,真正发挥整体优势。另一方面,要重视法律服务营销与一般市场营销的区别,考虑法律职业理想和职业定位,对一般商业营销的方式方法作出必要调整。

从宏观上讲,律师事务所应当以"无处不营销"作为指导思想,在统一的价值理念的指导下,细分法律服务市场,寻找与自己价值理念相一致的目标市场,并以此为突破口展开营销。从微观上讲,律师事务所应当以特定的法律服务和产品作为营销载体,通过专业营销团队,采用一切可能的营销手段,快速地与目标市场建立广泛联系。从营销的法则来看,律师市场营销也要遵循市场规律,以人为本,以客户为中心,针对特定目标市场,通过适当的营销手段,提供差异化服务和产品,从而获得竞争优势,即通过营销最快速度地建立关系、制造卖点、实现销售、创造价值、营造自己。

7.4.3 我国律师事务所营销定位

在市场经济条件下,律师业的发展也会受到市场机制杠杆的调节作用,律师事务所营销也要遵循市场规律。在市场细分的基础上,分析各类法律服务消费者的需求欲望,并据此开发设计法律服务产品,努力让法律服务产品贴近客户,并在市场营销中有的放矢。

(一) 律师事务所服务市场细分

从国外律师服务市场来看,律师大都专注于某一领域,努力成为某方面的专家。而我国国内大多数律师都是"全能"、是"万金油"式的律师。在市场分工日益细化的今天,全能意味着似是而非甚至不能。任何律师和律师事务所都不可能满足所有当事人的需要;当事人需要的也不是"万金油",而是真正能解决问题的专家。可以说,专业之路是律师和律师事务所可持续发展之路,我国律师事务所要根据自身情况和社会需要细分市场。当然,法律服务市场细分的过程是一个对类似消费者进行组合的循序渐进的过程,是一个从粗分类到细分类再到精分类的过程,更是一个法律服务产品从接近到贴近再到完全满足消费者需求的过程。

(二) 律师事务所目标市场选择

在对法律服务市场进行细分之后,律师事务所就要选择市场,即就要决定进入哪些细分市场,把这一小市场的特定群体作为自己的服务对象。我们认为,律师选择细分市场要考虑两方面因素:一方面,该市场的基本情况,比如业务总量、增长空间、发展趋势、市场竞争程度等;另一方面,自身的基本情况,比如律师队伍、专业特长、社会资源、整体实力等。固然,律师事务所可以选择一个或多个细分市场,但选择几个细分市场要量力而行。

(三) 律师事务所市场定位

选择了目标市场之后,律师事务所要进行市场定位,即确定和形成自己的鲜明形象,逐步确立竞争优势。为此,律师事务所要考虑以下四个因素:其一,了解竞争对手,包括确定竞争对手、竞争对手的市场定位、市场份额、服务产品、消费者口碑等。其二,了解消费者需求,包括消费者需求产生过程、购买法律服务产品过程、消费者评价法律服务产品的标准、消费者对自己以及竞争者的评价等。其三,如何创造出自己独特的法律服务产品。只有特色,才能吸引消费者的消费目光;只有特色,才满足消费者的个性化需求;只有特色,才能塑造品牌。其四,如何做好特色服务产品升级。法律服务产品很容易被模仿、复制和超越,这意味着律师事务所的竞争优势会丧失,所以,律师事务所要不断地创新,保持特色。

(四)律师事务所市场营销战略的拟定

企业营销4P's理论同样适用于律师业。[①] 律师事务所制定市场营销战略要根据服务费用、服务内容、服务推广渠道、服务促销方式等四个方面进行指导。

在服务费用方面,律师业是个知识密集型行业,法律服务是专业智力服务,知名度、品牌度不一样的律师事务所,其所收取的服务费用可能相差很大。一般说来,律师事务所可以采取分层定价法,即针对不同客户,提供不同服务,收取不同费用。具体如下表(表7-5)。

表7-5 律师事务所产品定价策略

客户类型	客户特征	定价策略	定价目的
高端客户	对价格不敏感,需要一流的服务和品质	定价要较高,同时提供全方位的高附加值服务	不断提升利润,提升律师事务所品牌形象
中端客户	中端客户市场竞争最激烈对价格比较敏感	定价稍低,并有一定的优惠待遇	扩大市场份额,争取客户信任和后期合作机会
低端客户	通常是价低者得	与提供同类服务的价格持平,提供比较单一的服务	满足客户需求,维护形象

在服务内容方面,律师事务所要提供差异化服务,并且针对不同层次的客户,附加值服务亦不相同。对于高端客户,要以全面满足客户需要为目的,提供综合服务解决方案,超越客户期望值;对于中端客户,要提供核心服务,并增加高附加值服务;对于低端客户,提供单一服务产品即可,如果客户有需求,可以增加相应服务。

在服务推广渠道方面,各地司法环境和社会法律意识可能会有所差异,律师事务可以通过在所需要的城市建立分所的方式,在当地开展适合当地的特色的专业化法律业务,进行渠道分销,节约营销成本。

在服务促销方式方面,案件大小不同、性质不同、影响力不同,律师事务所应当综合考虑,采取减免代理费的方式进行促销。比如,对于那些有影响力但服务对象为低端客户的社会弱势群体,可以采取免费方式,以提升律师事务形象,提高律师事务关注度,扩大律师所影响力。

7.4.4 律师事务所市场营销注意事项

律师事务所可以通过投放广告、网络媒介、建立服务联盟、竞价排名等有效途径和方式向客户展示其综合实力,包括服务产品、专业特长、专业团队、过往业绩、办公环境、著名客户名单、专业研究成果、服务管理流程制度等,从而帮助客户建立

[①] 4P营销理论(The Marketing Theory of 4P's),4P理论产生于20世纪60年代的美国,随着营销组合理论的提出而出现的。尼尔·博登、菲利普·科特勒都对该理论的形成作出了重要贡献。4P营销理论被归结为四个基本策略的组合,即产品(Product)、价格(Price)、渠道(Place)、促销(Promotion),由于这四个词的英文字头都是P,再加上策略(Strategy),所以简称为"4P's"。

对律师事务所的信心。具体营销策略包括立体营销、体验式营销、精细化营销、网络营销、感情营销等。律师事务所市场营销需要注意以下几点。

首先,要为客户量身定做一套特别的法律解决方案。一套特别的法律解决方案是赢得客户信任并取得委托的最重要武器,然而,由于判断标准不同,不可能有绝对完美的解决方案。律师事务所需要做的是对客户及相关市场进行充分而细致的调查,以满足当事人在情感、经济和法律上的需要。当然,法律解决方案应当力求:简单实用、通俗易懂。

第二,应当建立客户信息库,对客户信息分类储存,密切保持联系。与客户初步接触后,如果没有成功签约,也要安排专人及时通过电话或邮寄律师事务所简介表示感谢客户,建立与客户主动定期联系机制,表示自己愿意与客户进一步沟通和信息交流的诚意和愿望,让客户随时了解律师事务所现状以及客户所在市场情况,这些感情投资很有可能为将来合作带来机会。

第三,营销时应高度关注细节。营销的目的在让当事人购买所推销的法律服务和产品,目标客户关注的不是律师事务所或律师的成功,而是律师事务所和律师能为他带来什么。换句话说,律师事务所以及律师过去再成功,业绩再好,都与目标客户没有直接关系。因此,营销的重点是关注客户的需求细节,而非律师事务所和律师单方面的成功和经验。

第四,要注意保护当事人的隐私和商业秘密。个别律师事务所在营销时过分宣传自己,以至于肆无忌惮地到处宣传其他客户的商业秘密和隐私,殊不知,这种做法容易引起目标客户的怀疑:是不是也会这样泄露我的商业秘密和隐私呢?

第五,一定要坚持坚持客户回访。律师事务所在进行市场营销时,应当站在客户的角度考虑问题,关注客户对于法律服务的体验,以客户的需求设计法律服务产品。律师事务所是否能保持已有客户,关键有以下几点:客户对律师事务所的第一印象、律师事务所是否守信并兑现承诺、律师是否树立客户第一理念、律师事务所与客户沟通是否及时顺畅、是否回复以及是否及时回复客户电话、是否建立了客户反馈机制。

第六,要加快推行公司化模式。事务所的公司化管理制度脱胎于现代公司企业的管理制度,并融入了事务所本身的经营管理特点,以事务所统一核算为前提。其内容是事务所的权力机构和管理机构分离,即由合伙人会议和执行合伙人分管决策和执行事务。同时事务所还实行客户关系统一管理、严格的部门分工和专业分工等。这种模式的要点是:事务所的成本先由律师费收入中统一开支,余下部分实行绩效考核的"工资+奖金"或"工资+提成"的薪酬机制。这种模式的优点是:统一的成本分摊和利益分配,能够团结全所力量共同发展;严格部门分工,能够使律师服务更加专业化。通过"公司化",可以稳定主流团队;通过"企业化",可以加强内部管理。

第七,要加快推进法律服务产品化进程。法律服务产品化,就是赋予无形的法律服务以物化的标准,通过规范化的管理使其成为可以度量、复制且多元的产品。产品化有利于提高事务所的竞争力。通过产品化,某种法律服务才有可能通过模拟和复制实现规模效益,从而将这种服务资源的效率最大限度地体现。实现法律服务产品化后,由于技术或者其他业务能力在相当程度上可以摆脱律师个体而存在,使法律服务成为事务所的一种固有资产,这样的律师事务所不会因为某个律师的离开而失去某项业务服务能力。而且,法律服务产品化过程中的专业化建设有利于律师事务所培养属于自己的最根本、最关键的经营能力,构建自身的核心竞争力。

第八,要引入市场营销理论。从某种意义上讲,抓住了客户,抓住了市场,事务所就赢得了发展的空间。营销管理应以满足客户需求为宗旨,既要满足客户的即时需求,也要满足客户的潜在需求(当然,这种需求必须在符合国家政策和法律的框架内)。在营销管理上,必须围绕巩固现有市场,拓展新的市场空间来展开。首先,应当明确我们的市场营销必须是盈利性的,应当通过合理的策划,在提升律师事务所的知名度的同时吸引更多业务,从而达到利益的最大化。其次,开展律师市场营销应当全面关注既有客户和潜在客户,把目标定在事务所业务水平的增长而不是保持上。再次,律师市场营销,要着眼于客户的想法和需要,在与客户的经常性和充分的沟通中帮助客户预防纠纷、解决问题。就目前而言,很多律师事务所都采取了一些营销手段,如设立网站、参与媒体点评、树立广告牌等,但这些营销手段还过于单一、零散,没有形成整体合力。律师事务所要强化全体员工的营销意识,同时,切实地将营销理论运用到业务拓展活动之中。具体来说,可以采用的营销方式包括:律师事务所手册、客户简报、其他直接邮件、客户研讨会、公共关系、新闻报道、新闻发布会、赞助慈善活动广告等。

小　结

唯有创新,我国律师事务所才能在日趋激烈的国际国内竞争中立于不败之地,而所有的创新都应当围绕提供更好的法律服务产品展开。规范化、专业化、规模化、品牌化、国际化、产品化是国际律师事务所的发展经验,而我国律师事务所面临着成长的烦恼。我国律师事务所转型的方向是,个人为主体转向律师事务所为主体,管理模式借鉴公司制,简单粗放管理转向科学经营管理,商业主义转向职业主义。在转型的过程中,律师事务所遇到的难题则是观念的转变、利益的调整、风险的承担和方法的选择。律师事务所在战略制定时,要要根据波特五力模型和SWOT分析法,对律师事务所战略宏观环境、行业环境、竞争环境、内部环境等进行分析,在此基础上选择适合自己的发展战略。律师事务所商业模式创新,应以拓展法律服务为目标,扩大服务领域、增加服务对象、丰富法律内容、提升服务层次、提高服务质量和改进服务方式。就路径选择而言,律师事务所商业模式创新应当以客户(当事人)为中心,提升市场竞争优势,提升价值链创造能力,提升律师事务所服务市场能力。如今,法律服务市场竞争日益加剧,对律师事务所营销提出了更高要求,要从依靠个人网络转向依靠社会商业网络,从单一型关系营销转向复合型市场营销,从价格竞争转向价值竞争。从认可律师转向认可律所再转向认可法律服务产品。可以说,早期律师业的竞争是律师水平的竞争,现在律师业的竞争是律师事务所实力的竞争,未来律师业的竞争是法律服务产品的竞争。

第 8 章　法律服务产品化与律师协会

> 如果说代议制政府是 18 世纪的伟大社会发明,而官僚政治是 19 世纪的伟大发明,那么,可以说,非政府非营利性质的"第三部门"的兴起则代表了 20 世纪最伟大的社会创造。
>
> ——[美]萨拉蒙

律师业的市场化、社会化、专业化、规模化,是律师业成熟的重要标志,也是法律服务产品化的必然结果,这一结果的实现与律师的管理密不可分。律师业发展历史表明,自律是律师业发展的基石,自治是律师管理的主要方式。律师业属于自治行业,律师协会在律师自治管理中作用重大。本部分从国外律师业管理体制入手,反思我国律师业管理机制,重点探讨律师协会在律师职业化、法律服务产业化等方面应当发挥何种作用,至于律师协会在培育法律文化等方面的作用,学界已进行了诸多有益探索,[①]此不赘述。

8.1　律师业管理体制

国外律师业从律师的独立性、自主性、自治性等本质属性出发,以行业自律管理体制为主,国家机关和公权力不直接干预律师业管理。我国目前对律师业采取两结合的管理体制,即司法行政管理与行业协会自律双重管理。至于这两种模式的优劣、哪种模式更适合我国国情以及我国未来律师业管理体制改革的方向,则是值得思考的。

8.1.1　国外律师行业管理制度比较

在西方国家,律师具有特殊的社会地位,国家通常只对律师进行宏观管理,更

---

① 相关研究参见王玉亮:《法治理念下的律师文化建设》,载《中国司法》2006 年第 6 期;宋占文:《论律师文化》,载《中国司法》2006 年第 3 期;黄景钧:《关于律师文化的思考》,载《群言》2010 年第 3 期;徐前权:《律师文化建设必要性之考察》,载《孝感学院学报》2007 年第 3 期;司莉:《论中国特色律师文化的构建》,载《郑州大学学报(哲社版)》2009 年第 7 期;詹振灼、王秋霞:《律师文化的自觉》,载《法治研究》2008 年第 11 期;孙百红:《我国律师文化的现状及其对策》,载《理论观察》2006 年第 4 期;黄长江:《律师文化建设的道德误区——以律师职业的"伦理底线"为研究视角》,载《法治研究》2007 年第 9 期。

多的是依靠律师协会行业管理以及律师的自治权利和自我管理,律师整体基本实现独立。然而,律师业具体管理模式,各国并不完全相同。主要国家律师管理制度比较如下表(表8-1)。①

表8-1 世界代表国家律师管理体制

国家	主要管理机构	职权划分	律师资格	惩戒权	管理模式
美国	律师协会	律师协会拥有除惩戒决定权以外所有的管理职权	律师协会;	法院	行业自治为主
法国	律师公会	拥有完全的额律师管理权,律师资格考试与当地法官、大学法律系共同举办	律师公会	律师公会	完全行业自治
日本	律师协会	拥有除资格授予权以外的所有管理职权	法院	律师协会	行业高度自治
澳大利亚	律师协会、法院以及政府机构或其他特派机构	律师协会负责日常管理,政府特定机构或法院通过一定方式、在一定范围内共同介入律师资格认定和投诉的调查、处理和监督等事务	完成法学院课程和律师协会培训,通过律师审查机构认可,法院注册登记	律师协会与法院	以行业管理为主、辅以政府和法院在一定范围内有效地参与管理
新加坡	律政部、律师公会	律师公会拥有管理律师的所有实质性权力	律师公会	律师公会	行业高度自治
加拿大	律师公会、律师协会、最高法院	司法部授权律师公会和律师协会对律师进行管理	律师公会	律师公会	行业高度自治
瑞典	律师协会	瑞典律师协会拥有行业管理的全部职权	律师协会理事会	律师协会理事会	行业高度自治
丹麦	各地律协、丹麦全国律师协会	各地区律师协会理事会负责管理本协会的有关事务;全国律协受理当事人不服当地律师协会的处理决定提起的申诉	司法部	地区律协与丹麦全国律协	行业自治为主

通过对比世界代表国家律师管理制度,可以发现,虽然在律师资格取得、惩戒权等方面法院或司法部门有一定的权利,但律师协会是律师管理的主要机构,行业自治是律师业发展的趋势。易言之,目前世界各国律师管理模式是以行业自治甚至高度自治为主,司法行政管理为补充。之所以出现这种趋势,其根源就在于两

---

① 程昱晖:《两大法系律师制度比较》,载《河南司法职业警官学院学报》2003年第2期。

点:一是自治是律师业的本质属性;二是为了防止律师行业自治成为垄断性组织,侵害当事人或社会的公共利益。

8.1.2 国外律师协会目的与职能比较

具体到律师协会,各国的定位和职能并不完全一样。以美国为例,与美国联邦体制相适应,美国律师协会分为全国性的和州层次的,另外还有专业性律师协会。全国性律师协会又称为律师公会,于 1878 年在纽约州萨拉多加成立,也是美国最大的律师组织。专业律师协会有妇女律师协会、华人律师协会等。在美国,律师是自由职业者,律师事务所和律师协会是律师自己的组织,律师协会是自治性社会团体,在律师职业道德教育、律师执业纪律、律师沟通交流、律师学习研究等方面发挥着重要作用。

根据收集的资料,将各国律师协会的目的大致可以划分为社会目的与行业目的,对主要国家律师协会职能、目的进行比较和梳理(表 8-2)。

表 8-2　代表国家律师协会职能比较

国家	社会目的	行业目的	职能
美国[①]	1. 维护人们对法治和律师的信仰; 2. 特殊律师协会:服务于黑人、联邦政府、个人伤害案、工人赔偿请求、妇女问题、民股权等; 3. 维护法律秩序; 4. 对社会进行法律宣传教育; 5. 受理公民对公民的控告。	1. 保持律师的职业操守; 2. 提高律师的执业技能,保证法律服务产品质量; 3. 提升律师职业社会地位; 4. 18 世纪末:维护法律职业的尊严,试图控制律师资格的批准,减少法院中的不称职现象,制止竞争性的降低收费的现象。	1. 制定律师守则,对律师进行道德和纪律教育; 2. 组织律师进修和研究法律; 3. 进行执业责任教育; 4. 选举法官; 5. 监督律师规则的实施,受理; 6. 改善法学教育,对法学院进行合格鉴定。
瑞典	1. 保持律师协会成为诚实而有效能的团体,以便更好地帮助和促进司法职能的运用; 2. 尽力提供协会的经验,为促进法律的发展做出贡献。	1. 维护律师职业上的利益; 2. 尽力做好律师间的联络与相互理解工作,增进律师团结。	

---

① Maxwell Bloomfield, *American Lawyers in a Changing Society 1776－1876*, Harvard University Press, 1976, p. 33.

(续表)

国家	社会目的	行业目的	职能
德国[①]			1. 对律师会会员提供业务咨询或指导; 2. 根据申请调解会员之间的纠纷; 3. 根据申请调解会员与委托人之间的纠纷; 4. 监督会员履行义务,并有权给予训诫; 5. 推荐律师参加地方或州名誉法院的工作; 6. 提供州司法行政机关、法院或行政机关所要的(关于律师的)鉴定书; 7. 培训实习律师。 8. 推荐律师参加司法考试委员会。
加拿大	加拿大的律师公会是从维护当事人的利益出发而设立的。加拿大律师协会是从维护律师自身的合法权益而设立的,使律师的合法权利不受侵犯。	1. 监督律师依法办案和遵守职业道德; 2. 组织律师资格的考试和专业培训; 3. 负责律师资格的审查、授予和撤销。	
日本	维护基本人权、实现社会正义的源泉。	1. 保持律师的品位; 2. 改善并促进律师事务,以对律师进行指导、联系、监督有关事务为其目的。	日本律师联合会:律师名簿的登记和管理; 1. 对各律师会会则制定、变更的承认; 2. 对律师会大会的撤销; 3. 对被惩戒者请求审查的裁决; 4. 对律师的惩戒。

8.1.3 我国律师管理模式

新中国成立后,废除了国民党律师制,对律师实行单一行政管理体制,即律师协会隶属于司法行政机关,这种体制与当时国家统一行政管理体制相吻合,客观上对发展我国律师业起到了重要作用。

1980年通过的《律师暂行条例》,打破了律师单一行政管理体制,第一次从法律上把律师协会确立为律师行业性组织。但同时,又规定"律师职称标准、律师奖

[①] 见《德国律师法》第七十三条规定。

惩规定和律师收费办法，由司法部另行制订"。可见，律师协会并不享有律师管理权，仅享有律师交流和维权功能，而律师惩戒权、考核权等仍有司法行政机关享有。从现实看，《律师暂行条例》出台后，各地虽然都陆续成立了律师协会，然而，律师协会大多设在司法行政部门内，与司法行政律师管理机构"两块牌子，一套人马"，没有自己独立办公人员和独立办公场所，在组织上，律师协会依附于司法行政机关，律师协会领导亦大都由司法行政机关领导兼任。但是，《律师暂行条例》毕竟加强了律师协会管理职能，为进一步发挥律师协会组织管理职能初步奠定了基础。

1986年，第一届全国律师代表大会在北京召开，会上通过了《中华全国律师协会章程》，中华全国律师协会正式成立，这标志着我国律师管理体制又发生了新的变化。《中国律师协会章程》进一步明确了律师协会的职责，虽然没有增加实质性内容，但预示着律师行业组织和自治管理规范逐步健全。

1993年，国务院在《司法部关于深化律师工作改革的方案》（以下简称改革方案）的批复中指出，"从我国的国情和律师工作的实际出发，建立司法行政机关行政管理与律师协会行业管理相结合的管理体制。经过一个时期的实践后，逐步向司法行政机关宏观管理下的律师行业管理体制过渡。"这是我国官方文件中首次出现"行业管理"提法，也标志着我国律师协会享有了部分行业管理权，律师业逐步成为自治行业，打破了我国长期存在的司法行政机关垄断律师管理权局面。

1996年，通过的《律师法》确立了我国律师业的"两结合"管理体制，即司法行政机关监督指导和律师协会行业管理相结合。《律师法》把律师协会界定为社会团体法人，视为律师自律性组织，赋予律师奖惩权和部分行业管理权。同年，全国律协通过了《律师职业道德和职业纪律规范》，这是我国第一部律师行业规范。1999年《中华全国律师协会章程》通过，明确规定了律师协会具有组织律师资格考试具体工作、律师业务培训、奖惩及对外宣传等职能。[①] 同年，全国律师协会常务理事会通过了《律师协会会员处分规则》；2004年，司法部发布了《司法部关于进一步加强律师监督和惩戒的意见》和《律师和律师事务所违法行为处罚办法》，赋予律师协会律师惩戒调查权和惩戒建议权。随后，全国律师协会又制定了《律师执业行为规范（试行）》（2004年）、《律师协会会员违规行为处分规则（试行）》（2004年）、《律师执业行为规范》（2009年），律师协会行业管理权和行业自治权逐步得以确立。与此同时，《律师法》第四条规定"国务院司法行政部门依照本法对律师、律师事务所和律师协会进行监督、指导"，那么，司法行政机关如何行使监督权呢？除了该法第三十八条规定的"律师协会章程由全国会员代表大会统一制定，报国务院司法行政部门备案"内容之外，没有其他具体规定。这导致司法行政机关的监督和指导权无法具体落实，进而导致司法行政机关与律师协会的关系不明、职能定位不清，以及在实践中发生二者职能重叠、职能缺位、监督指导不力等问题，发生律师协会内部

---

① 参见《中华全国律师协会章程（1999年修正）》第10条。

组织机构、选举制度和运行机制不健全等突出问题。

2007年新《律师法》通过,该法被视为我国律师制度发展中的里程碑。该法明确了立法宗旨,增强律师的中立性,将委托关系引入律师法,对律师资格的获得以及律师事务所的管理作出了明确而详细的规定,并赋予律师更多的执业权利。然而,该法并没有实质改变律师资格授予权,仍然赋予司法行政机关于律师事务所的审批权、撤销权等关键性权力,依然未明确规定律师行业自治权。

可见,我国的律师管理体制双结合管理体制,即以司法行政机关行政管理为主、以律师协会行业管理为辅,简言之,即"行政管理为主,行业管理为辅",即"两结合模式"。"所谓两结合的管理是指以司法行政机关的宏观管理为核心、律师协会的行业管理为主体、律师事务所的自律性管理为基础、政府宏观调控部门的调控管理为保障的一种管理体制。"[①]在这种模式下,律师协会并非真正的行业自治组织,自治管理非常不成熟,其运作仍离不开司法行政机关的大力扶持与管理。就律师协会的实际身份而言,可以称为"半官半民",对政府而言,它代表着律师;而对律师而言;它又代表着政府。从本质上看,律师协会与司法行政机关关系密切,在某种程度上是司法行政机关的影子,离真正的自治组织相去甚远。因此,必须反思中国这一特色律师管理体制,实现律师协会的高度自治。

8.2 律师行业自治

我国律师管理体制是伴随着我国法治建设和律师业发展而逐步形成的。直接地评价好坏与否过于简单,实际上,每种管理体制都有它的合理之处,都是当时国情的真实反映。那么,着眼于未来,我国律师管理体制应向何处发展呢?从律师业的本质以及法治发达国家的经验来看,行业自治应是律师业发展的方向。因此,有必要探讨律师行业自治的本质要素、理论基础以及发展路径,以期完善我国律师制度。

8.2.1 律师行业自治的概念、特征与价值

(一)律师行业自治的概念

"自治",顾名思义,即"自己管理自己""自己治理自己"。[②] 从法治的角度看,英美法系与大陆法系对"自治"的认识有细微差别。在英美法系看来,自治是相对于国家管理而言的,自治权是与生俱来的、基本人权的一种;在大陆法系看来,自治

---

① 李芳:《锐意求新,再创辉煌——访第五届中华全国律师协会秘书贾午光》,载《法律服务时报》2002年5月3日。

② [美]乔·萨托利:《民主新论》,冯克利译,东方出版社1998年版,第73页。

是相对于官治而言的,自治权是法律赋予的。

关于律师行业自治的内涵,有学者认为,律师行业自治也可称为律师自治,是指调整律师诸方面关系的权力均委托给律师自身的制度,律师行业自治特指构成律师的团体——律师协会的自治;[1]有学者认为,律师行业自治是指律师脱离行政机关的领导由律师协会管理,律师协会是由律师组成的具有法人资格的自治团体;[2]也有学者认为,律师行业自治是指优秀的执业律师组成的律师协会(或称律师公会、律师联合会)对律师进行自我服务、自我约束。[3]

我们认为,律师行业自治应至少包括以下三层含义:其一,律师行业自治是通过律师协会进行自我管理、自我服务和自我约束的行业管理;其二,律师协会本身应当是基于民主机制而产生和运作,能兼顾律师业内不同阶层的利益,不能损害中小会员的利益;其三,律师行业自治并不意味着国家放任自流,更不意味与国家司法行政机关的领导对立起来,相反,为了防止出现行业专制和垄断,应接受国家和法律的监督。基于以上认识,我们可以把律师行业自治界定为:由律师行业内部通过民主选举产生的律师协会,对律师的市场准入、业务培训、执业规范、执业纪律、执业奖惩等事项进行自我管理、自我服务和自我约束,并接受国家和法律监督的一种行业管理方式。

(二)律师行业自治的特征

通过律师行业自治的概念,不难发现,与传统的律师单一管理体制和双结合管理模式相比,律师行业自治具有以下特征:

首先,律师行业自治的载体是律师协会,具有特定性。律师协会是律师行业自治的载体,而世界大多数国家都把律师协会界定为"社团法人"。譬如,日本《律师法》规定,日本律师会是法人(第31条)、日本律师联合会也是法人(第45条)。我国新《律师法》也明确把律师协会的性质规定为社会团体法人,视为律师自律性组织(第43条)。因此,律师协会作为律师行业自治的载体,其享有的管理权不同于国家行政管理权,属于一种自治性权利。

其次,律师行业自治的形式是民主选举、民主管理、民主决策、民族监督,具有民主性。律师行业自治体现为内部民主自治,即通过民主形式实现其内部管理。这一特征决定了律师行业自治程度与该国民主制度和民主实现方式密切相关。

再次,律师行业自治的核心是自治,具有自治性。"自治的含义是自己为自己做主,其主要内容首先是自我设权,自己不能设定权力,不可能有自我的存在,也就没有自治;其次是自我管理,自我约束,自我服务的管理学上的意义;最后还有自我

---

[1] 李求铁:《律师的自由与强制》,载《第四届中国律师论坛》,中国政法大学出版社2004年版,第67页。

[2] 谢佑平:《律师角色的定位与实证分析》。http://www.legalinfo.gov.cn.访问日期2013年3月22日。

[3] 杜钢建、李轩:《中国律师的当代命运》,改革出版社1997年版,第232页。

发展、自己合法权利实现的目的意义，这是最为重要的自治的价值所在，自己为自己做主的目的是实现自我价值……实现自我或自我实现应是自治价值的价值意义所在。"[1]律师行业的自治性表现在自我设权、自我管理、自我约束、自我服务、自我发展、自我实现。[2]

最后，律师行业自治意味着与他治抗衡，具有排他性。在本质上，自治是权力与权力的分配或对抗，因而，自治通常与他治相排斥，相抗衡，不是他治条件下的自我管理。[3] 因此，律师行业自治当然要求将律师管理权还给律师协会，司法行政机关从具体事务管理中撤出，仅限定在宏观指导和监督范围之内。

（三）律师行业自治的价值

行业自治之所以能成为法治发达国家的普遍选择，能成为我国律师管理体制改革方向，归根结底，是由律师行业自治的价值决定的。律师行业自治蕴含的自治性、民主性、排他性等特性，彰显出律师行业自治在管理服务、制约国家公权以及分配资源等方面有重要价值。

第一，律师行业自治具有服务和管理律师的价值。"集体成员身份的吸引力并不仅仅在于一种归属感，而在于能够通过这一成员身份获得什么。"[4]律师之所以会选择律师协会这一组织和平台进行管理，是由于律师协会把维护律师权益，服务律师作为基本职能。律师执业活动的专业性决定了，律师协会与国家司法行政机关相比，在引导律师行业发展、指导律师业务分工、咨询政策业务信息、协调内部关系、维护律师合法权益、培训业务技能等方面有着天然的优势。

第二，律师行业自治具有制约国家公权力的价值。公权力具有天然扩张的本能，防止国家公权力滥用，以通过权力分工即以"权力制约权力"是一种方式，通过权利监督即以"权利制约权力"也是一种方式。随着社会的发展，人们发现，还存在着另外一种重要的方式，即通过自治权——个人权利的集合——制约国家公权力。就律师业而言，律师行业自治即是赋予律师协会自我管理权，解决了单个律师力量单薄问题，以集体的合力制约国家公权力。

第三，律师行业自治具有沟通律师和国家的桥梁价值。律师协会是律师和国家之间的纽带，担负着律师和国家之间的沟通功能，有利于双方之间的信息交流和诉求反馈。同时，律师行业自治，能够克服律师个体与国家沟通的低效率和力量弱小的弊端，通过双方民主协商，实现双赢。

第四，律师行业自治具有合理配置公共资源的价值。政府有限理性已成为社会共识，那么如何才能实现从全能政府转向有限政府呢？民间组织的力量不可忽

---

[1] 王圣诵：《中国自治法研究》，中国法制出版社2003年版，第3-4页。
[2] 具体内容可参见2007年《律师法》第四十六条。
[3] 王圣诵：《中国自治法研究》，中国法制出版社2003年版，第3-4页。
[4] ［美］曼瑟尔·奥尔森：《集体行动的逻辑》，陈郁译，上海人民出版社1996年版，第6页。

视。"人民团体之自治,意味着同性质之人民团体得经由结社而组合为共同体,在法律保障范围内,以自我决定以完成自我有关事项的处理。人民团体之自治从而意味着国家必须松手、离开,亦即,国家由原先之巨细靡遗之管制者、劳务提供者(执行者)之角色,转化为在旁监督之角色。"[1]这对于正处于治道变革中的中国政府而言,尤其意义重大。律师行业自治有利于减轻政府履行司法职能的沉重负担,避免"外部人"管理导致的官僚化弊端,提高司法行政效率,促使公共行政资源更好地得到配置。

8.2.2 律师行业自治的理论基础

律师行业的自身特点和发展历史表明,自律是律师业存在的基石,自治是律师业实现自律的主要方式。律师行业进行自治管理,有着深厚的理论基础,我们可以从法学、社会学、政治学等角度进行分析和研究。

(一) 律师行业自治的法学基础

从法学的角度看,国家权力属于人民,人民是国家权力的最终来源。人民之所以通过契约也好,依据习惯也罢,把权力让渡给政府,其根源在于国家作为一个组织,与单个的社会个体相比,其拥有维护人民利益的巨大优势和能力。所以,保护和增进人民利益是国家和政府产生的根源,也是国家和政府存在的合法性基础。

应当说,在国家和政府产生之初,还是较好地实现了保护和增进人民利益的目的。然而,随着社会的发展,社会事务的增多,公权力自我膨胀和滥用的本性开始暴露,公权力的膨胀和滥用反过来侵犯人民的合法权益。当国家公权力日益背离人民让渡权利的初衷的时候,改革的呼声高涨,人们开始寻求其他解决途径。此时,结社权、自治权应运而生,结社自由成为人的自由权的重要组成部分。所谓结社,是指"特定的多数人形成具有共同目的的持续性的结合体的活动"。[2] 结社自由是一个包含积极权利和消极权利的多层面权利体系,[3]它"能予人民以交换知识与思想的机会,能助长人民互助与协的习惯,能增加人民自卫的力量,能发展民的智识与道德"。[4] 在这一背景下,社会自治团体(NGO)大量涌现,成为国家管理的重要补充。

律师行业自治是律师结社自由权的结果和体现。在律师行业,律师也有保护共同利益的需要,在倡导结社自由的今天,成立律师自己的组织——律师协会进行自我管理、自我服务、自我约束,也就成了时代发展的必然。事实证明,律师行业自治,大大提高了管理效率,克服了行政管理的诸多弊端。

---

[1] [台]翁岳生:《行政法》,中国法制出版社2002年版,第343页。
[2] 许崇德:《宪法》,中国人民大学出版社1999年版,第164页。
[3] 王贵松:《解析结社自由的体系与界限》,载《重庆社会科学》2005年第3期。
[4] 王世杰、钱端升:《比较宪法》,中国政法大学出版社1997年版,第107页。

(二) 律师行业自治的社会学基础

社会进化是社会学理论的核心概念。所谓社会进化,是指互动系统、组织系统和全社会系统变得日益分化的过程,它包含着三种类型的内部分化:一是形形色色的互动系统成倍地增加并且变得样样不同;二是组织系统在数量方面的增加;三是在不同活动方面逐渐专门化。① 社会进化的结果,必然会带来社会分化,即卢曼所谓的功能分化。② 社会分工是社会分化的必然要求。"分工并不是经济生活所特有的情况,我们看到它在大多数的社会领域里都产生了广泛影响。政治、行政和司法领域的职能越来越呈现出专业化的趋势,对科学和艺术来说也是如此。"③

律师职业化、专门化以及律师行业自治是社会分工的必然结果。随着国家法律制度的日益繁杂以及社会分工的日益细化,律师行业从一般社会职业中分离出来,成为一项专门性活动。律师活动的专业化,催生出律师职业群体。律师职业群体有着共同的职业价值观、相似的职业习惯、同样的职业活动。为了规范律师业竞争,调整律师行为,维护律师利益,迫切需要律师联合起来,形成合力。律师协会即是律师自治管理的形式和平台,是律师利益和诉求的集体表达。

从另一个方面看,社会活动日益专业化、复杂化,使得政府管理越来与不从心。"内行管内行"才能实现管理的目的,然而,现代政府面对日益广泛和复杂的管理对象,逐渐缺乏适应性,很难达到管理效果。在律师行业,也存在这种政府失灵现象,律师行业自治提供了弥补政府缺陷的契机。

(三) 律师行业自治的政治学基础

政治学是一门关于政府和公民关系的学科,"控权论"和"授权论"是针对这一问题的两种不同的观点。"控权论"认为,政府与公民是相互分离的,政府的权力应当限定在一定范围之内,独立于公民权利,保护公民权利且不能侵犯公民权利。"授权论"认为,政府与公民具有同一性,政府应对公民进行全方位管理,提供保姆式的服务。应当说,这两种观点代表了不同发展时期的政府的现状,都具有一定的合理性,也都有失偏颇。

现代政治学提出了另外一种观点,即"平衡论"。平衡论认为,一方面要给政府授权,另外一方面要防止政府机构膨胀和政府权力滥用,转变政府职能,提高政府效率,即控权。如何在二者之间有效实现平衡呢?鼓励公民参与,培育社会自治组织,扩大社会自治力量,从而实现国家治理和社会治理的良性互动,是一个有效途径。

律师行业自治是律师管理领域平衡论的体现。"团体自我管制的方法非常有效,与国家的进入相比,社会成员更乐意接受团体的自我管制。自我管制避免了国

---

① [美]乔纳森·H. 特纳,《现代西方社会学理论》,范伟达译,天津人民出版社1998年版,第155页。
② 谢中立:《西方社会名著提要》,江西人民出版社1998年版,第484页。
③ [法]埃米尔·涂尔干:《社会分工论》,生活·读书·新知三联书店2000年版,第2页。

家的过分介入。"①律师协会是律师的集体合力,享有自治权能有效维护律师的合法权益,也能有效抗衡国家司法公权力,最终实现律师个人与国家司法行政管理的良性互动。

8.2.3 我国律师行业自治障碍

理论研究和法治实践都表明,律师行业自治比司法行政管理有很多优越性。然而,正如上文所述,我国目前律师管理体制不是行业自治,而是"双结合模式"——行政管理和行业自治相结合。在我国公民自治传统尚未形成,社会自治组织泛行政化的社会背景下,"双结合模式"更多是一种单方行政管理。律师行业自治还面临诸多障碍:

从制度层面看,我国律师行业自治尚缺乏有力的明确的法律支持。我国新《律师法》仍把律师资格授予权、律师执业证书审核与颁发权、律师事务所设立(含分所设立、律师事务所变更)审批权、律师惩戒权、律师事务所惩戒权等核心权力均交由国家司法行政机关行使;律师协会的职责仍限于律师培训、律师业务交流、律师职业道德监督、律师执业纪律检查等方面。《律师法》作为律师领域最基本的法律并没有明确认可和支持律师行业自治,赋予司法行政机关远超出其应享有的宏观管理权,这也是我国律师行业自治最大的障碍。

从管理体制看,我国目前司法行政机关与律师协会在管理权限的划分上并不明确,并未实现权力资源合理分配,也存在许多不合理之处。譬如,在律师行业规范制定权上,目前我国司法行政部门和律师协会都有相应的权利,实际上司法部和全国律师协会都制定了《律师职业道德和执业纪律规范》,这势必造成了立法资源的浪费,并在某种程度上导致了立法冲突。再譬如,在律师惩戒权上,司法行政部门和律师协会都有一定的惩戒权,但律师协会不具有吊销律师资格的权力,这势必导致律师协会的惩戒权大打折扣,不利于律师的管理。通常而言,在律师业管理权的分配上,行政色彩的事务应交由司法行政部门承担,非行政色彩的事务性工作应交由律师协会承担。无论从国外法治经验角度看,还是从我国律师业发展的实际情况看,律师协会在规范制定上都有先天性优势,其更熟悉律师执业活动和执业规律,更能体会律师的执业心理,更能反映和代表律师业的整体利益。司法行政机关的主要职权应限定于宏观管理,比如预防律师垄断利益,侵犯当事人合法权益等。

从律师协会自身情况看,其还非常不成熟。真正的自治团体是独立自主的,对于律师协会而言,即独立于国家公权力,并对律师享有更高的管理权。然而,从我国律师协会的实际来看,其章程制定、领导任命、组织选举等方面都还依附于司法行政机关,甚至已经异化成国家行政机关,更为可怕的是,律师协会以行政化为荣。这当然难以取得律师的认同感,发挥其应有的作用。

---

① [美]罗伯特·达尔:《民主理论的前言》,顾昕、朱丹译,三联书店1999年版,第222页。

8.2.4 我国律师行业自治的实现

(一) 我国律师行业自治制度的设置

那么,如何才能增强我国律师协会的自治性、自主性、排他性,实现行业自治呢?与前文原因分析相对应,应当从完善立法、健全机制、加强自身建设等方面入手。其中,最核心的就是律师管理权的分配。我们提出以下推进我国律师行业自治进程的建议:

第一,关于律师行业自治规范的制定权,应归律师协会享有。这些规范包括基本规范——律师协会章程、行为规则——律师职业行为规范、律师职业道德规范、律师收费规则等、运作规范——律师协会职能及办事程序、争端解决办法、经费管理、工作人员选任、工作纪律等、惩戒规范——惩戒机构规则、惩戒程序规则等。国务院司法行政机关仅就司法行政管理事项有权制定规章,可以发布监督指导性意见,全国律师协会制定的规范向其备案(而非批准)即可。

第二,关于律师惩戒权,基于律师惩戒权自身的公共性以及我国法治环境,在吊销律师执业证书权力仍赋予司法行政机关的前提下,建议扩大律师协会的律师惩戒权,在原来的训诫权、通报批评权、取消会员资格权基础上,增加公开谴责权、责令接受培训权、罚款权、没收违法所得权、一定时期停止执业权。同时赋予司法行政机关对律师协会的监督权,将惩戒处罚程序定为准司法程序,相关当事人惩戒处理结果不服的,可以向法院起诉。

第三,关于律师执业资格授予权,对律师执业资格审查是律师行业自治的应有之义。我国统一司法考试已举行十余年,为推动我国法律职业共同体的形成发挥了重要作用,由国家司法行政机关颁布法律职业资格证书,是国家对法律业宏观调控的体现。但关于律师执业资格的授予,应当交由律师协会享有,以提升律师这一具体行业的整体素质,增强对律师业的控制力。

第四,关于律师协会自身的完善,应健全律师协会组织规范,制定律师协会议事规则,强化律师协会民主决策意识,建立律师协会执行机构责任制度,明确监事会、专业委员会的性质、产生和罢免程序、运行规则、任期职责等,增强律师协会的公信力。

第五,关于律师行业自治监督机制,律师协会自身有不可避免的局限性,要在国家监督下进行行业自治。律师协会的权力从根本上讲是从业者权利的让渡和集合,是一定程度上的"公权力"。[①] 律师协会目的是维护律师会员利益和行业利益,但权力并非总是服从崇高的道德准则,即使它最初就是为了维护这准则而建立

---

① 贾午光,《解决律师执业道德问题的几点思考》,http://www.chineselawyer.com.cn/program/article.jsp?CID=605850858&ID=9528,访问日期2013年3月22日。

的。① 各国通常都会规定律师必须加入律师协会,这意味着律师协会的管理权带有较大的强制性。然而,与其他社会自治组织一样,律师协会也有滥用权力的可能,并且我们往往会忽视对社会自治组织的监督和制约。因而,赋予律师协会自治权和管理权的同时,要加强对律师协会的监督检查,以维护律师的利益、保护当事人的利益,实现社会正义,促进律师业健康发展。对律师行业自治监督的方式,包括立法监督、司法机关、社会监督等。

8.3 法律职业共同体

目前,我国法律关于律师的定位已经由原来的"中介机构服务人员"转向"为当事人提供法律服务的执业人员",但仍未明确提出职业概念。前文研究表明,律师应当商业化、职业化、事业化,法律职业共同体的形成是法治建设的人才保障。我国法律职业共同体并未形成,不利于法律服务产品化。在建设法治中国的进程中,不仅要完善和发展法律制度,而且要依赖于法律职业者的积极性、主动性和创造性。因而,应当发挥律师协会的作用,倡导律师职业化,促进中国法律职业共同体的形成。

8.3.1 法律职业共同体的概念

理查德·波斯纳曾言:职业含义之丰富,令对该领域最有研究的职业社会学界都为之头疼。②《不列颠百科全书》把"法律职业"(Legal Professional)定义为:"以通晓法律及法律应用为基础的职业。"③社会学和政治学语境下的"共同体",通常是指有共同的价值取向、共同的利益诉求和共同追求目标的一群人的集合。具体到"法律职业共同体"的概念,学界有不同的认识。

有学者把法律职业共同体理解为,以法律为其联结的纽带或生活表现的一个群体或社会。④ 有学者把法律职业共同体界定为:具有共同信念、共同价值、共同规范、共同文化的不受地域限制和有形组织限制的法律工作者群体。⑤ 有学者认为:"法律职业共同体,是指法律从业者社群,即通常所谓的法律界、法学界,包括法官、律师、检察官、政府机构与社会团体中负责法律事务的官员、法学教研人员,以

---

① [英]安东尼·德·雅赛:《重申自由主义》,陈茅译,中国社会科学出版社1997年版,第1页。
② [美]理查德·波斯纳:《道德与法律理论的疑问》,苏力译,中国政法大学出版社2001年版,第216页。
③ 方流芳:《中国法学教育观察》,载《比较法研究》1996年第2期。
④ 张文显、信春鹰、孙谦:《司法改革报告:法律职业共同体研究》,法律出版社2003年版,第189页。
⑤ 陈信勇:《法律社会学》,中国社会科学出版社1991年版,第77页。

及一定范围内的政治家等等,或可称为'法律释意社群'。"①有学者认为:"法律职业共同体是包括法官、检察官、法律教师和律师等在内的诸法律职业者之间的联合,是他们之间在利益一致的基础上,以特有的传统和精神为纽带所形成的一种社会关系。"②还有学者认为:法律职业共同体是指以法官、检察官、律师、法学家为核心的法律职业人员所组成的特殊的社会群体。③

我们认为,上述学者关于法律职业共同体内涵的认识并无本质差别,都包括以下基层要素:首先在知识要素方面,他们都受过专门的法律教育和职业训练,具有一致的法律知识背景、模式化的思维方式和共同法律语言,知识共同体;其二,在利益要素方面,他们都以从事法律相关事务,有着共同的职业利益诉求和范围;其三,在精神方面,他们有着共同的理念信仰,共同的价值追求和共同的职业伦理。④ 其四,在内部关系方面,他们由于使命相同,因此彼此相互认同,形成良好的稳定的互动关系。简单而言,我们可以把法律职业共同体定义为:由于具有一致的法律知识背景、职业训练方法、思维习惯、共同利益以及社会正义感和公正的信念,从而使共同体成员在思想上结合起来,形成其特有的职业思维模式、推理方式及辨析技术,通过共同的法律话语(进而形成法律文化)使他们彼此间得以沟通;通过共享共同体的意义和规范,成员间在职业伦理准则上达成共识。⑤

至于法律职业共同体的外延即范围,亦有不同看法。⑥ 有学者认为应当包括律师、法官和检察官;有学者认为主要包括法官、检察官、律师、法学家以及司法行政人员。我们认为,法律职业共同体,应当是以法官、检察官、律师和法学家为核心。

8.3.2 法律职业共同体的特征

与其他职业群体相比,法律职业共同体具有以下特征:

首先,法律职业共同体具有法律专业性。"人们如果想从事某种职业,必须掌握从事该职业所必需的一套知识和技能。"⑦对法律职业共同体也是如此,需要相当的法律知识。法律职业共同体的法律专业性,在很大程度上赋予该群体成员拥有共同的理念信仰,运用一脉相承的专业知识,以同样的方式思考和处理问题,并

---

① 许章润:《以法律为业——关于近代中国语境下的法律公民与法律理性的思考》,载《金陵法律评论》2003年第1期。
② 张志铭:《20世纪的中国律师业》,载苏力、贺卫方:《20世纪的中国:学术社会(法学卷)》,山东人民出版社,2001年版,第454页。
③ 兰薇,雷振扬:《试论法律职业共同体的概念与特征》,载《法学论坛》,2007年第1期。
④ 兰薇,雷振扬:《试论法律职业共同体的概念与特征》,载《法学论坛》,2007年第1期。
⑤ 卢学英:《法律共同体》,载张文显主编:《法学理论前沿论坛》,吉林人民出版社2000年版。
⑥ 参见季卫东:《法律职业的定位——日本改造权力结构的实践》,载《中国社会科学》1994年第2期;强世功:《法律人的城邦》,上海三联书店2003年版,第3-12页;孙笑侠:《法律人之治:法律职业的中国思考》,中国政法大学出版社2005年版,第21页,等等。
⑦ 夏晓媛:《试论法律职业与法治现代化的关系》,载《南昌中院日报》2009年8月3日。

遵守统一的程序规则。法律知识专业性极强，并非泛泛学习即能掌握，而是学校经过系统的学习和专门的培养。古今中外，成为法律职业群体成员，掌握国家司法大权之人，都被视为是社会的精英。尤其是在法律制度日益复杂，法律程序日益精确的当今法治社会，法律职业的专业性更加凸显。也正因为如此，世界各国都为法律职业设置了统一而严格的准入门槛，以保证法律职业共同体的质量和层次。

其次，法律职业共同体具有相对独立性。职业群体的独立性，主要是指该职业群体具有与其他职业群体能分离开来的相对独立的社会地位和社会身份。律师职业共同体的相对独立性，不仅表现为法律职业群体拥有独立的法律专业领域和司法活动空间，而且还表现为法律职业群体在服饰、思维方式、语言习惯、行为模式，更表现为法律职业群体应当独立自主地处理法律事务。[①] 需要指出的是，与其他职业群体相比较而言，法律职业共同体的独立性具有更大的价值且更容易受到侵犯。法律职业共同体的独立性尤其是法官的独立与否，是衡量法治是否实现的关键因素。法律事务往往涉及他人的利益甚至生命，随着人类社会进入法治阶段，法律的运作往往决定着一个人的重大命运。为了维护自身利益，社会各阶层都有可能在法律运行中向法律职业共同体施加影响或者压力，很显然，这对法律职业的独立性构成了威胁。

再次，法律职业共同体具有明显的同质性。所谓同质性，是指职业的基本属性，表现为从事同一职业的人们在教育背景、职业意识、思维方式、话语系统、职业道德等方面具有共同性。[②] 对法律职业共同体而言，一致的系统的知识储备是法律职业共同体同质性的基础，这一知识储备既包括法律理论知识体系，也包括法律制度知识体系；这一知识储备决定了法律职业共同体能够以同样的思维模式去分析和处理问题，决定了法律职业共同体对法律背后的价值观念、道德指向、社会背景等产生相似的看法，从而能形成共同的法律信仰。同质性对于法律职业共同体的生存和发展有着关键性作用，它在法律职业共同体内部产生了强大的向心力和凝聚力。"同质性确保了他们不仅相互间结合为一个精神上高度统一的职业共同体，而且在社会上构成一个专门的法律家阶层，他们是法律秩序的载体，是法律价值的卫士，是法治社会中一种最不足惧却甚为强劲的力量。"[③]

最后，法律职业共同体具有一定的垄断性。所谓职业的垄断性，是指按照社会分工的专业化规则，每一种职业或行业只能是少数受过专门训练，拥有专业知识和技能的专业人员从事的社会领域。[④] 职业垄断性的主要目的应当不是维护高额的垄断回报，提升该职业的吸引力，而在于通过提高职业门槛限制其他不符合条件的人员进入，保证该职业整体的信誉和质量，保证该职业群体提供服务和产品的质

---

① 黄文艺：《法律职业的特征解析》，载《法制与社会发展》，2003年第3期。
② 黄文艺：《法律职业的特征解析》，载《法制与社会发展》，2003年第3期。
③ 张志铭：《中国律师命运再思考》，载《中国律师》1999年第10期。
④ 赖彩明：《法治进程中检察官专业化之必要性》，载《西南政法大学学报》2008年第2期。

量。法律职业共同体更是如此。在我国法治建设初期,大批的退伍军人进入到法律职业队伍中来,事实证明,破坏了我国法律职业共同体的同质性,破坏了我国法治建设进程。法律职业共同体的同质性决定了该群体之间能够自由转化,产生一个分享共同的知识信念和意义的想象共同体,[①]成为支撑法律事业和法治精神的内在推动力。

8.3.3 法律职业共同体的作用

为什么要发挥律师协会的职能,培育法律职业共同体呢?其根源就在于,法律职业共同体在现代社会中有着重要作用,尤其是对法治现代化而言,法律职业共同体更是不可替代。

法律是一种社会化治理的符号,其本身具有一定的确定性。但是,这种确定性是表层的,只有当法律转化为人们对法律的预期结果的信任并表现为人们的守法行为时,才能说法律的确定性真正形成。在这一过程中,法律职业共同体作为专业化的社会载体发挥了重要作用。社会公众能否信任法律乃至信仰法律,关键不在于文本法律是否完美,而在于法律活动是否实现了其预期目的。法律职业共同体作为法律实施的中介,有着共同的身份荣誉意识,[②]对于法的确定性的形成意义重大。

法治,从一般意义讲,要求法律具有最高权威,成为人们最主要的行为规范。要实现这一法治目标,健全的科学的法律制度体系是前提,独立的强大的法律职业阶层是保证。法律的有效实施离不开法律职业共同体作为制约力量的支持,这一支持的逻辑在于:法律职业共同体具有专业性和独立性,以社会正义为根本目标,具有共同的法治理念和法治精神,其通过维护公民合法权益将法律的权威和自身对法律的信仰传递给普通社会公众,进而促使全社会相信法律。

法律职业共同体与法治现代化也有密切关系。所谓法治现代化,即是从传统型法治向现代型法治转变的历史过程。法治现代化的本质在于从传统法律向现代法律的跃进,传统法律是人治型规范体系,现代法律是法治型规范体系,二者价值尺度有着本质区别,前者是法律与法治的形式结合,后者是法律与法治的内在结合。可以说,法治现代化是一个法律观念、法律思想、法律实践由传统向现代转变的过程,其核心不是法律的现代化,而是人的现代化。

对于法律职业共同体在法治现代化中的作用,一些思想家早有论述。如韦伯认为,我们近代的西方法律理性化是两种相辅相成的力量的产物:一方面是资本主义热衷于严格的形式的,因而在功能上——尽量像一部机器一样可计量的法,并且

---

① 张文显,信春鹰,孙谦主编:《司法改革报告:法律职业共同体研究》,法律出版社2003年版,第172页。

② 孙笑侠:《法律家的技能与伦理》,载《法学研究》2001年第4期。

特别关心法律程序;另一方面是绝对主义国家权力的官僚理性主义热衷于法典化的系统性和由受过理性训练的、致力于地区平等进取机会的官僚来运用的法的同样性,两种力量中只要缺一不可,否则就出现不了近代法律体系。① 庞德也明确指出,法律是一种"社会工程",人类应通过法学家、法官、立法者、律师等来设计和改造这一"社会工程"。② 法律职业共同体运用法律法规范解决社会问题,将"书本上"静态的法转化为"行动中"动态的法,是一个运行法律的过程,也是维护法律统治的过程。在这一过程中,法律职业共同体遵循法律的规则,并努力排斥其他因素对法治带来的不利影响,塑造全社会的法治信仰,锻造法治现代化品质。也即是说,法治现代化能否实现,法律制度本身是一个因素,法律职业共同体作用能否发挥是一个更重要的因素。法律职业共同体具有能动性、积极性、创造性,法律职业共同体主体作用能否得以发挥直接决定了法治现代化的发展轨迹。也可以说,法律职业共同体的兴衰是法治兴衰的晴雨表。法律职业共同体对于维护司法独立、捍卫法律尊严、建立法治秩序具有重要意义,能够"通过集体的力量抵制外界的非正当干扰,通过职业化机制使新的法律体系得以维持、改善和在异质的文化风土中扎根,从而实现法律系统的独立性和自治"。同时,它还促使"在法律内部形成一种互相约束的局面,以规章制度中固有的认识论去抑制个别人的恣意"。③

总而言之,法律职业共同体是法律精神、法律知识、法律技术和法律文化的载体,是法治的实施者、推进者和维护者。当然,法律职业共同体与法治现代化是同生共长、同步发展、相互促进的,法律共同体的形成过程也是法治社会的演进过程。④

8.3.4 我国法律职业共同体的培育

由于历史传统和现实国情的原因,我国尚未形成像西方国家那样的高度专业化、独立性、自治性的法律职业共同体,仅仅存在理论知识以及实践技能都参差不齐的"法律人",律师与法官、检察官地位明显不同,且三者之间自由转变存在诸多障碍,律师社会地位较低,"法律人"共同的职业理想和价值追求阙如。

改革开放以来,我国传统上法律职业共同体发展的非连续性的、非一脉相承的特点开始发生转变,这根源于社会经济发展水平的提高,社会观念的转变,公平公正价值追求的确立、权利意识和公民意识不断增强,尤其是依法治国成为国家的治国方略,法律社会共同体作用日益凸显,法律职业成为国家法治建设的中坚力量。与此同时,法学教育的繁荣和国家统一司法考试的实施,大量专业化的高素质的法

---

① [德]韦伯:《儒教与道教》,洪天富译,商务印书馆1995年版,第200页。
② 谷自华:《法律职业者阶层的形成与中国法治现代化》,载《湖南师范大学社会科学学报》1995年第4期。
③ 季卫东:《法治秩序的建构》,中国政法大学出版社1999年版,第221页。
④ 张一鸣:《法律职业共同体的建构与反思》,载《理论观察》2010年第1期。

律人才涌现,为法律职业共同体的形成提供了人员保障;法律职业群体的权利制度逐步完善,政治性色彩不断退化,社会性角色不断增强,促使法律职业共同体不断向自治和独立方向发展。那么,在未来法治中国的建设中,法律职业共同体应当如何更好地发挥作用呢？或者说,如何进一步促进我国法律职业共同体的形成呢？

其一,以法律职业需求为导向,继续完善和深化法学教育改革,提高法律职业者的综合素质。对于全日制法律教育,在扩大法学教育规模的同时,更注重提高法学教育质量,要注重理论与实践能力的综合培养,改变教育方式与司法实务相脱节的现状;对于在职法律教育,要在重视法律专业化学习的同时,更要重视法律职业道德、职业操守、职业精神的培养。其二,要继续完善和落实法律职业准入制度,理论知识、实践经验和道德素质并重,选拔高水平的法律人才,严格限制并阻塞那些非专业人员进入法律职业队伍,保证法律职业共同体的纯洁性和独立性。其三,要建立健全法律职业保障制度,提高法律职业群体的社会地位这些制度包括法律职业者安全保障制度、司法豁免制度等,探索法官、检察官高薪制和终身制等,落实律师权利保障制度。

随着我国社会形态逐步从"熟人社会"转向"陌生人社会",契约取代血缘成为维系社会关系的主要纽带,法律规范成为调整社会关系的主要手段,法律职业共同体在社会发展中的角色地位日益重要。我国法律职业共同体应当在借鉴西方法律职业共同体的形成条件和本质特征的基础上,增强其专业化和职业化,以更好地完成其在建设法治中国中的历史使命。其中,尤其要培育律师自治的载体——律师协会,重视律师协会在法律职业共同体中的作用,促进我国律师队伍的壮大。

8.4 律师行业适度产业化

法律服务产品化是商品经济发展的必然结果,法律服务业要取得更大规模,必须走产业化之路。然而,法律服务业不同于其他产业,其承载着更多更大的社会责任,只能是适度产业化。

8.4.1 律师行业产业化的概念

律师行业产业化,是指律师行业作为国民经济发展中服务业的一类,通过律师事务所和律师向社会提供商品化的有偿的法律服务,实现行业规模化和市场化经营,从而形成一个以市场规律为主导运作的社会服务系统。

一个行业是否达到了产业的程度,不仅要看该行业经营者和管理者的认知方式和行为模式,而且要看国家是否将该行业纳入国民经济生产部门,受国家产业政策调整,还要看该行业在国民经济中的地位及该行业与其他行业的比例关系和机构关系。具体到律师行业是否已经产业化,可以有以下几个标准:一是环境标准,律师行业产业化只能是在市场经济条件下,其他社会条件都不存在律师业产业化的基因,律师业市场化要求律师业应引入市场需求机制、竞争机制和价值机制。二是导向标准,即律师业发展应当以市场为导向,满足法律服务市场需求,律师和律师事务所都是社会化的产物。三是价值标准,即律师和律师事务所提供法律服务主要是以营利为目的,法律服务是有偿的。四是管理标准,即律师事务所的规范管理是律师业产业化的衡量基础,律师事务所只有通过产权清晰、管理科学、经营专业的体制机制,才能不断扩大市场份额,提高法律服务水平。现代企业经营机制,包括生产控制、成本核算、市场营销、效益机制、资本运作、形象策划、创新机制等都应纳入律师事务所经营管理之中。五是规模标准,律师服务早就有之,但只有在律师、律师事务所和律师服务营业收入都发展到一定规模才能称为一个产业。关于上述标准,学界争议较大的是价值标准,即律师是否应当以营利为目的。我国法律把律师使命定位为"维护当事人的合法权益,维护法律的正确实施",我们认为,律师的这一法律定位与法律服务的营利性并不矛盾,二者视角不同。律师行业产业化,即是将律师业作为国民经济发展的一个部门,将律师业纳入国民经济运营的整体之中,其本质在于促使律师更广泛地参与社会生活。总之,律师行业产业化不仅是一个过程,而且是一种状态。

虽然,有人从律师业的政治属性和诉讼职能出发,认为律师业不应当商业化更不应当产业化,但是,在法治发达国家,律师业作为一个产业已经是一个不争的事实;在我国,律师行业产业化将是我国律师业迎接挑战的必由之路,也是律师业可持续发展的必然结果。

8.4.2 中国律师业产业化发展的必要性及其限度

律师行业的产业化彰显了律师业的经济功能。律师行业产业化的本质是律师业的有偿性。在市场经济时代,律师活动专业性极强,律师资源属于稀缺人力资源,律师具有非公职属性,其提供的法律服务不是无偿的,而是以营利为主要目的的市场经济行为,律师业完全可以而且应当进入市场竞争领域。

中国律师业走产业化发展道路,首先是市场经济进一步发展的客观需要。律师行业产业化是社会分工细化的必然结果。市场经济的发展,要求政府转变职能,从计划经济体制下包揽一切法律事务的状态中脱离出来,将律师服务推向市场,打破传统体制下律师的国家工作人员身份,律师事务所的国家机关身份,律师业管理的事业化身份,律师和律师事务所成为市场竞争主体。另一方面,市场经济的发展为律师业提出了更高的要求,以此满足不断扩大的法律服务市场,要求律师业自身引入竞争机制,降低法律服务成本,提高法律服务质量,壮大律师业力量。

中国律师业走产业化发展道路,其次是民主政治发展的客观需要。依法治国战略的实施,为律师业的发展壮大奠定了良好的政治环境和法律环境,亦提出了更高的要求。改革开放四十多年来,我国律师业也走过了一个恢复、发展、改革的历程,随着我国民主改革和法制建设的进一步推进,必然要求律师业进行自我完善、自我发展,为国家的政治生活提供保障。

中国律师业走产业化发展道路,还是中国律师业参与国际律师业市场竞争的需要。虽然我国律师业发展迅速,已取得了重大成就,但与法治发达国家相比,我国律师业竞争力还很弱,在人才、服务、产品、市场等方面都存在着先天不足,发展理念、业务素质、管理水平等都有很大差距。如果律师业规模较小,律师每天为生计奔波,参与国际竞争也就成了一句空话。因此,如果中国律师要想在国际律师业中有一席之地,必须走产业化道路。

总之,中国律师业产业化是市场经济发展、法律体系逐步完善、社会法律意识普遍提高、政治改革和司法改革逐步推进、律师队伍迅速扩大的必然结果。随着法治社会的推进,社会对法律服务的需求日益增加,法律服务市场急剧扩大,这不仅法律业的规模化和产业化奠定了基础,而且提出了迫切性要求。

然而,不可忽视的是,律师业毕竟不同于一般的服务业,其承担了很多社会责任,包括维护法律尊严,增进社会正义,保障司法公正,建立法律秩序等。我们认为,律师的职业理念具有很强的公益倾向,[①]律师业产业化不是绝对的,只能是适度的。何谓适度?要把握一个基本前提,律师追求利益不能不择手段,不能唯利是图,不能违背职业道德,并承担法律规定的社会责任,比如进行法制宣传、提供法律援助等。

8.4.3 中国律师行业产业化发展路径

产业化是中国律师发展的必然选择,也是不随人的主观意志而转移的发展方向。然而,是否认识到这一发展趋势,以及是否采取一定的措施来有意识的扶持和引导这一趋势,能够起到或推动或延迟这一过程的作用。

要促进律师业产业化发展,首先要了解影响律师业产业化的制约因素。这些因素大体说来包括以下几方面:一是传统法律文化和法律制度观念;二是民主化程度和政治发展环境;三是市场经济发展水平;四是国家相关政策制度环境;五是律师业务素质和律师事务所的管理水平。基于此,我们认为,中国律师行业产业化发展,需要从以下几方面入手。

首先,要满足几个基本前提。一是认识前提,即要认识到产业化对中国律师业发展的必要性和紧迫性,不能将律师的政治职能、诉讼属性、社会责任与律师业的营利性对应起来,更不能以前者代替后者。二是要进一步加强国家法制建设,完善社会主义法律体系。三是要积极强化依法行政,推进司法改革,为律师业产业化创造优良社会环境。

其次,要抓住几个核心环节。一是要改革和完善律师的执业机构——律师事

---

① 李大进:《过度的"商业化"倾向是形成律师文化的障碍》,载《律师文摘》2006年第6期。

务所。律师事务所建设是律师业能否实现产业化发展的关键,律师事务所良性健康发展,有利于增强律师的归属感和凝聚力,从而使律师事务所成为律师业发展的重要载体。要以市场机制为导向,加快律师事务所产权制度改革、分配制度改革、内部管理改革,让律师事务所成为凝聚人才、运作高效、管理科学的市场组织,实现律师事务所的市场化、规模化、专业化和经营化。二是要开拓和培育律师服务市场。没有市场就没有企业,对于律师业同样如此,律师服务市场是律师业的生命。律师事务所要积极巩固国内法律服务市场,积极开拓国际法律服务市场;政府要采取积极措施,打破法律服务行业壁垒,整顿法律服务竞争秩序,扩大律师市场发展空间。三是要健全律师业产业化发展运行机制。重视资本要素在律师事务所中的地位,正确评估律师事务所的有形资本、无形资本和劳动力资本,构建律师事务科学的产权制度。同时,要把"按资分配"与"按劳分配"相结合,坚持多因素分配原则,合理解决合伙人之间、合伙人与非合伙人之间的利益关系,合理解决公共积累与利益分配之间的关系。四是要建立健全律师业市场营销机制。尝试引进律师职业经理人制度(管理合伙人),增强律师事务所专业化管理水平,提高律师事务运行效率,为律师事务所运营提供可靠的组织保障和后勤保障。同时,要建立健全法律服务产品推广机制,让更多的客户更快的检验和消费法律服务,推动律师事务所营销转型。

最后,要做好几项保障工作。一是组织保障,即要加强律师队伍建设,提高律师和律师事务所队伍的数量和质量,提高律师业发展水平,向社会提供优质和高效的法律服务。二是要建立律师业管理模式,以律师协会自律管理为主,以司法行政机关宏观调控为辅。三是制度保障,国家要尽快研究和出台扶持律师业——这一新兴产业健康发展的相关政策,包括市场培育政策、人才培养政策、行业管理政策、市场保护政策、税务扶持政策等。

小　结

西方国家律师业,虽然具体管理模式并不完全相同,但大都强调律师的特殊社会地位,国家通常只对律师进行宏观管理,更多的是依靠律师协会行业管理以及律师的自治权利和自我管理,律师整体基本实现独立。我国目前对律师业采取两结合的管理体制,即司法行政管理与行业协会自律双重管理。着眼于未来,行业自治应是律师业发展的方向。律师行业自治的载体是律师协会,具有民主性、自治性、排他性等特征,彰显出律师行业自治在管理服务、制约国家公权以及分配资源等方面有重要价值。在我国公民自治传统尚未形成,社会自治组织泛行政化的社会背景下,律师行业自治尚缺乏有力的明确的法律支持,管理体制并未实现权力资源合理分配,从律师协会自身发展也不成熟。与其他职业群体相比,法律职业共同体具有法律专业性、相对独立性、明显同质性、一定垄断性等特征。法律职业共同体是法律精神、法律知识、法律技术和法律文化的载体,在法治现代化中有着重要作用。应当发挥律师协会的作用,倡导律师职业化,促进中国法律职业共同体的形成。法律服务产品化是商品经济发展的必然结果,法律服务业要取得更大规模,必须走产业化之路。然而,法律服务业不同于其他产业,其承载着更多更大的社会责任,只能是适度产业化。

第 9 章　律师业发展的制度保障

> 国家的目的就是最大限度地促进公共利益,实现社会"最大多数人的最大幸福"。
>
> ——[英]边沁

律师制度是国家民主政治制度和司法制度的重要组成部分,律师业的发展水平反映了一个国家法治文明程度的高低。发展我国律师业可以借鉴外国先进的立法经验,从体制、机制、制度层面深入构思,以法律服务产品化为视角,用法律形式提高律师的社会地位,改善律师的执业环境,保障律师的执业权利,实现法律职业共同体的自由转换。

9.1　我国律师业发展路径展望与困境突破

展望我国律师业未来,我们有理由相信随着我国市场经济的进一步发展,政治改革的逐步推进,依法治国战略的深入实施,我国律师业将迎来大发展时期。为了促进律师业更好更快更健康的发展,上至国家层面,中至律师协会层面,下至律师和律师事务所层面,都应当做好相应改革,从提升律师素质、变革社会环境、变迁律师制度等方面突破我国律师业困境。

9.1.1　我国律师业展望

要对我国律师业作出合理预期,首先需要分析律师业的核心竞争力。从法治发达国家律师业发展经验来看,构成律师业核心竞争力的因素有以下几个方面。

一是拥有法律业务承办资格垄断权,即采用国家许可的方式授予律师在法律服务领域特殊的主体资格,形成特殊的资源优势;二是对包括政府机关在内的相关特殊行业或企业的运作经验,能承接复杂环境的法律服务业务;三是经由长期的、有效的市场营销而形成的服务品牌,在某一领域的法律服务具有较强的品牌优势和竞争优势;四是有科学合理、高效务实的律师团队运作模式和律师事务所管理模式,重视律师集体的智慧和力量;五是具备法学素养较高、敬业合作、诚实守信、宽容进取的律师成员;六是具有持续研发能力和法律服务产品创新能力,以优质的法律服务产品满足市场需求;七是服务价格具有一定的竞争力,当然并非价格越低越有竞争力,而是要通过服务产品、服务质量、服务价格、服务价值吸引当事人。

展望我国律师业,应有以下几个发展趋势。

首先,律师业务专业细分化。现在律师的业务范围已经涵盖刑事辩护、合同纠纷、人身损害赔偿纠纷、劳动争议、知识产权、资本运作、交通肇事、医疗保险、婚姻纠纷、房屋买卖、继承纠纷等。过去律师为了增加收案量,律师事务所为了扩大营业额,可能什么业务都要涉及,尽量扩大业务范围。随着律师业的发展,人们逐渐认识到,专业化、细分化才是真正的核心竞争力,业务范围广、种类繁杂反而使得客户对律师和律师事务所的信赖度大大降低,因此需要走专业化道路。

其次,律师办案团队合作化。目前律师的办案模式大多是提成制,即自己的案源自己做,最大化地拿到代理费。这种模式对办案律师来说,单个案源的利润确实实现了最大化。随着社会分工的细化,每个律师都应该有自己的专业,每个律师的精力和能力也是有限的。如何解决这一问题?唯有团队合作,即组成律师团队,进行分工合作。这样一方面能够提高办案效率,提升办案质量;另一方面能够提高律师的积极性,解决办理公派案源时的态度问题。当然,衡量律师团队和好坏,不是以人数的多少为标准,而是以专业搭配、年龄搭配、融合程度为依据的。律师事务所在案源的分配上,不能以律师的好恶为标准,而应当以办案质量和效果为依据。

第三,律师事务所管理协作化。从目前律师事务所管理来看,律师事务所主任都在尽量减少不能直接创造价值的人员即行政人员,从而减少成本,使律师事务所利润最大化。但是,从世界大公司发展经验来看,企业内应当划分不同的部门,彼此充分合作,根据自身运营需要招聘行政人员。公司管理分工协作化模式应当借鉴到律师事务所管理中来,把律师事务所内部分为不同的职能部门,部门与部门之间、律师与律师之间有机配合,最大限度地提高效率,实现1+1大于2的效果。

第四,律师事务所模式企业化。企业化管理模式日益被应用到律师行业中来,具体体现:在管理架构上,律师事务所应设置职责分明、互相配合、管理规范、彼此监督的职能部门,包括产品研发中心、风险控制中心、市场推广中心、律师业务管理中心、财务中心、培训中心、行政中心等;在利益分配上,为了提高律师的积极性和责任心,保障案件的承办质量,应当把提成制和授薪制结合起来;在服务质量控制上,律师事务所应设置专门的服务质量控制中心,建立健全客户投诉制度,加强案件的监督和管理;在法律服务上,日益重视律法律服务产品的研发和营销,加大法律服务产品的研发力度,引入市场营销理念和方法。另外,企业培训制度、文化培育、技术手段、品牌管理等管理内容和方法也将应用到律师业中来。

9.1.2 国家层面:大力改善律师执业环境

律师是法治国家建设中不可缺少的社会力量。国家有义务也有权力促进律师业健康且持续地发展。目前,我国的经济发展整体水平已达到世界前列,但是律师业的发展尚显得有些滞后。一个关键原因就是律师业受到的重视不够,社会各阶层普遍忽视了律师的作用和律师业的贡献。近年来,律师业面临的困境已引起了社会各阶层的广泛关注,人们认识到,要从根本上突破我国律师业发展困境,首先需要从国家层面大力改善律师执业环境,要从制度创新角度,明确我国律师职业定位,加强律师权利保障,发挥律师职能,促进国家法治进步。

其一,明确律师地位。需要进一步改善律师社会生存土壤,设置科学的律师制度框架体系,加强律师在保障人权、促进社会正义和实现民主法治中的作用,彰显律师政治价值和制约公权力机能。

其二,国家应培育和建立法律职业共同体,把司法一元制作为当前司法改革的主要内容。所谓司法一元制,是指法官、检察官、律师等司法主体的一元。律师与法官、检察官在价值目标、知识结构、职业伦理、从业标准等方面都具有高度的一致性。我国应在统一司法考试的基础上,进一步建立健全法律职业统一化体制,把律师作为重要的司法力量,促进法律职业内部互相转换机制,完善法官、检察官遴选制度,激发律师的政治热情,吸收优秀律师进入国家司法机关和其他党政机构。

其三,国家应加大律师执业权利的保障和落实。主要包括建立刑事辩护律师豁免权制度,建立律师费转付制度,强化律师的调查取证权,减轻律师税负,对于政府投资、采购项目以及国有企业建立律师法律服务强入制度,防止权钱交易、保护国有资产,预防社会腐败,推进国家法制化进程。

其四,进一步推进律师参政议政。要拓展律师参政议政路径,包括担任各级人大代表、政协委员、社会监督员、特约监察员、特约教育督导员,加入民主党派,等等,大力提升律师的政治地位,发挥律师的专业优势,参加立法活动,积极建言献策,参加社会调研,以实现参政议政目的。

9.1.3 律师协会层面:提供律师业发展保障

律师协会作为律师的自治管理机关,应当加强对律师的管理,提升律师职业形象。现实生活中,个别律师违背执业纪律和职业道德,违法办案,被行业处分、追究行政处罚甚至刑事责任,严重损害了律师行业形象。"欲被尊重,必先自重。"律师协会应把"表彰先进、惩治违规"作为工作重点,以专业素质、敬业精神和职业道德取信于其他司法机关,消除社会对律师业的偏见,赢得客户信任、政府满意和社会美誉,提升律师业社会形象。

律师协会应在促进律师业发展方面有更大作为。目前我国法律服务业分割情况严重,法律服务市场混乱,除了需要国家司法机关的规制——协调律师与基层法律工作者、企业内部法律顾问、其他法律服务主体之间关系——之外,更需要律师协会的自治管理。各地律师协会应根据当地法律服务市场需求情况,在国际律师事务所、专业律师事务所、综合律师事务所、个人律师事务所等模式中,确立本地区律师业发展的战略,培育和发展领头羊即大型律师事务所乃至超大型律师事务所,促进和引导中小律师事务所,规范法律服务秩序,提供良好的律师业发展的行业条件。

在培养律师人才方面,律师协会也应该发挥更大作用。律师业的竞争,归根到底是律师人才的竞争;年轻律师是律师业的未来,是律师业生命力的真正源泉。我国目前复合型法律人才非常缺乏,尤其是那些懂外语、精通国际法律、熟悉国内外法律文化环境的涉外律师奇缺。另外,近年来,由于种种原因,大量优秀律师退出了诉讼领域,年轻的律师又由于经验阅历等无法承担全部诉讼业务,形成了诉讼人才短缺危机,进而影响了我国律师业整体业务水平。因此,律师协会应加大对律师人才的培养力度,加强对律师的思想道德教育。为此,可以借鉴国外律师学院的成功经验,开展律师职业教育,提升律师素质。

另外,律师协会应当完善律师社会保障制度。律师协会应当会同国家司法行政部门,与社会保障部门等积极协商,采取有效措施,明确律师退休时相关政策,实行律师退休待遇与律师职称挂钩制度,并参照事业单位工作人员标准执行,从而妥善解决律师的社会保障问题,解决律师执业的后顾之忧。

需要探讨的一个问题是,律师业能否商业化。不可否认,律师业承载着司法功能、政治功能、文化功能、社会功能等,但律师业也承载着非常重要的经济功能。因而,律师业应该追求商业利润,尤其是在市场经济发展的今天,律师业存在商业因素是合理的,也是正常的,律师业的商业化是律师业存在和发展的经济基础。但是,不能单纯地强调律师业的商业性,律师事务所不能单纯地以经济效益挂帅,律师业不能无限放大律师业的经济因素,更不能为了追求经济利益违背职业道德。

9.1.4 律师事务所层面:走品牌化战略发展道路

在法律服务市场,客户选择律师服务提供者的标准应当是律师事务所的专业、规模和知名度,而不应当是律师个人的知名度和执业水平。一般而言,客户资源归属于律师事务所,即使承办律师转所也不得将客户带走。品牌,是企业无形资产,能给企业产生增值、带来商业溢价。对于律师业而言,法律服务是特殊的商品,具有专业性、无形性和异质性,客户对法律服务质量的判断可能大相径庭。因此,律师事务所只能树立有影响力的品牌,才能保证律师事务所持续发展。

20世纪90年代以来,国外法律服务市场发生了重大变革,主要标志是律师执业机构的组织改革和创新,律师事务所商业化加强,大型律师事务所崛起,成为国际法律服务市场的最大受益者。我国律师业经过三十余年的快速发展,律师和律师事务所的数量都呈爆炸式增长,个别区域产生了一批具有一定规模和影响力的品牌律师事务所。然而,与国外那些颇具影响力的百年大所、老所、品牌所相比,我国律师事务所在规模、专业性、知名度、影响力、辐射力等方面都有很大差距。也可以说,包括律师品牌和律师事务所品牌在内的品牌缺失是已经成为我国律师业发展的短板。

面对复杂和多变的国内外法律服务市场,律师事务所必须立志于打造品牌大所和"百年名所"。为此,律师事务所要引入商业领域品牌概念,培养客户即当事人识别、接受优质法律服务认知和习惯,建立当事人对律师及律师事务所的信任关系,律师事务所大力进行品牌开发,建立律师事务所品牌战略,打造专业律师团队品牌,研发法律服务品牌产品。传统上,我国律师业过分注重律师个人的品牌,而忽略了律师事务所的品牌培育。实际上,律师品牌与律师事务所品牌相辅相成、相互促进,随着法律服务市场分工的更加细化,当事人对律师服务的专业化要求更高,律师服务正在从律师个人品牌的竞争转向律师事务所品牌的竞争。

律师事务所实施品牌化战略,必须基于正确的行业定位和可行的发展目标,围绕建立律师业服务品牌制定一系列长期的、科学的、系统的发展规划和具体的行动方案,并将律师个人品牌战略有意识有目的地纳入律师事务所品牌化战略之中,通过市场营销提高自身市场竞争力和行业影响力,成为法律服务市场未来的领导者。纵观品牌律师事务所,大致有以下特征或标志:执业人数较多,规模在200人以上;在全国各地乃至国外设立分支机构;有着稳定的大客户和高端业务;有一个或几个服务专业处于行业领先地位,某些法律服务产品和法律服务项目在业界享有较高知名度;有一定数量的在行业内知名的品牌律师;有较为悠久的历史;内部管理机构合理,实行公司化或准公司化运作;有着完善的律师晋升机制;有着科学的专业分工、团队合作和科学的分配机制;有着完善的规章制度和先进的律师文化;有着全面的法律图书馆、律师助理、秘书等辅助设施。我国律师事务所在实施品牌战略过程中,应当参照上述标准,逐步实现"规范化""规模化""品牌化""精品化"。

9.1.5 律师层面——增强法律服务产品化能力

律师业是一个特殊性行业,其特殊性归根结底就在于律师职业本质上是一个自由职业,律师事务所是一个带有极强"人合"色彩的组织。[①] 从律师事务所角度看,其管理的核心就是对人的管理。我国有学者认为:律师事务所的管理基础与一般经营实体不同,物质资本不是事务所发展的第一要素,管理工作的对象,首要的和主要的都在人的本身。为此,管理的重点在于必须理顺合伙人之间、合伙人与聘用律师之间、合伙人与管理者之间、客户与律师及事务所之间的关系。[②] 美国学者沃格特等人提出,律师事务所最重要的是要留住好律师,律师事务所的战略就是在律师执业过程中通过关心律师们的需求来提高他们对工作的满意度,即"留住好律师——律师创建满意职业制胜战略"。[③]

在我国当前,律师地位不高甚至社会公众对其产生负面印象的一个主要原因就在于律师自身的素质不高。部分律师过分追求商业化、患尚拜金主义,搞不正当

---

① 张学兵:《如何管理合伙制律师事务所》,载《中国律师》2005年第2期。
② 司莉:《律师事务所管理的六大关系》,载《中国律师》2002年第9期。
③ [美]M.戴安·沃格特,洛里安·瑞卡尔德:《留住好律师——律师创建满意职业制胜战略》,刘玉译,法律出版社2005年版,第38页。

竞争,严重损害了律师敬业正义、刚正不阿的应有形象,没能在执业过程中弘扬法治精神和文化,个别律师甚至成为社会主义精神文明建设的阻碍者。

声誉是律师安身立命的重要本钱,律师首要的社会类比是树立律师优良的社会声誉。[①] 对于律师业的发展,律师自我完善是关键。律师应加强个人修养,坚定法律信仰,提高专业素质,参加社会公益活动,从而取得当事人和社会的认同感,争取更多的话语权,提高律师业的社会影响力,从而促进律师业健康稳定发展。尤其是随着法律服务市场需求的多元化、个性化和专业化发展趋势,律师事务所必须进行产品创新、管理创新和营销创新。律师更要提高法律服务产品化能力,通过团队合作分析法律服务市场,研发相关法律服务产品,以满足更多客户的个性化需求。

可以说,过去律师业的竞争是律师品牌的竞争,现在律师业的竞争是律师事务所品牌的竞争,未来律师业的竞争是法律服务和产品的竞争。

9.2 提高律师地位

律师业的发展既需要律师业内部完善运作机制,也需要国家出台相应的扶持政策。经济学效益理论告诉我们,要通过法律服务制度安排,促进社会资源在律师服务市场中的有效配置和逐步优化,促使律师服务目的与社会需求相一致。[②] 科斯第一定理也告诉我们,若交易成本为零,无论权利如何界定,都可以通过市场交易达到最佳配置,而与法律规定无关。[③] 所以,要通过制度安排,降低法律服务市场交易成本,促进律师业发展。

9.2.1 我国律师地位不高

在本书第三部分我国律师业的现实考察中,已对我国律师的地位进行深入分析,其基本结论如下。

从律师的经济地位看,应当说,经过四十多年的发展,律师已经成为我国社会高收入阶层,律师业两极分化严重。这种两极分化体现在不仅体现在发达地区与落后地区之间,而且体现在同一地区不同律师事务所甚至同一律师事务所不同律师之间。有一部分律师因为社会资源、资质名气等原因从事企业改制、公司上市、刑事大案、涉外法律事务等业务并获得了不菲的收入,但绝大部分律师的收入并不乐观,个别律师甚至连维持生存都成了问题,还得自己负担社会保险。另外,从税收角度看,律师业存在双重征税现象,即既对律师征收个人所得税,还对律师事务

[①] 吕良彪:《"我反对"宪政制度下律师的价值》,法律出版社 2007 年版,第 77 页。
[②] 顾培东:《法学与经济学探索》,中国人民公安大学出版社 1994 年版,第 13 页。
[③] R. H. Coase: The Firm, the Market and the Law, the University of Chicago Press, 1988, P14-15.

所征收企业所得税以及行政管理费。所以,多数律师的收入并不理想。

从律师的政治地位看,现代意义上的律师制度是社会政治结构的重要力量,在我国,律师在国家政治生活中的定位并不清晰。

从律师的法律地位看,律师的地位比较尴尬,主体资格不明,在百姓心目中更多是"提供法律服务的个体户",不能与法官和检察官相提并论。

9.2.2 提高中国律师地位的思路

我国律师目前所扮演的角色地位与其应当承担的责任使命并不相符,究其根源,既有历史传统原因,更有法律制度原因。要想改变我国律师业现状,从制度层面而言,应当进行如下改进。

其一,在法律上准确定位律师地位。

其二,在立法上保障律师执业权利。律师要发挥应有作用,除了需要提高自身素质外,还要增强与国家公权力交涉的能力。为此,需要国家从立法上保障律师执业权利,比如在行政诉讼和刑事诉讼中的取证权、质证权,增加国家机关对律师执业活动的合作义务。同时,要取消和修改对律师执业的不恰当限制,保障律师合法权益。

其三,在立法上保障律师参政议政机会。结合我国现行政治体制,发挥律师参政议政作用,有以下工作可以展开:把国家机关聘请法律顾问常态化、制度化;建立健全律师与政界、司法界的正常流动机制,加强律师业与政府机关的交流联系,提高律师整体水平;提高律师参政议政人员的比例,为律师参政议政创造条件。至于律师参政议政的路径,下文详述。

9.2.3 律师参政议政路径

前已述及,其实,我国律师参政议政的路径并不少,但是亟待拓展的路径较多;参与政治的法定形式并不少,但是参政议政的效率并不高。着眼于未来,应拓宽我国律师参政议政路径,注重律师参政议政实效。

在非诉讼路径方面,主要是推进律师参与国家立法和法律援助。律师参与国家立法有利于提高立法质量,其根源在于律师在立法方面具有其他群体不可比拟的优势。其一,律师参与立法可以在一定程度上有效克服由行政主管部门负责起草的传统做法的部门利益垄断倾向,防止"立法腐败"。[①] 其二,律师站在法治实践的最前沿,了解法律的实际运作,拥有丰富的司法经验和法律专业知识。其三,律师在参与立法听证中,能发挥其专业优势、逻辑思维和表达能力,降低立法成本。在法律援助制度方面,要进一步发挥律师作用。法律援助作为一种司法救济制度,其本身就具有很强的政治性。虽然我国《律师法》第四十二条明确规定:"律师必须

---

① 张正乾,《律师与立法》,法律出版社2007年版,第122页。

按照国家规定承担法律援助义务,尽职尽责,为受援人提供法律服务。"(《刑事诉讼法》《法律援助条例》等法律也有类似规定)。但在实践中,律师援助形式化现象严重,法律援助制度亟待进一步完善。

在诉讼路径方面,律师除了在传统三大诉讼中发挥应有作用,而且应当在一些对政府决策与公共事务产生深远影响的新诉讼模式中发挥作用。这些不久的将来就会出现和完善的新诉讼模式,包括以下几种。第一,宪法诉讼,即解决宪法争议的一种诉讼形态,详言之,是指由特定的司法机关依据宪法,对于公民遭受公权力侵害的宪法权利,通过法院以一定程序提供最终司法救济的法律制度。[①] 其次,集体诉讼。集体诉讼事务随着现代社会的发展,为了解决消费者权益保护、环境公害事件、产品质量缺陷等群体纠纷,而产生的一种新型诉讼模式。由于集体诉讼难度较大,判决效力扩张容易导致诉讼"搭便车"现象,如果律师参与集体诉讼则可有效突破这种困境,充分反映当事人利益需求,提高集体诉讼效率,实现集体诉讼预防纠纷、解决纠纷、维护社会稳定、对受害人进行赔偿等价值功能。[②] "社会每个角落是否都能得到适当的救济,正义的总量——也称整体正义,是否能达到令人满意的标准,这才是衡量一国司法水准高低的真正尺度。"[③]第三,公益诉讼。目前我国《民事诉讼法》《消费者权益保护法》《环境保护法》都确认了公益诉讼制度,但都把律师排除在外,这是不合时宜的。应当在行政公益诉讼、消费者权益诉讼、环境资源保护诉讼、侵犯国有资产和其他公共利益诉讼、反垄断诉讼中赋予律师第一诉讼主体资格。

我们认为,传统思维观念有很强的惯性,律师参政议政活动并非一蹴而就,而是一个长期演进过程,应当结合中国国情,采取有选择的渐进务实战略,走"先试行,后推广"路子。

9.3 促进法律职业共同体职业转换

法律职业共同体的同质性决定了法律职业共同体之间可以职业转换,法律职业共同体之间职业转换是发达国家的基本法治经验。而我国目前法律职业共同体之间职业转换还存在很多障碍,尤其是律师与法官、检察官之间身份、地位差异很大,几乎不可能进行职业转换。本部分在考察国内外法律职业共同体职业转换现状的基础上,探讨我国法律职业共同体转换的制度困境,并提出相应的对策建议。[④]

---

① 刘云龙:《也论宪法诉讼及其在我国的应用》,载《法学评论》2002年第3期。
② 薛永慧:《群体纠纷诉讼机制研究》,中国政法大学出版社2006年版,第26页。
③ [日]小岛武司等:《司法制度的历史与未来》,汪祖兴译,法律出版社2000年版,第35页。
④ 袁达松:《论法律人的职业转换》,载《学术研究》2007年第4期。

9.3.1　法律职业共同体职业转换的国内外考察

通常意义上,法律职业共同体之间的转换,指律师、法官、检察官之间的职业转换;实践中,法律职业共同体之间的转换主要是指律师转向法官和检察官,法官、律师转向律师不具有普遍的积极意义。国际惯例上,"律"(师)而优则"法"(官),法律职业共同体转换制度是一种促使法律从业者不断提升、促进司法人员不断优化的制度。本文中的法律职业共同体职业转换也主要是指律师职业向检察官、法官职业的转换。

法律职业共同体之间职业转换的基本前提在于法律职业任职制度。无论是英美法系国家还是大陆法系国家一般都制定了完善的法律职业任职制度,律师、法官、检察官初任资格基本相同,这为他们之间的转换奠定了基础。

在英美法系国家,法官地位较高,通常被认为是法律职业的巅峰,因而,法官几乎都是从律师或检察官中选任而来。譬如,在英国,治安法官以外的其他法官都必须从参加全国四个律师学院的律师中任命,所有法官都必须有初级律师或高级律师经历,从7年(领薪治安法官)到15年(上诉法官)不等。而英王的法律顾问是总检察长和副检察长,在民事诉讼和宪法诉讼中代表英王。在美国,律师、法官与检察官更是职业相通,法官几乎全部都是从律师中选拔出来的。

在大陆法系国家,律师与法官、检察官之间的交流转换不像英美法系国家那样频繁且常态,但法官与检察官之间的转换自由。譬如,在法国,出任律师、法官和检察官,必须司法考试合格,然后再经过一定时期的实习或培训。律师需参加律师培训中心的培训,经由律师协会评估决定是否授予律师资格;法官和检察官都必须经过国家法官学院的职业训练,由总统正式任命,终身任职,二者的待遇也相当。也正因为此,检察官被称为"站着的法官"。[①] 在日本,担任律师、法官和检察官都要经过统一司法考试,然后作为司法修习生修习法律基础与实务至少2年,经严格考试后的合格者,取得法曹资格,[②]而后才可以担任助理法官、检察官或律师。实际上,日本法官队伍一直追求精英化,数量极少,取得法曹资格者80%以上从事律师职业,法律职业共同体之间进行人才交流,更多的是法官调任检察官。近些年,日本大力进行司法改革,开展"法曹一元化运动",鼓励法律职业之间互动交流。

在我国,法律职业共同体之间的转换并不常见,在我国律师体制改革前,律师与法官、检察官一样,都是国家法律工作者,在社会地位、收入水平、福利待遇等方面相差无几。然而,随着律师体制改革以及国家统一司法考试的推进,律师队伍日渐庞大,律师与法官、检察官的社会地位、政治地位和经济地位(主要是指福利以及

[①] 何勤华主编:《法国法律发达史》,法律出版社2001版,第68页。
[②] 在日本,法曹是指裁判官(法官)、检察官和辩护士。裁判官、检察官作为掌握国家公权力的法律职业者,被称为"在朝法曹",而辩护士作为为当事人提供法律服务的法律职业家,因其与国家权力无涉,而被称为"在野法曹"。

退休后的收入)相差很大,而部分收入较高的律师的经济地位远远超过普通法官和检察官。法官和检察官是享受公务员待遇的国家工作人员,律师则被当作商人化的从事律师服务"个体户",从职能分工、管理体制等方面,律师与法官、检察官都相去甚远。

9.3.2 我国法律职业共同体职业转换不畅的原因

自2016年《从律师和法学专家中公开选拔立法工作者、法官、检察官办法》颁布以来,法律职业转换虽已有先例,但仍存在众多困难。究其原因,可以用两方面概括:一是理论不成熟;二是制度有缺失。

近年来,部分学者受到英美法系国家法律职业实践的影响,发出要从律师队伍中选拔优秀人才充实法官和检察官队伍的呼声。其理由主要有以下几点。其一,优秀律师精通法律,办案经验丰富,诉讼技巧娴熟,改任当法官或检察官,有利于保障法官和检察官的专业素质,有利于正确处理案件,便于"换位思考"。其二,优秀律师在执业期间已经取得了较高收入,积累了较多财富,改任法官或检察官不易贪腐,有利于减少司法领域的腐败现象。其三,律师的执业经历和执业经验决定了其更了解社会现实,体察民间疾苦,改任法官和检察官后的执法手段能更合理化和人性化,而非官本位化;更乐于听取双方当事人意见,有助于案件客观公正处理。其四,优秀律师改任法官和检察官,有利于壮大律师队伍,促进我国律师业的迅速发展,进而有利于提升法官和检察官整体素质水平,从而推动整个法治事业现代化。其五,优秀律师改任法官和检察官,标志着社会与国家之间的一种新型关系的诞生。

与此同时,也有很多学者对法律职业共同体的职业转换提出反对意见。一是法律职业共同体的职业转换与大陆法系的诉讼构造相抵触。从律师中遴选法官主要是英美法系国家的通常做法,其根源于英美法系当事人主义诉讼构造,法官审判权的有效行使更倚重于律师技能。而在大陆法系,属于职权主义诉讼构造,法官权力较大,不需要律师的职业背景。二是司法腐败与收入没有必然联系,律师是否优秀与其经济收入没有直接关系,金钱与抗腐败能力并没有什么稳态的正相关关系。[①] 三是提升法官素质应从内部着手,这种方式更直接更有效。

我们认为,在市场经济社会,劳动力是一种人力资源,为了实现资源的社会优化配置,劳动者自由流动是正常现象。虽然律师是非公职化身份,但与商人有明显不同。律师进入法官、检察官队伍,以及法官、检察官进入律师队伍都是市场经济规律的必然结果。

---

① 参见张志铭:《围绕"从律师中选法官"的思考》,http://www.lawbreeze.net/Html/article2/059417015461998.htm,访问日期2013年6月22日;钟坚:《法官遴选制度的改革:从优秀资深律师中选任法官》http://www.chinalawedu.com/news/2005％5C12％5C1i99O834563519221500216416.html.访问日期2013年6月22日。

9.3.3 促进我国法律职业共同体职业转换的制度构想

律师向法官、检察官职业转换是我国法律职业共同体发展的内在要求，有利于律师业良性发展，更有利于国家司法水平的整体提高，也有利于推进我国司法现代化。因而，有必要合理设计促进我国法律职业共同体职业转换的制度措施。

一方面，可以尝试推行我国法律职业位阶制。即把我国法律职业分为初阶、中阶和高阶，将律师定位为法律职业的初阶，最高人民法院法官和最高人民检察院检察官为法律职业的高阶，其余法官和检察官为法律职业的中阶，设定法律职业初阶向中阶、中阶向高阶进阶的条件和程序，制定配套制度，理顺人事组织体系。同时，要制定必要的防范法律职业道德风险和清除司法腐败的具体措施，约束法律职业共同体职业转换的利益冲突。

另一方面，进一步提升法官和检察官的社会地位，以吸收更多的优秀律师人才进入法官和检察官队伍。司法被称为社会正义的最后防线，司法职业尤其是法官应享有崇高的社会地位和社会身份。而由于种种原因，我国公职司法职业对律师的吸引力有限。应采取相关措施，比如法官高薪制度、案件终身负责制度、严惩司法腐败制度等，提高司法公信力，增强司法职业吸引力。

再一方面，要深入落实《从律师和法学专家中公开选拔立法工作者、法官、检察官办法》，改革法官遴选制度，从优秀律师队伍中选任法官。进一步细化制定从律师、法学专家中遴选法官的积极条件和消极条件，比如学历条件、年龄条件、执业年限条件等；同时注重法官、检察官遴选委员会代表的广泛性。

9.4 进一步完善落实律师权

律师是人类文明发展的产物，律师制度是国家民主法制建设的重要标志。[①]在美国，律师与法官被喻为"车之两轮"；在日本，律师与法官、检察官一起被称为"三曹"，被誉为法治建设的"三根支柱"。[②] 律师之所以享有这么高的社会地位，其原因在于其担负着维护当事人合法权益，增进社会公平正义的重任。而律师要实现其职能，必须依赖于相应职权，因此，保障律师执法的合法权利是维护公民合法权利及社会公平与正义的基本要求。[③] 我国新的《律师法》强化了律师已有的会见权、阅卷权、取证权等权利，也赋予了律师一些新的权利，包括在场权、庭审言论豁免权、证据展示请求权等，为律师业的进一步发展铺平了道路。2012年3月14日

---

① 杨辉忠：《我国律师执业权利保障的发展与困境》，载《学术论坛》2009年第8期。
② 陶髦：《律师制度比较研究》，中国政法大学出版社1995年版，第105页。
③ 李春生：《律师执业权利的修改与完善》，载《律师世界》2003年第9期。

第十一届全国人大第五次会议通过了新的《刑事诉讼法》,在律师权利方面也有很大突破。然而,权利不能仅仅写在纸上,要充分实现律师权利,还要全面修订现行相关立法。学界关于律师权利的完善已着墨颇多,本部分重点探讨律师权利在现实生活中的困境及其改进问题。

9.4.1 我国律师权利实现中的困境

执业权利是律师从事法律业务的基础,律师执业权利是法律赋予律师为或不为一定执业行为以及当其合法权益受到损害时请求保护的权限,[①]是指律师根据律师法及其他法律的规定,在履行职务的执业活动中所享有的权利总和。律师执业权利是律师依法独立执业、实现法定职能的基本保障,世界各国立法普遍都赋予律师正当而充分的执业权利。1990年第八届联合国预防犯罪和罪犯待遇大会通过的《关于律师作用的基本原则》也赋予了律师广泛的执业权利。我国的《律师法》《刑事诉讼法》《民事诉讼法》等相关法律法规肯定了律师的应有地位,对律师权利作了相应的规定,改善了律师执业环境。2015年9月16日,最高人民法院、最高人民检察院、公安部、国家安全部、司法部印发《关于依法保障律师执业权利的规定》。该《规定》提出,应当尊重律师,健全律师执业权利保障制度,依照刑事诉讼法、民事诉讼法、行政诉讼法及律师法的规定,在各自职责范围内依法保障律师知情权、申请权、申诉权,以及会见、阅卷、收集证据和发问、质证、辩论等方面的执业权利,不得阻碍律师依法履行辩护、代理职责,不得侵害律师合法权益。但是,考察我国司法现实,不难发现,律师执业权利尤其是刑事诉讼中的调查取证权以及职业豁免权、不被监听权等核心权利的实现仍存在问题,有待改善。

以调查取证权为例。证据是案件的核心,调查取证权对当事人、律师和司法机关而言是最核心的权利之一。我国民事诉讼法规定,律师可以收集与案件有关的证据,对难以获取的证据也可以申请法院调查。然而,实际上,律师的调查取证权很有限,很多部门以涉密为由拒绝或根本不予配合,一般民众基于自身安全或者取证费用等考虑也往往不愿配合。在刑事诉讼领域更是如此,刑事案件调查取证风险大。《刑法》第306条规定了"辩护人、诉讼代理人毁灭、伪造证据,妨害作证罪",那么,如果犯罪嫌疑人翻供,或者证人改变了证词,辩护律师就特别容易有陷入伪证罪的危险,致使不少律师不愿意办理刑事案件。在刑事案件中普遍存在"有证不敢取,取证无人理,作证不愿来"现象。再以刑事非法证据排除规则为例,非法取证人员在取证时都是在取证部门或者看守所内部,律师提供非法取证线索和证据非常艰难,甚至需要冒被冠上妨碍作证罪或者伪证罪的风险。可见,由于取证没有物质保障等原因,律师调查权难以落实,最多只能被称为"调查取证申请权"。

以职业豁免权为例。新《律师法》在职业豁免权方面作出了较大改进,规定"律

---

① 徐彦哲等:《律师执业权利制度现状与完善》,载《湘潮》,2008年第3期,第17页。

师在执业活动中的人身权利不受侵犯""律师在法庭上发表的代理、辩护意见不受法律的追究。但是,发表危害国家安全、恶意诽谤他人、严重扰乱法庭秩序的言论除外"(第三十七条)。应当说,这一条是我国律师法的重大进步,有利于克服律师的恐惧心理,但很显然,这一规定把我国律师的职业豁免权仅限定在庭审时这一特定时间,范围也过窄。如此一来,案件在庭审之外的所有法律文书以及在新闻媒体上发表的对案件的看法,都可能被追究法律责任。

再以不被监听权为例。虽然《律师法》规定了律师"会见犯罪嫌疑人、被告人,不被监听"(第三十三条),但没有明确规定律师的维权途径,即如果侦查机关或羁押场所侵犯了律师的不被监听权,律师如何维权?相关部门和责任人应承担什么法律责任?在现实生活中,律师被监听的情况并不少见。

总而言之,新《律师法》的出台,《刑事诉讼法》和《民事诉讼法》的修改,以及《关于依法保障律师执业权利的规定》的颁布,都使得以往律师执业中的阅卷难、会见难得到很大缓解,但对调查取证权、司法豁免权、人身安全保障权的保护还有很长的路要走,这不利于发挥律师刑事辩护积极性。[①]

律师被赋予维护法律权威、维护当事人合法权益、维护公平正义的神圣职责,但律师的实际社会评价和律师的执业环境,都有待改善。在"李庄案"中,社会舆论中出现了不少这样的声音——律师替坏人说话,老百姓认为律师也是坏人。律师不是正义的化身,而被认为是教唆作伪证、包庇、翻供、行贿的始作俑者。在缺乏对律师客观公正评价的社会舆论下,律师权利不可能得到保障。

9.4.2 进一步优化律师权利保障环境

我国律师执业权利在现实中面临种种困境,根源在于中国社会传统观念。受中国几千年儒家思想影响,"无讼""息讼""生不入官门,死不入地狱""宗法等级"等传统观念在我国民主法制建设取得举世瞩目成就的今天仍有很大市场。律师是教唆诉讼的代表,是为了帮助闲讼、口舌之争的"讼师""讼棍",律师的社会地位和职业形象可想而知。法律传统文化"使得律师制度面临双重的尴尬:一是与传统法律文化格格不入而排拒,二是丧失现代精神而发生实际蜕变"。[②] 与此同时,中国官本位思想严重,律师长期以来被当作公职人员,可当律师维护自身合法权益时,又往往被当作和谐社会破坏者。[③] 从历史的角度讲,中国几千年封建社会忽视或漠视公民私权,律师的执业权利也就缺乏相应社会基础。

从法律制度角度来看,我国律师权利制度已基本构建,并体现出比我国历史上任何时期律师权利制度都明显的优越性与先进性。鉴于我国国情和司法现状,关

[①] 刘文英:《律师执业权利的法律思考》,载《江南大学学报》(人文社会科学版)2002年第6期。
[②] 公丕祥:《法制现代化的理论逻辑》,中国政法大学出版社1999年版,第191页。
[③] 张志铭:《当代中国的律师业》,载夏勇主编:《走向权利的时代》,中国大学出版社2000年版,第111页。

于律师执业权利立法还存在很多缺陷,即使是《律师法》也倾向于规定律师义务,对律师权利的规定非常原则性,缺乏对律师执业权利保障的具体规定和保护措施,限制了律师作用的发挥。我们认为,进一步完善我国律师权利制度,不仅应从律师权利本身入手,更应当着眼于整个诉讼程序和司法体制。

从根本上,要逐渐转向程序正义诉讼模式。"程序的公正和合理是自由的内在本质,如果可能的话,人们宁可选择通过公正的程序实施一项暴决的实体法,也不愿意选择通过不公正的程序实施一项较为宽容的实体法。"[1]实际上,程序正义从被英国1216年大宪章第39条规定确立以来,已成为越来越多国家宪法的一项基本原则。程序公正的要素包括五个方面的基本内容:程序规则的科学性、法官的中立性、当事人双方的平等性、诉讼程序的透明性、制约与监督性。[2] 其中,裁判(法官)的中立和当事人的对等是程序正当性的核心。[3] 那么,在完善我国律师权利制度时,就应当对这几方面给予充分重视。通过诉讼模式的转变,即从职权主义模式转向当事人主义,强调和落实律师的权利。

诉讼结构的核心问题,是如何配置侦查、辩护、审判三方的法律地位和相互关系,[4]律师的诉讼主体地位直接关系到律师权利能否得以实现。在学界,关于律师是否是诉讼主体有着不同看法。有人认为,律师在诉讼中的法定职责决定了其行使职权的无可选择性,律师的上诉权是依附于被告人的,其所承担的代理职能完全由被告人意志所决定的,因而律师不是诉讼主体。[5] 有人认为,律师在进行代理活动时虽然需要征求被告人的意见,但却不受被告人意思的束缚,可以独立地开展代理活动,其既具有非诉讼主体的特点又具有诉讼主体的特点,因而律师是准诉讼主体。[6] 有人则认为,律师是独立的诉讼参与人,具有独立的诉讼地位,既是被告人合法权利的专门维护者,又不受被告人非法意志所左右。[7] 还有人认为,律师不是独立的诉讼主体,但是具有独立的诉讼地位。[8] 我们认为,从完善律师权利角度出发,明确律师独立诉讼地位是非常有必要的。因为,律师对诉讼程序的推动起着重要作用,是引导当事人参与诉讼的决定性角色。这在部分国家的诉辩交易中体现得尤为明显:被告人不具有与检察官直接交易的权利,也不具有与检察官谈判的能力,只能依赖律师的专业和技巧与检察官进行谈判、协商。所以,应当明确规定律

---

[1] 陈瑞华:《刑事审判原理论》,北京大学出版社1997年版,第257页。
[2] 陈桂明:《诉讼公正与程序保障》,中国法制出版社1996年版,第165页。
[3] 张卫平:《民事诉讼基本模式:转换与选择之根据》,载《现代法学》1996年第6期。
[4] 徐静村:《刑事诉讼法学(上)》,法律出版社1997年版,第97页。
[5] 肖胜喜:《刑事诉讼主体》,载氏著:《刑事诉讼法学研究综述与评价》,中国政法大学出版社1991年版,第16页。
[6] 熊秋红:《刑事辩护论》,法律出版社1998年版,第159页。
[7] 肖胜喜:《刑事诉讼主体》,载氏著:《刑事诉讼法学研究综述与评价》,中国政法大学出版社1991年版,第20页。
[8] 陈光中、徐静村:《刑事诉讼法学》,中国政法大学出版社2002年版,第56页。

师的诉讼主体地位，进而为落实律师权利奠定基础。

9.4.3 进一步完善我国律师权利制度设想

至于具体律师权利制度，我们认为，除了应完善、扩大、落实律师的会见和通信权（尤其是侦查阶段）、阅卷权之外，尤其需要建立健全的律师权利制度有以下几点。

（1）调查取证权。在刑事案件的侦查阶段就赋予律师调查取证权，取消对于律师调查取证权的种种不当限制，赋予律师调查取证一定强制力。如何为律师调查取证权注入国家强制力呢？有两个途径：一是律师向法院提出调查取证申请，法院不得拒绝，律师有权参与取证过程；二是由法院授予调查取证权利证书，律师持该权利证书有权要求相关人员和单位予以配合，若不配合则应承担相应法律后果。

（2）上诉权。刑事上诉权是辩护权的一个方面，律师独立行使辩护权，依据事实和法律独立地履行辩护职能，积极主动地进行诉讼行为，并在一定程度上影响或决定着诉讼的方向和结局。[1] 所以，应赋予律师独立的上诉权，以弥补被告人法律专业知识不足的缺陷。

（3）拒绝辩护权。我国新《律师法》第三十二条第二款规定了律师拒绝辩护或代理的几种情形，包括：委托事项违法、委托人利用律师提供的服务从事违法活动或者委托人故意隐瞒与案件有关的重要事实。我们认为，首先应当取消"故意隐瞒与案件有关的重要事实"这一情形，因为，律师不是检察官，也不是法官，不应当站在国家公权力的立场上促使被告人自证其罪，所以，即使被告隐瞒了犯罪行为事实或者律师确信其没有如实陈述案情，也不能轻易拒绝辩护，而应当依法提出适当辩护意见。[2] 另一方面，应当增加律师可以拒绝辩护或代理的情形，包括：被告人不配合律师工作、侮辱律师人格、威胁律师安全、由于律师自身问题无法承办案件、由于利害关系应当回避等情形。这些情形的出现，律师拒绝辩护无论是对当事人而言，还是对律师而言都具有正面意义。

（4）在场权。即自从犯罪嫌疑人被限制人身自由之时起，有权请求获得律师帮助，并将律师是否在场作为判定该讯问是否程序合法的标准。[3] 赋予律师在场权，有利防止侦查人员刑讯逼供、非法办案。

（5）保守职业秘密权。"在某些特殊的案件中，法律职业特权的适用要比一般的证据规则更为重要，而这正是为了保证司法整体正义所需要的基本条件。"[4] 律师职业的特殊性决定了律师与委托人之间要建立良好的充分的信任关系，当事人

---

[1] 马宏俊：《护律师上诉权》，《中国律师》1996年第3期。
[2] 陈瑞华：《刑事审判原理论》，北京大学出版社1997年版，第293页。
[3] 李小华：《侦查阶段应增设律师在场权》，载陈光中主编：《诉讼法理论与实践——2003年刑事诉讼法学卷》，中国政法大学出版社2004年版，第665页。
[4] 齐树洁：《英国证据法》，厦门大学出版社2002年版，第266页。

希望他私下告诉律师的事实未经其本人同意不能被律师在法庭上公之于众。"对于法制而言,最根本的价值不是效率而是公正,不是利益而是信赖。"[①]我国《律师法》规定:"律师应当保守在执业活动中知悉的国家秘密、商业秘密,不得泄露当事人的隐私。律师在执业活动中知悉的委托人和其他人不愿意泄露的情况和信息,应当予以保密。但是,委托人或者其他人准备或者正在实施的危害国家安全、公共安全以及其他严重危害他人人身、财产安全的犯罪事实和信息除外(第三十八条)。"然而,《刑事诉讼法》又规定:"每个公民都有作证的义务(第八十四条)。"这二者明显矛盾,因此应明确赋予律师职业秘密范围内免于作证的权利。

(6)职业豁免权。所谓律师职业豁免权,是指在诉讼中律师对于其履行职责所发表的有关言论,不受刑事追究的权利。[②] 换言之,律师执业豁免权是指针对犯罪嫌疑人、被告人的委托,法律赋予辩护律师所拥有的拒绝就其执业行为所得知的委托人有关事项向司法当局作证,以及不因其正当执业行为而为的言论及行为受到相关法律追诉与制裁的权利,包括作证豁免权和责任豁免权。[③] 职业豁免权有效地保护了律师,有利于发挥其代理或辩护职能,一些法治发达国家都普遍规定了律师这一权利。[④] 然而,《刑法》第306条则明文规定了"律师伪证罪",被称为悬在辩护律师都上的一把达摩克利斯之剑,是对律师刑事辩护权的限制,在司法实践中被普遍滥用,造成了严重恶果。我国《律师法》规定:"律师在执业活动中的人身权利不受侵犯。律师在法庭上发表的代理、辩护意见不受法律追究,但是,发表危害国家安全、恶意诽谤他人、严重扰乱法庭秩序的言论除外(第三十七条)。"虽然这一条突破了我国以前的立法规定,但豁免范围仍很窄,作用有限,应通过修改三大诉讼法,将律师豁免制度适用的范围扩大到整个诉讼过程,只要不是律师故意发表侵害他人言论或故意捏造事实诽谤他人,都应当豁免。

(7)律师执业责任赔偿制度。

由于当事人的因素,或者律师自身业务水平的因素,或者法律法规缺陷的因素,或者律师道德水平的因素,律师执业过程中往往会产生法律风险。尤其是随着律师活动范围的扩大,律师承担的风险剧增,甚至超过了律师和律师事务所承担能力。现实中,律师遭索赔的事情并不鲜见。许多国家都将律师视为高风险行业,设立了律师执业责任赔偿制度。我们认为,律师因故意或重大过失给当事人带来损失,与通常的违约或侵权不同。我国一方面可以引入律师执业责任保险制度,参照汽车强制险和第三人责任险,减轻律师执业风险;另一方面在解决机制上,可以建立先行业协会调解,然后主管部门仲裁,最后再民事诉讼的化解程序,最大化地减

---

① 季卫东:《法治秩序的构建》,中国政法大学出版社1999年版,第246页。
② 李宝岳、赵红梅:《律师刑事豁免研究》,载《2003年诉讼法学研究会年会论文集》,第36页。
③ 阎建国:《读新〈律师法〉论律师的刑事豁免权》,http://www.bj148.org/flfw/lssq/lszl/200903/t20090331_52928.html。访问日期2014年2月1日。
④ [英]赫恩:《英国律师制度和律师法》,陈庚生等译,中国政法大学出版社1992年版,第5页。

少当事人与律师的矛盾。

9.5 法律服务市场调控与监管

与其他行业一样,律师业需要国家的扶持和监管,并且,由于法律服务市场的特殊性,其承载了更多社会功能,律师业市场监管和宏观调控政策显示出与其他行业不同特点。[①]

9.5.1 我国法律服务市场现状

随着依法治国的推进,法律服务越来越成为企业和个人生活中不可或缺的消费品,法律服务市场也日益繁荣。然而,与繁荣并存的是法律服务市场的混乱、无序和不健康音符。

根据我国《律师法》第十三条规定:"没有取得律师执业证书的人员,不得以律师名义从事法律服务业务;除法律另有规定外,不得从事诉讼代理或者辩护业务。"然而,我国法律服务市场需求的扩大,招致许多人把它看作一块"唐僧肉",都想吃一口,一支自称为"法律工作者"的队伍非常活跃。不少没有取得律师执业证的法律服务公司、公民从事诉讼代理和刑事辩护业务,他们对外宣称或默认是律师,以低价吸引社会公众,谋取经济利益,这些劣质服务致使法律服务市场鱼龙混杂,损害了律师形象,严重扰乱了法律服务市场,成为司法腐败的主要诱因之一。在律师业内部,为了谋取经济利益,也是"各路诸侯竞操戈",恶性竞争,扰乱了法律服务市场。因此,采取强有力措施净化法律服务市场,促使律师业有序健康发展,已成为社会共识。

在国外,许多国家采取律师垄断制度,即法律服务只能由律师提供,其他任何人均无权为他人提供法律服务,更无权收取报酬。比如英国,其1974年《律师法》规定:"不符合条件的人不能担任律师、不得假冒律师、不得制作某些文据和文书、不得制作与遗嘱检验证和遗产管理委任书有关的文书。"日本,其《新民事诉讼法》第五十四条规定:"除法律规定能进行裁判上行为的代理人以外,非律师不能做诉讼代理人。但是在简易法院,经法院许可,非律师的人,可以作为诉讼代理人。"

9.5.2 中国律师业产业化管理政策

前文已经述及,律师业作为中国社会的新兴产业,应当适度商业化和产业化,国家应当出台适应律师业产业化发展的相关政策,以引导律师业健康稳步发展。

---

① 陈宜、崔玉麒:《法律服务分流制的构想——兼论法律服务市场的净化》,载《政法论坛》2002年第2期。

即是说,国家通过制定和实施律师业产业方针、政策和措施,干预生产要素向律师业部门流进或流出,从而达到支持律师业发展的目的。

制定我国律师业产业化政策应遵循以下基本原则:一是遵循市场规律原则,即以市场需要为导向,律师业发展要适应国内外法律服务市场变化;二是公正与效率原则,即在追求效率、效益的同时不能忽视律师服务的公平正义价值;三是比例相适应原则,即律师业的产业规模要与其他产业之间实现结构相适应;四是法定化原则,即律师和律师事务所提供的服务和产品不同于其他行业,其基本范围是法定的;五是有限干预原则,即国家进行市场规制和宏观调控的目的在于弥补市场不足;六是市场竞争均衡原则,即律师业内部要展开竞争实现竞争均衡。

从内容角度看,国家律师业宏观产业政策,应由以下几部分构成。一是产业结构政策,即根据社会经济发展情况,准确预估律师业发展变化趋势,规划律师业发展基本格局,确定律师业发展的重点,优化配置律师业各项资源,从而实现律师业产业结构的高效和合理。二是产业组织政策,即从社会经济发展需要出发,以保护竞争活力、发展规模经济为目的,选择合理的律师业组织形式,最终实现律师业有效竞争,使各项社会资源在律师业内部达到有效利用和优化配置。三是产业发展政策,即为实现一定时期内律师业发展目标,对律师业进行产业定性,采取包括投资政策、税收政策、管理政策在内的综合协调措施,保障和促进律师业发展。

党的十八届四中全会通过的《中共中央关于全面推进依法治国若干重大问题的决定》明确要求要建设完备的法律服务体系。要推进覆盖城乡居民的公共法律服务体系建设,加强民生领域法律服务;要发展律师、公证等法律服务业,统筹城乡、区域法律服务资源,发展涉外法律服务业。明确要求要加强法律服务队伍建设,构建社会律师、公职律师、公司律师等优势互补、结构合理的律师队伍;提高律师队伍业务素质,完善执业保障机制;加强律师事务所管理,发挥律师协会自律作用,规范律师执业行为,监督律师严格遵守职业道德和职业操守,强化准入、退出管理,严格执行违法违规执业惩戒制度。这不仅对我国律师制度改革提出了新的更高要求,也提供了发展律师法律服务的基本依据。

需要说明的是,律师承载的不仅是经济功能,而且包括政治功能、司法功能和社会功能,不应过度追求律师业商业利润最大化。在市场经济浪潮冲击的今天,部分律师单纯地强调商业性,律师事务所以经济效益挂帅,无限放大经济因素。甚至个别律师忽视自身道德修养,违背执业道德,丧失职业操守,"钻法律漏洞",严重破坏了律师形象。因此,我们说律师商业化、产业化不是绝对的,而应当是适度的。

9.5.3 我国实行法律服务分流制的构想

规范我国法律服务市场,除了禁止不正当竞争、恶性竞争之外,关键的是对法律服务市场供给进行调控。针对我国法律服务市场混乱的现状,有人提出应当实行律师垄断制,即只有律师才能提供法律服务。我们认为,从长远来看,法律服务应当由律师垄断。但是,在现阶段,我国不宜实行律师垄断制,而应实行法律服务分流制。其主要原因有以下几点。

一方面,从律师业自身来看,从1979年我国律师恢复重建以来,虽然得到了长足发展,但是,无论是律师的数量还是律师的素质都不能满足社会现实的需要,甚至会发生律师服务供不应求现象,律师垄断法律服务不现实。另一方面,从诉讼模式来看,我国长期并将继续采用职权主义诉讼模式。再一方面,从法律服务需求角度看,法律服务需求类型多样、层次不一,对于那些诉讼标的较小的案件,律师往往以各种理由拒绝;对于那些收费特高的案件,很多当事人往往又支付能力有限。因此,要以多层次、多种类法律服务以满足不同的法律服务需求。

从现实看,我国三大诉讼法都没有规定律师垄断法律服务。《民事诉讼法》第五十八条规定,律师、当事人的近亲属、有关的社会团体或者所在单位推荐的人、经人民法院许可的其他公民,都可以被委托为诉讼代理人,但无民事行为能力人、限制民事行为能力人或者可能损害被代理人利益的人以及人民法院认为不宜作诉讼代理人的人不能作为诉讼代理人。《刑事诉讼法》第三十二条规定,律师、人民团体或者犯罪嫌疑人、被告人所在单位推荐的人、犯罪嫌疑人、被告人的监护人、亲友可以被委托为辩护人,但正在被执行刑罚或者依法被剥夺、限制人身自由的人除外。《行政诉讼法》第二十九条规定,律师、社会团体、提起诉讼的公民的近亲属或者所在单位推荐的人,以及经人民法院许可的其他公民,可以受委托为诉讼代理人。可见,在我国法律及司法实践并没有特别限制律师以外的人担任诉讼代理人或辩护人。

我国不宜实行律师垄断法律服务,并不意味着国家应对法律服务市场放任之流,相反,国家应在法律服务分流的基础上加大监管力度。法院应对案件代理人进行严格审查范围,其基本原则有二:一是非法律人士不能以律师名义承揽案源,代理案件;二是非法律人士提供法律服务不能以牟取经济利益为目的。

小　结

律师制度是国家民主政治制度和司法制度的重要组成部分,律师业的发展水平反映了一个国家法治文明程度的高低。经过四十多年的发展,我国律师经济地位得到了极大提升,成为社会高收入阶层,但律师业两极分化严重,律师参政议政的机会和人数都比较少,所扮演的角色地位与其应当承担的责任使命并不相符。提高我国律师地位,从制度层面而言,应当准确定位律师地位,保障律师执业权利,保障律师参政议政机会。法律职业共同体的同质性决定了法律职业共同体之间可以职业转换,也是国外基本法治经验。新修改的《律师法》和《刑事诉讼法》在律师权利方面有很大突破,然而,律师权利在现实生活中仍面临诸多困境。应进一步优化律师权利保障环境,逐渐转向程序正义诉讼模式,建立健全律师调查取证权、上诉权、拒绝辩护权、在场权、保守职业秘密权、职业豁免权,健全律师执业责任赔偿制度。当然,由于法律服务市场的特殊性,其承载了更多社会功能,律师业需要国家的扶持和监管。要以市场需要为导向,遵循市场规律原则,制定律师业宏观产业政策,实行法律服务分流制。

结　论

我国对"律师"的认识经过了一个由浅入深、由不成熟到逐渐成熟的发展过程，对律师职业的定位也经过了长期演变。现代意义上的律师通常具备任职资格的法定性、服务内容的专业性、服务方式的受托性、服务价值的有偿性、服务地位的独立性等特征。从历史角度看，市场经济是律师产生的经济基础，民主政治是律师产生的社会基础，人权观念是律师产生的文化基础，法律体系是律师产生的制度基础。如果缺乏这些基础和条件，都不会产生真正意义上的律师，也不会孕育出律师职业，中国古代社会和欧洲中世纪的历史无不证明了这一点。

成熟的律师制度和发达的律师业，为西方发达国家的经济发展和社会进步作出了重大贡献。无论是以英国为代表的"二元制"律师制度，抑或是以法国为代表的"一元制"律师制度，都是历史的产物、民族精神的体现，本身并无优劣之分。然而，法治发达国家律师业发展经验告诉我们，规范化是律师业发展的保障，专业化律师业发展的趋势，精英化是律师业发展的导向，自我完善是律师业发展的关键，法律服务产品化是律师业发展根基。就我国而言，律师职业在推进依法治国战略、建设法治中国、实现中国梦的过程中担负着重要历史使命。

改革开放四十三年来，我国律师业逐步发展壮大，成为重要的法治力量。从单一方式存在发展到多种方式并存，从国家工作者演变到自由执业者，从单一行政管理体制到行政管理与自治两结合模式，从不问政治到积极参政议政。然而，与法治发达国家相比，我国的律师业还有很大差距，无论是整个律师行业，还是律师事务所，抑或是律师自身都面临着发展困境，律师功能尚未完全发挥。突破我国律师业困境，要实现律师业务专业细分化、律师办案团队合作化、律师事务所管理协作化、律师事务所模式企业化，大力改善律师执业环境，加大律师业发展保障，律师事务所走品牌化战略发展道路，律师增强法律服务产品化能力。

律师从本质上而言，就是为了满足社会法律服务市场需求的。因此，要运用经济学相关原理和方法分析法律服务市场，探讨法律服务产品化的经济逻辑。微观经济学、成本收益分析方法、需求决定供给理论表明，法律服务产品化和市场化，不仅有必要性、有可能，而且在当下的中国显得弥足珍贵。在市场经济条件下，谁在律师行业中抢占了产品化的先机，形成了法律服务产品、技术和标准，谁就会成为律师业的领军。

然而，长期以来，我国律师业商业化程度不高，律师事务所业并没有真正地将自己视为一个企业,缺乏对市场的深入研究,诸多律师事务所都在业务拓展方面仍处于"坐商"阶段,没有向积极的"行商"方向转变,没有意识到法律服务产品化和市场营销在律师业的作用。与其他服务市场相比,法律服务市场专业性、地域性、信任性、差异性等特征,应依据科学标准有效细分法律服务市场。法律服务市场可分为低端市场、终端市场和高端市场三个层次,针对不同层次的法律服务市场,应采用不同的产品研发策略、市场推广策略和服务保障策略。那么,如何才能更好地促进法律服务产品化呢?

对律师而言,关键是观念的转变和能力的提升。律师的角色是多元的,可以从政治、社会、文化、经济等不同的角度进行全面分析。从一般意义上看,律师应当是法律的信仰者、法治的实践者、正义的守望者。但从职业属性上看,律师应当是提供法律服务的自由职业者,具有独立性、专业性、有偿性、商业性、自治性、社会性。我国对律师的职业定位上发生了重大转变,即从"国家本位"演变到"社会本位"在演变到"当事人本位",越来越接近于律师的本质。律师要在促进我国社会转型、推动法治中国建设方面发挥更大作用,必须提升律师自身素质,增强法律服务产品化能力,为社会提供更多更好的法律服务产品。

对律师事务所而言,关键是要以法律服务产品创新为核心转变管理模式。规范化、人才专业化、规模化、品牌化、国际化、服务产品化是国际律师所的发展经验,而我国律师事务所面临着成长的烦恼。我国律师事务所转型的方向是,个人为主体转向律师事务所为主体,管理模式借鉴公司制,简单粗放管理转向科学经营管理,商业主义转向职业主义。就路径选择而言,律师事务所商业模式创新应当以客户(当事人)为中心,提升市场竞争优势,提升价值链创造能力,提升律师事务所服务市场能力。可以说,早期律师业的竞争是律师水平的竞争,现在律师业的竞争是律师事务所实力的竞争,未来律师业的竞争是法律服务产品的竞争。

对律师协会而言,关键是要进行管理创新,促进律师业适度产业化。行业自治是西方国家律师业的发展经验,也是我国未来律师业发展的方向。律师协会作为律师行业自治的载体,在管理服务、制约国家公权以及分配资源等方面有重要价值。一方面,鉴于法律职业的垄断性特征,律师协会应倡导律师职业化,促进中国法律职业共同体的形成;另一方面,鉴于法律服务产品化的必然趋势,应当发挥律师协会的作用,促进法律服务业走产业化之路,扩大律师业发展规模。

对国家而言,关键是要进行制度创新,引导法律产业发展,促进法律服务产品化。律师制度是国家民主政治制度和司法制度的重要组成部分,律师业的发展水平反映了一个国家法治文明程度的高低。随着新《律师法》和新《刑事诉讼法》的颁布实施,我国律师制度逐步完善,但要促进我国律师业进一步发展,除了落实已有的律师制度外,还要拓宽法定律师法定服务范围,在政府招投标、法律顾问等方面导入律师新业务，还要确立律师事务所市场主体地位，制定法律服务产业政策。另外，法律职业共同体的同质性决定了法律职业共同体之间可以职业转换，也是西方发达国家的基本法治经验，而我国目前法律职业共同体之间职业转换还存在很多障碍，律师基本上游离于国家政治体制之外。可以尝试推行我国法律职业位阶制，改革法官和检察官遴选制度，打通律师向法官、检察官转换的通道。

主要参考文献

著作类：

［德］伽达默尔:《真理与方法》,洪汉鼎译,上海译文出版社,1996 版。

［德］柯武刚、史漫飞:《制度经济学——经济秩序与公共政策》,韩朝华译,商务印书馆,2000 年版。

［德］韦伯:《儒教与道教》,洪天富译,商务印书馆,1995 年版。

［法］埃米尔·涂尔干:《社会分工论》,生活·读书·新知三联书店,2000 年版。

［法］亨利·柏格森:《道德与宗教的两个来源》,王作虹、成穷译,贵州人民出版社,2000 年版。

［法］卢梭:《社会契约论》,何兆武译,商务印书馆,2003 年版。

［法］让-吕克·南希《不可能的正义:关于正义与非正义》,简燕宽译,新星出版社,2013 年版。

［古罗马］查士丁尼:《法学总论——法学阶梯》,张企泰译,商务印书馆,1996 年版。

［古希腊］亚里士多德:《政治学》,吴寿彭译,商务印书馆,1965 年版。

［美］弗雷泽:《正义的尺度》,欧阳英译,上海人民出版社,2009 年版。

［美］理查德·波斯纳:《道德与法律理论的疑问》,苏力译,中国政法大学出版社,2001 年版。

［美］鲁本:《律师与正义——一个伦理学研究》,戴锐译,中国政法大学出版社,2010 年版。

［美］罗德:《为了司法/正义:法律职业改革》,张群等译,中国政法大学出版社,2009 年版。

［美］E.博登海默:《法理学、法律哲学与法律方法》,邓正来译,中国政法大学出版社 2004 年版。

［美］M·戴安·沃格特,洛里安·瑞卡尔德:《留住好律师——律师创建满意职业制胜战略》,刘玉译,法律出版社,2005 年版。

［美］安东尼·奥勒姆:《政治社会学导论——对政治实体的社会剖析》,董云虎、李云龙译,浙江人民出版社,1989 年版。

［美］保罗·A.萨缪尔森、威廉·D.诺德豪斯:《经济学》下,高鸿业等译,中国发展出版社,1992 年版。

［美］本杰明·N.卡多佐:《法律的成长法律科学的悖论》,董炯,彭冰译,中国法制

出版社 2002 年版。

［美］波斯纳:《超越法律》,苏力译,中国政法大学出版社,2001 年版。

［美］波斯纳:《法理学问题》,苏力译,中国政法大学出版社,2002 年版。

［美］波斯纳:《法律的经济分析》,蒋兆康、林毅夫译,中国大百科全书出版社,1997 年版。

［美］伯尔曼:《法律与宗教》,梁治平译,中国政法大学出版社,2003 年版。

［美］伯纳德·施瓦茨:《美国法律史》,王军、洪德、杨静辉译,中国政法大学出版社,1990 年版。

［美］博登海默:《法理学、法律哲学与法律方法》,邓正来译,中国政法大学出版社,1999 年版。

［美］布莱克:《法律的运作行为》,唐越、苏力译,中国政法大学出版社,1994 年版。

［美］汉密尔顿:《联邦党人文集》,商务印书馆,1980 年版。

［美］凯斯·R. 孙斯坦:《自由市场与社会正义》,金朝武等译,中国政法大学出版社,2002 年版。

［美］科斯等:《财产权利与制度变迁》,刘守英等译,上海三联书店、上海人民出版社,1994 年版。

［美］劳伦斯·傅利曼:《二十世纪美国法律史》,吴懿婷译,台湾商周出版社,2005 年版。

［美］罗伯特·N. 威尔金:《法律职业的精神》,王俊峰译,北京大学出版社,2013 年版。

［美］罗伯特·W. 希尔曼:《论律师的流动管理——合伙人的退伙和律师事务所解散的法律及道德问题》,王进喜、唐俊译,中国人民公安大学出版社,2005 年版。

［美］罗伯特·达尔:《民主理论的前言》,顾昕、朱丹译,三联书店,1999 年版。

［美］罗尔斯:《正义论》(修订版),何怀宏等译,中国社会科学出版社,2009 年版。

［美］马丁·梅耶:《美国律师》,江苏人民出版社,胡显耀译,2001 年版。

［美］迈克尔·波特:《竞争优势》,陈小悦译,华夏出版社,2005 年版。

［美］曼瑟尔·奥尔森:《集体行动的逻辑》,陈郁译,上海人民出版社 1996 年版。

［美］诺斯:《制度创新的理论:描述,类推与说明》,载《财产与权利制度的变迁》,刘守英等译,上海三联书店、上海人民出版社,1994 年版。

［美］乔·萨托利:《民主新论》,冯克利译,东方出版社 1998 年版。

［美］乔纳森·H. 特纳,《现代西方社会学理论》,范伟达译,天津人民出版社,1998 年版。

［美］约翰·麦赞恩:《法律的故事》,刘昕、胡凝译,江苏人民出版社,1998 年版。

［日］河合弘之:《律师职业》,康树华译,法律出版社,1987 年版。

［日］小岛武司等:《司法制度的历史与未来》,汪祖兴译,法律出版社,2000 年版。

［台］翁岳生：《行政法》，中国法制出版社，2002年版。

［印］阿马蒂亚·森：《正义的理念》，王磊，李航译，中国人民大学出版社，2012年版。

［印］米尔思：《律师的艺术》，刘同苏，侯君丽译，中国政法大学出版社，1989年版。

［英］巴利：《社会正义论》，曹海军译，江苏人民出版社，2012年版。

［英］艾伦：《法律、自由与正义——英国宪政的法律基础》，成协中，江菁译，法律出版社，2006年版。

［英］安东尼·德·雅赛：《重申自由主义》，陈茅译，中国社会科学出版社，1997年版。

［英］赫恩：《英国律师制度和律师法》，陈庚生等译，中国政法大学出版社，1992年版。

［英］威尔弗雷德·波雷斯特：《欧美早期的律师界》，傅再明、张文彪译，中国政法大学出版社，1992年版。

［英］亚当·斯密：《国民财富的性质和原因的研究》下卷，郭大力、王亚南译，商务印书馆，1974年版。

《马克思恩格斯全集》（第一卷），人民出版社，1995年版。

《马克思恩格斯全集》第26(1)卷，人民出版社，1972年版。

曾尔恕：《外国法制史》，中国政法大学出版社，2008年版。

陈光中、徐静村：《刑事诉讼法学》，中国政法大学出版社，2002年版。

陈桂明：《诉讼公正与程序保障》，中国法制出版社，1996年版。

陈金钊：《法治与法律方法》，山东人民出版社，2003年版。

陈瑞华：《看得见的正义》（第二版），北京大学出版社，2013年版。

陈瑞华：《刑事审判原理论》，北京大学出版社，1997年版。

陈卫东：《中国律师学》（第三版），中国人民大学出版社，2008年版。

陈信勇：《法律社会学》，中国社会科学出版社，1991年版。

戴东雄：《5中世纪意大利法学与德国的继受罗马法》，台湾元照出版公司，1999年版。

邓正来：《自由与秩序——哈耶克社会理论研究》，江西教育出版社，1998年版。

杜钢建，李轩：《中国律师的当代命运》，改革出版社，1997年版。

冯玉军：《法律的成本效益分析》，兰州大学出版社，2000年版。

付子堂：《法律功能论》，中国政法大学出版社，1999年版。

葛洪义：《法理学》，中国政法大学出版社，2002年版。

公丕祥：《法制现代化的理论逻辑》，北京：中国政法大学出版社，1999年版，第191页。

顾培东：《法学与经济学探索》，中国人民公安大学出版社，1994年版。

郭卫华：《正义的尺度：自由裁量与司法公正》，中国法制出版社，2012年版。

何勤华:《法国法律发达史》,法律出版社,2001版。
何勤华:《外国法制史研究》,中国政法大学出版社,2004年版。
何勤华:《英国法律发达史》,法律出版社,1999年版。
黄宗智:《法典、习俗与司法实践:清代与民国的比较》,上海书店出版社,2003年版。
季卫东:《法治秩序的构建》,中国政法大学出版社,1999年版。
李建华,曹刚:《法律伦理学》,中南财经政法大学出版社,2002年版。
李林:《法治与宪政的变迁》,中国社会科学出版社,2005年版。
李文华:《中国律师学》,兰州大学出版社,1987年版。
李学尧:《法律职业主义》,中国政法大学出版社,2007年版。
李瑜青:《法律社会学导论》,上海大学出版社,2004年版。
吕良彪:《"我反对"宪政制度下律师的价值》,法律出版社,2007年版。
缪晓宝,《和谐社会与律师职责》,上海书店出版社,2007年版。
齐树洁:《英国证据法》,厦门大学出版社,2002年版。
强世功:《法律人的城邦》,上海三联书店,2003年版。
沈宗灵:《法理学》,高等教育出版社,1994年版。
石毅:《中外律师制度综观》,群众出版社,2000年版。
司莉:《律师职业属性论》,中国政法大学出版社,2006年版。
宋冰:《读本:美国与德国的司法制度及司法程序》,中国政法大学出版社,1998年版。
宋承先:《现代西方经济学》,复旦大学出版社,1994年版。
孙笑侠:《法律人之治:法律职业的中国思考》,中国政法大学出版社,2005年版。
谭世贵:《律师法学》,法律出版社,1997年版。
陶广峰:《法理学》,兰州大学出版社1996年版,第200页。
陶髦,宋英辉,肖胜喜:《律师制度比较研究》,中国政法大学出版社,1995年版。
陶髦:《律师制度比较研究》,中国政法大学出版社,1995年版。
王人博、程燎原:《法治论》,山东人民出版社,1989年版。
王国良,黄瑞,肖萍:《中外律师制度比较研究》,江西人民出版社,2003年版。
王进喜,陈宜:《律师职业行为规则概论》,国家行政学院出版社,2002年版。
王丽:《律师刑事责任比较研究》,法律出版社,2002年版。
王人博、程燎原:《法治论》,山东人民出版社,1989年版。
王圣诵:《中国自治法研究》,中国法制出版社,2003年版。
王世杰、钱端升:《比较宪法》,中国政法大学出版社,1997年版。
王思斌:《社会学教程(第二版)》,北京大学出版社,2003年版。
谢晖:《法律信仰的理念与基础》,山东人民出版社,1997年版。
谢佑平:《公证与律师制度》,中国政法大学出版社,1999年版。

谢佑平:《社会秩序与律师职业:律师角色的社会定位》,法律出版社,1998年版。
熊秋红:《刑事辩护论》,法律出版社,1998年版。
徐二明:《企业战略管理》,中国经济出版社,2002年版。
徐家力等:《中国律师制度史》,中国政法人学出版社,2000年版。
徐静村:《律师学》,四川人民出版社,1988年版。
徐静村:《刑事诉讼法学(上)》,法律出版社,1997年版。
许崇德:《宪法》,中国人民大学出版社,1999年版。
许章润:《法律信仰——中国语境及其意义》,广西师范大学出版社,2003年版。
薛永慧:《群体纠纷诉讼机制研究》,中国政法大学出版社,2006年版。
姚大志:《何谓正义:当代西方政治哲学研究》,人民出版社,2007年版。
张耕:《中国律师制度研究》,法律出版社,1998年版。
张国华、饶鑫贤:《中国法律思想史纲》,甘肃人民出版社,1984年版。
张文显,信春鹰,孙谦:《司法改革报告:法律职业共同体研究》,法律出版社,2003年版。
张文显:《法理学》,高等教育出版社,2003年版。
张秀:《多元正义与价值认同》,上海人民出版社,2012年版。
张正乾,《律师与立法》,法律出版社,2007年。
张志铭:《当代中国的律师业》,载夏勇主编:《走向权利的时代》,中国大学出版社,2000年版。
张志铭:《法理思考的印迹》,中国政法大学出版社,2003年版。
赵振江:《法律社会学》,北京大学出版社,1998年版。
郑杭生:《社会学概论(第三版)》,中国人民大学出版社,2003年版。
周谨平:《机会平等与分配正义——经济伦理》,人民出版社,2009年版。
周林彬:《法律经济学论纲——中国经济法律构成和运行的经济分析》,北京大学出版社,1998年版。

Ablert. V. Dicey. Introduction to the Law of the Constitution(1985), 1960.
Catherine Elliott, FrancesQuinn. English Legal System (Fourth Edition). England: Pearson Education Limited, 2002.
David Lemmings, Professor of the Law-Barrister and English Legal Culture in the Eighteen Century, Oxford University Press, 2000.
Deborah L. Rhode, In the Interests of Justice: Reforming the Legal Profession.
Maxwell Bloomfield, American Lawyers in a Changing Society 1776 - 1876, Harvard University Press, 1976.
P. Murrell. "Evolutionary and Radical Approaches to Economic Reform", Economics of Planning, 1992.
R·H. Coase: The Firm, the Market and the Law, the University of Chicago

Press, 1988.

Robin Paul Manoy, Law and Market Economy: Reinterpreting the Values of Values of Law and Economics, Cambridge University Press, 2000.

Stephen Gillers, Regulation of Lawyers: Problem s of Law and Ethics, 中信出版社, 2003 年版。

古籍类：

《唐律疏议》。

《元史》。

《大明律》。

《涅槃经·金刚身品》。

《唐六典》。

《孟子·离娄上》。

《荀子·君道》。

论文类：

[德]鲁道尔土·封·耶林:《权力斗争论》,潘汉典译,载《法学译从》1985 年第 2 辑。

[美]罗伯特·汉密尔顿、理查德·布思:《美国律师事务所组织结构的变迁:1960—2000 年》,吴洪淇译,载《律师文摘》2008 年第 1 辑。

蔡丽,石羡:《中国律师的角色定位》,载《中共福建省委党校学报》2007 年第 5 期。

曾鹏,蒋团标:《经济学视角下的法律服务需求研究》,载《广西师范大学学报》(哲社版)2006 年第 1 期。

曾鹏:《经济学视角下的法律供给研究》,载《西南政法大学学报》2005 年第 1 期。

车雷,薛波:《英国二元化律师制度的近期发展与融合之争》,载《现代法学》2005 年第 4 期。

陈国庆:《中国近代社会转型刍议》,载《华夏文化》2001 年第 2 期。

陈金钊:《法律解释及其基本特征》,载《法律科学》2000 年第 6 期。

陈曼娜等:《论近代中国社会结构的转型》,载《河南大学学报》,1996 年第 4 期。

陈伟炜:《古代中国和罗马诉讼制度比较与律师制度的产生》,载《中共四川省委省级机关党校学报》,2004 年第 3 期。

陈熹:《英国司法独立的历史进路探析》,载《贵州工业大学学报》(社会科学版)2006 年第 2 期。

陈兴良:《七个不平衡:中国律师业的现状与困境》,载《中国司法》2005 年第 3 期。

陈宜、崔玉麒:《法律服务分流制的构想——兼论法律服务市场的净化》,载《政法论坛》2002 年第 2 期。

陈志龙:《法治国检察官之侦查与检察制度》,载《台大法学论丛》第27卷第3期。
程汉大:《12—13世纪英国法律制度的革命性变化》,载《世界历史》2000年第5期。
程汉大:《英国二元律师制度的起源、演变与发展走向》,载《甘肃社会科学》2005年第6期。
程卫东:《论主体法律实践准则的构建——现代西方法理学的一个共同缺漏》,载《法律科学》1998年第5期。
程昱晖:《两大法系律师制度比较》,载《河南司法职业警官学院学报》2003年第2期。
方流芳:《中国法学教育观察》,载《比较法研究》,1996年第23期。
冯玉军:《法经济学范式研究及其理论阐释》,载《法制与社会发展》2004年第1期。
高翔:《论清前期中国社会的近代化趋势》,载《中国社会科学》2000年第4期。
宫艳丽:《近代早期英国律师阶层的兴起及律师参政》,载《学习与探索》2005年第6期。
谷本华:《法律职业者阶层的形成与中国法治现代化》,载《湖南师范大学社会科学学报》1995年第4期。
顾培东:《中国律师制度理论检视与实证分析(中)》,载《中国律师》1999年第11期。
顾培东:《中国律师制度理论检视与实证分析》,载《中国律师》1999年第10期。
顾永忠:《论律师维护社会公平和正义的社会责任》,载《河南社会科学》2008年第1期。
郭德宏:《中国现代社会转型研究评述》,载《安徽史学》2003年第1期。
郭国坚:《转型社会中律师业的结构变迁》,载《武汉科技大学学报》(社会科学版)2011年第1期。
黄景钧:《关于律师文化的思考》,载《群言》2010年第3期。
黄文艺:《法律职业的特征解析》,载《法制与社会发展》2003年第3期。
黄长江:《律师文化建设的道德误区——以律师职业的"伦理底线"为研究视角》,载《法治研究》2007年第9期。
季卫东:《法律职业的定位——日本改造权力结构的实践》,载《中国社会科学》1994年第2期。
江平:《中国律师的形象问题》,载《中国律师》1997年第8期。
揭明:《中国律师的角色探讨》,载《律师世界》2000年第2期。
荆学民:《现代社会转型的性质、运演和趋势》,载《上海行政学院学报》2001年第4期。
赖彩明:《法治进程中检察官专业化之必要性》,载《西南政法大学学报》2008年第2期。
兰薇,雷振扬:《试论法律职业共同体的概念与特征》,载《法学论坛》,2007年第

1期。

李春生：《律师执业权利的修改与完善》，载《律师世界》2003年第9期。

李大进：《过度的"商业化"倾向是形成律师文化的障碍》，载《律师文摘》2006年第6期。

李小华：《侦查阶段应增设律师在场权》，载陈光中主编：《诉讼法理论与实践——2003年刑事诉讼法学卷》，中国政法大学出版社，2004年版。

李学军，王念东：《关于市场细分的四点思考》，载《特区经济》2007年第3期。

李瑜青：《法治与律师职业的使命》，载《学术界》2005年第4期。

李玉福等：《中国律师业产业化发展理论研究》，载《政法论丛》2004年第2期。

凌斌：《法治的两条道路》，载《中外法学》，2007年第1期。

刘从江等：《企业市场细分案例研究》，载《中国农业大学学报》2000年第3期。

刘琴：《律师取证中存在的问题及对策》，载《六盘水师范高等专科学校》，2010年第4期。

刘文英：《律师执业权利的法律思考》，载《江南大学学报》2002年第6期。

刘武俊：《解析中国语境的律师角色》，载《律师文摘》，时事出版社，2004年版。

刘云龙：《也论宪法诉讼及其在我国的应用》，载《法学评论》2002年第3期。

刘祖云：《社会转型：一种特定的社会发展过程》，载《华中师范大学学报》1997年第6期。

卢学英：《法律共同体》，载张文显主编：《法学理论前沿论坛》，吉林人民出版社，2000年版。

罗纪宁：《市场细分研究综述：回顾与展望》，载《山东大学学报》2003年第6期。

马宏俊：《护律师上诉权》，《中国律师》1996年第3期。

马敏：《有关中国近代社会转型的几点思考》，载《天津社会科学》1997年第4期.

戚攻：《社会转型·社会治理·社会回应机制链》，载《西南师范大学学报》（人文社会科学版）2006年第6期。

钱弘道：《法律的经济分析工具》，载《法学研究》2004年第4期。

申敏：《构建我国法律职业共同体的思考》，载《铁道警官高等专科学校学报》2006年第1期。

石茂生：《论法律信仰》，载《南都学刊》2007年第3期。

时显群：《波斯纳法律经济分析学说述评》，载《甘肃政法成人教育学院学报》，2003年第1期。

司莉：《律师事务所管理的六大关系》，载《中国律师》2002年第9期。

宋占文：《论律师文化》，载《中国司法》2007年第10期。

孙百红：《我国律师文化的现状及其对策》，载《理论观察》2006年第4期。

孙赓、李新林：《构建和谐社会与律师的社会责任》，载《中国律师》2007年第7期。

孙建：《律师惩戒职能分工改革研究》，载《中国司法》2004年第2期。

孙文胜：《论我国律师角色的定位》，载《河北法学》2005 年第 4 期。
孙笑侠：《法律家的技能与伦理》，载《法学研究》2001 年第 4 期。
孙艳华：《法律职业化探微》，载《法学论坛》2002 年第 4 期。
汤火箭：《中国律师的地位：现状、反思与前瞻》，载《社会科学研究》2002 年第 1 期。
田文昌：《关于律师职责定位的深层思考》，载陈卫东主编：《"3R"视角下的律师法制建设：中美"律师辩护职能与司法公正"研讨会论文集》，中国检察出版社 2004 年版。
王凤敏，刘新影：《关于中国律师职业时代特征的思考》，载《行政与法》2007 年第 3 期。
王贵松：《解析结社自由的体系与界限》，载《重庆社会科学》2005 年第 3 期。方流芳：《中国法学教育观察》，载《比较法研究》1996 年第 2 期。
王雅林：《中国社会转型研究的理论维度》，载《社会科学研究》2003 年第 1 期。
王永进、邬泽天：《我国当前社会转型的主要特征》，载《社会科学家》，2004 年第 6 期。
王玉亮：《法治理念下的律师文化建设》，载《中国司法》2006 年第 6 期。
魏敦友：《理性的自我祛魅与法律信念的确证——答山东大学法学院谢晖教授》，载《广西大学学报（哲学社会科学版）》2001 年第 2 期。
魏希楠：《两大法系律师制度比较及现实借鉴》，载《宁夏社会科学》2010 年第 1 期。
夏东民：《我国社会转型起始点论析》，载《南京林业大学学报》（人文社会科学版）2006 年第 3 期。
肖胜喜：《刑事诉讼主体》，载氏著：《刑事诉讼法学研究综述与评价》，中国政法大学出版社，1991 年版。
谢冬慧：《实现公正：法律及其职业的崇高追求——解读丹宁勋爵的司法公正思想》，载《比较法研究》2010 年第 3 期。
谢佑平、陈奋：《论法律秩序与律师功用》，载《河北法学》2010 年第 11 期。
熊伟：《法律信仰何以可能》，载《广东行政学院学报》2004 第 6 期。
徐前权：《律师文化建设必要性之考察》，载《孝感学院学报》2007 年第 3 期。
司莉：《论中国特色律师文化的构建》，载《郑州大学学报（哲社版）》2009 年第 7 期。
徐彦哲等：《律师执业权利制度现状与完善》，载《湘潮》，2008 年第 3 期，第 17 页。
许娟：《法律何以能被信仰？——兼与法律信仰不可能论者商榷》，载《法律科学》2009 年第 5 期。
许章润：《以法律为业——关于近代中国语境下的法律公民与法律理性的思考》，载《金陵法律评论》2003 年 3 月 15 日。
杨辉忠：《我国律师执业权利保障的发展与困境》，载《学术论坛》2009 年第 8 期。
叶传星：《法律信仰的内在悖论》，载《国家检察官学院学报》2004 年第 3 期。
尹年长，袁晓勇：《浅析律师角色的社会定位——兼谈律师法对律师权利义务的设计》,载《湛江海洋大学学报》,2006年第5期。

袁达松:《论法律人的职业转换》,载《学术研究》2007年第4期。

詹振灼、王秋霞:《律师文化的自觉》,载《法治研究》2008年第11期。

张斌生:《中国律师的使命与境界提升》,载《中国律师》2000年第10期。

张洪林,官欣荣:《论中国转型期法律职业者阶层的兴起与司法权的重塑——对当前我国司法改革的一个法社会学的试探》,载《西南民族大学学报》(人文社科版)2003年第6期。

张明楷:《律师的定位》,载《律师文摘》2006年第五辑。

张曙光:《征地、拆迁案的法律经济学分析》,载《广西师范大学学报》(哲社版)2004年第1期。

张卫平:《民事诉讼基本模式:转换与选择之根据》,载《现代法学》1996年第6期。

张学兵:《如何管理合伙制律师事务所》,载《中国律师》2005年第2期。

张一鸣:《法律职业共同体的建构与反思》,载《理论观察》2010年第1期。

张永和:《法律不能被信仰的理由》,载《政法论坛》2006年第3期。

张志铭:《20世纪的中国律师业》,载苏力、贺卫方:《20世纪的中国:学术社会(法学卷)》,山东人民出版社,2001年版。

张志铭:《中国律师命运再思考》,载《中国律师》1999年第10期。

赵旭:《十八世纪英国律师职业与法律文化》,载《人民论坛》2010年第23期。

郑杭生:《中国社会大转型》,载《中国软科学》1994年第1期。

朱露蕾:《台湾〈修正律师法〉及当今世界律师立法取向》,载《现代法学》1994年第3期。

朱志萍:《首届"社会转型与社会心态"学术研讨会综述》,载《哲学动态》2000年第5期。

Lynn R. Kahle (1999). lifestyle, Value, and Psychographics, perspectives from A round the world. European Advances in Consumer Research Volume 4 [C]. Bernard Dubois, Tina M. Lowrey, L. J. shrum, ed., Pro2vo, UT: Association for Consumer Research.

Rorbert W. Gordon, "Independence of Lawyers", 68 Boston University Law Review 1-84(1988).

Russell I. Haley (1968). Benefit Segmentation: A Decision Oriented Research Tool. Journal of Marketing 32 (July1968).

Smith, Wendell. (1956). Product Differentiation and Market Segmentation as Alternative Marketing Strategies[M]. Journal of Marketing, 21(July 1956).

Tony Lunn. (1986) Segmenting and constructing markets [A]. Robert M. Worcester and John Down ham eds. Consumer Market Research Handbook, Third Revised and Enlarged Edition. Elsevier Science Publishers. B.

V. 1986.

Yoram Wind (1978) Issues and Advances in Segmentation Research[J]. Journal of Marketing Research, August 1978.

报纸类：

李芳：《锐意求新，再创辉煌——访第五届中华全国律师协会秘书贾午光》，载《法律服务时报》2002 年 5 月 3 日。

徐显明：《司法改革须在宪法层面上推进》，载《法制日报》2003 年 3 月 17 日。

夏晓媛：《试论法律职业与法治现代化的关系》，载《南昌中院日报》2009 年 8 月 3 日。

吴金水：《125 年，美国司法权威的确立》，载《人民法院报》2014 年 2 月 21 日。

网页类：

［美］威廉·伦奎斯特：《美国历史上的律师政治家》，魏浩峰译，http://lawyeringresearcher.fyfz.cn/blog/lawyer2ingresearcher/index.aspx?blogid=272417.

《外国律师事务所抢滩中国》，http://www.66law.cn/news/6629.aspx.

范愉：《当代中国法律职业及法律共同体》，http://www.jus.cn/index.asp.

范忠信：《法性：律师从政的职业基础》，http://review.jcrb.com.cn/ournews/asp/readnews.asp?id=46670.

傅达林：《律师职业定位与公民权利回归》，http://www.china.com.cn/xxsb/txt/2007-10/10/content_9029226.htm.

贺卫方：《从律师中选法官》，http://www.china-judge.com/ReadNews.asp?NewsID=2260&BigClassID=16&SmallClassID=21&SpecialID=28.

贾午光，《解决律师执业道德问题的几点思考》，http://www.chineselawyer.com.cn/program/article.jsp?CID=605850858&ID=9528.

刘海涛：《司法改革与律师业》，http://www.studa.net/sifazhidu/030622/2003622143029.html.

王公义：《新中国律师业 60 年五个发展阶段的理性思考》，http://www.moj.gov.cn/yjs/content/2010-08/18/content_2247119.htm。

王克先：《中国律师社会角色再定位》，http://www.bloglegal.com/blog/cac/2350025244.htm.

王全章：《律师角色的分析》，http://www.sdlawyer.org.cn/001/001002/001002002/65678353102.htm.

王勇文．律师之法仍不美——关于律师法修改的建议和思考．http://www.fayang.com.

谢佑平:《律师角色的定位与实证分析》.http://www.legalinfo.gov.cn.

阎建国:《读新〈律师法〉论律师的刑事豁免权》,http://www.bj148.org/flfw/lssq/lszl/200903/t20090331_52928.html.

张承根、李永林:《论律师维护公平正义的社会责任》http://www.xblaw.com/news.asp?hid=7666.

张志铭:《围绕"从律师中选法官"的思考》,http://www.lawbreeze.net/Html/article2/059417015461998.htm.

章耀民:《古罗马律师产生的背景及对中国律师制度构建的借鉴意义》,http://www.66law.cn/news/6570.aspx。

钟坚:《法官遴选制度的改革:从优秀资深律师中选任法官》http://www.chinalawedu.com/news/2005％5C12％5C1i99O834563519221500216416.html.

致　谢

　　2008年我很荣幸地通过了南京大学博士研究生入学考试，在"不惑之年"再次走入大学，力求解惑，在事业忙季，重新启动学业、探求新知。人生由此开始了新的征程。在此，感谢南京大学提供的学习深造机会，感谢陶广峰教授的厚爱！

　　三年的校园生活及其后论文写作时间，我充分利用南京大学提供的优越的学习条件和丰厚的学习资源，努力学习、刻苦钻研，在人格、科研、为人处世等各方面提升自己。很庆幸，在这里我遇到了诸多对我的学业悉心指导、对我的生活热心帮助的老师。特别是恩师陶广峰教授。多年来陶老师对我一直倍加关心呵护，严厉教导，没有陶老师的谆谆教诲，我不会有今天的成绩。尤其是在博士论文写作期间，陶老师的鼓励的话语一直回荡在我的耳边，他对论文大到题目框架小到标点符号，不厌其烦地提出修改意见，才使得我顺利完成论文的写作。在这里，真诚地向陶老师说一声："谢谢您！"

　　我的学业能顺利完成答辩，还要感谢对我精心点拨、热忱鼓励，具体支持的诸位老师，他们是范健教授、胡晓红教授、叶金强教授、王钧教授、赵娟教授、肖泽晟教授。老师们不仅授我以文，指我以道，还教我以仁。他们广博的学识、深厚的素养、严谨的精神和一丝不苟的作风都使我终身受益。

　　在南京大学攻读博士学位的数年里，结识了很多同学和朋友，他们是高志宏、鲁忠江、王建富、包振宇、杨华、王思峰、刘振、王众、徐祖澜、刘进、曾凡燕、喻胜云、闫瑞博、周金刚、祝彬、张振辉等，他们陪伴着我度过了三年的美好时光。在学习和论文撰写方面给予了有益的指导和帮助。在此，谢谢你们！

　　我是在学习中工作，工作中学习。能顺利完成毕业论文，还要特别感谢我年轻的同事给予的帮助，他们是顾冶青、董再强、张露露、权颖智、李洋。没有他们帮我搜集丰富的论文材料，我的论文答辩可能还会延后。

　　毕业只是学业的阶段性完成，对知识的追求，仍将继续。感谢也只是心情的语言的表达，对老师的情感，仍将通过今后的努力和对社会的奉献积极回报！

孙文俊
2015年5月20日

图书在版编目(CIP)数据

律师业发展路径与制度保障研究：以律师法律服务产品化为视角／孙文俊著. 一 南京：南京大学出版社，2022.7

ISBN 978-7-305-24933-4

Ⅰ.①律… Ⅱ.①孙… Ⅲ.①律师－行业管理－研究－中国 Ⅳ.①D926.5

中国版本图书馆 CIP 数据核字(2021)第 210471 号

出版发行	南京大学出版社	
社　　址	南京市汉口路 22 号　　邮　编　210093	
出 版 人	金鑫荣	
书　　名	**律师业发展路径与制度保障研究** **——以律师法律服务产品化为视角**	
著　　者	孙文俊	
责任编辑	黄隽翀　　　　　　编辑热线　025-83592409	
照　　排	南京南琳图文制作有限公司	
印　　刷	广东虎彩云印刷有限公司	
开　　本	787×1092　1/16　印张 15　字数 346 千	
版　　次	2022 年 7 月第 1 版　2022 年 7 月第 1 次印刷	
ISBN	978-7-305-24933-4	
定　　价	78.00 元	

网　址：http://www.njupco.com
官方微博：http://weibo.com/njupco
官方微信号：njupress
销售咨询热线：(025) 83594756

* 版权所有，侵权必究
* 凡购买南大版图书，如有印装质量问题，请与所购
　图书销售部门联系调换